백점

BOOK 1 개념북

국어 **5·2**

구성과 특징

BOOK ① 개념북 '개념 + 어휘·문법 + 독해'로 국어 학습을 완벽하게!

1 교과서 개념 학습

단원 학습 목표 익히기

쉽고 빠르게 교과서 핵심 개념을 익히고 개념 확인 문제로 바로 확인할 수 있습니다. QR을 통한 개념 강의로 개념을 탄탄히 하세요.

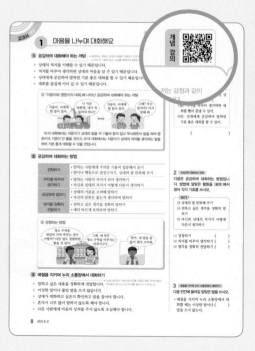

2 교과서 어휘·문법 학습

국어 지식 넓히기

어휘와 문법은 국어의 중요 영역입니다. 핵심 개념 어휘와 작품 속 어휘, 초등 필수 문법으로 국어의 기초를 다집니다. QR을 통한 어휘·문법 강의로 내용을 쉽게 이해할 수 있습니다.

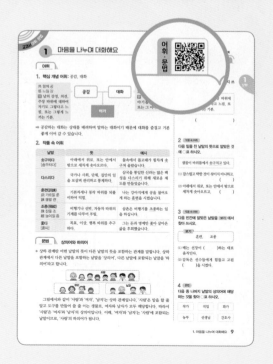

백점 국어는 교과서에 있는 **개념, 어휘, 문법, 읽기, 쓰기, 듣기·말하기** 등 다양한 학습 요소를 정리하여 개념 학습, 어휘·문법 학습, 독해 학습을 쉽고 알차게 할 수 있도록 구성하였습니다.

3 교과서 독해 학습

교과서 지문 완벽 소화하기

교과서 지문과 관련한 다양한 유형의 문제를 풀고, 표 형태로 지문의 내용을 정리하면서 학습 목표 이해는 물론 지문 독해 실력도 향상시킬 수 있습니다.

BOOK ② 평가북

4 학교 평가 대비

단원 평가와 수행 평가

단원에서 꼭 나오는 중요한 문제만 엄선한 단원 평가로 수시 단원 평가에 대비하고, 학교에서 제시하는 실제 수행 평가와 유사한 형태의 문제로 수행 평가에 대비합니다.

➕ 단원 평가

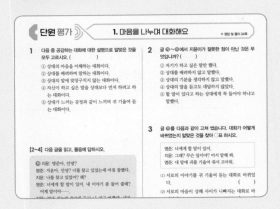

➕ 수행 평가

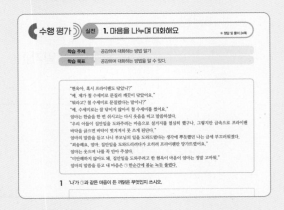

교과서에 실린 작품 소개

단원	제재 이름	지은이	나온 곳	백점 쪽수
1단원	「니 꿈은 뭐이가?」	박은정	『니 꿈은 뭐이가?』, 웅진주니어, 2010.	13~15쪽
2단원	「줄다리기, 모두 하나 되는 대동 놀이」	문화재청 엮음	『어린이 문화재 박물관 2』, ㈜사계절출판사, 2006.	26~27쪽
	「조선의 냉장고 '석빙고'의 과학」	윤용현	『전통 속에 살아 숨 쉬는 첨단 과학 이야기』, ㈜교학사, 2012.	28~29쪽
3단원	글 ㉮ (「영국 초등학교 1.6킬로미터 달리기 도입」)	방승언	『나우뉴스』, 2016. 3. 18.	48쪽
5단원	자료 ㉮ 「걸어서 만나는 세계적인 생태 천국, 창녕 우포늪」	이정화	대한민국 구석구석 누리집 (http://korean.visitkorea.or.kr)	74쪽
	2번 동영상 (「어느 독서광의 일기」)		「지식 채설 이(e): 어느 독서광의 일기」 한국교육방송공사, 2006.	76쪽
	「마녀사냥」	이규희 글 한수진 그림	『악플 전쟁』, 별숲, 2013.	77~81쪽

단원	제재 이름	지은이	나온 곳	백점 쪽수
6단원	「기계를 더 믿어요」	한상순	『뻥튀기는 속상해』, ㈜푸른책들, 2009.	97쪽
	3번 자료 (「학부모가 희망하는 자녀 직업」)		「초·중등 진로 교육 현황 조사」, 한국직업능력연구원, 2017.	98쪽
7단원	「내 귀는 건강한가요」 (원제목: 「속삭이는 소리 안 들려도 난청? …… 하루 2시간 이어폰, 귀 건강 망쳐」	박정환	『브릿지경제신문』, 2017. 6. 26.	108쪽
	「존경합니다, 선생님」	퍼트리샤 폴라코 글, 유수아 옮김	『존경합니다, 선생님』, 아이세움, 2015.	109~112쪽
	「식물의 잎차례」	장 앙리 파브르 글, 추둘란 옮김	『파브르 식물 이야기』, ㈜사계절출판사, 2011.	113쪽
	「한지돌이」	이종철	『한지돌이』, ㈜보림출판사, 2017.	114~115쪽

차례

마음을 나누며 대화해요

▶ 학습을 완료하면 ∨표를 하면서 학습 진도를 체크해요.

1 마음을 나누며 대화해요

개념
강의

● 정답 및 풀이 1쪽

1 공감하며 대화해야 하는 까닭

└─● 공감하는 대화란 상대의 마음을 이해하고 상대가 느끼는 감정과 같이 느끼며 귀 기울여 듣고, 상대를 배려하며 말하는 대화입니다.

- 상대의 처지를 이해할 수 있기 때문입니다.
- 처지를 바꾸어 생각하면 상대의 마음을 알 수 있기 때문입니다.
- 상대에게 공감하며 말하면 기분 좋은 대화를 할 수 있기 때문입니다.
- 대화를 즐겁게 이어 갈 수 있기 때문입니다.

예 「지윤이와 명준이의 대화」에 나타난 공감하며 대화해야 하는 까닭

①의 대화에서는 지윤이가 상대의 말을 귀 기울여 듣지 않고 무시하듯이 말을 하여 명준이의 기분이 안 좋을 것이고, ②의 대화에서는 지윤이가 상대의 처지를 생각하는 말을 하여 기분 좋게 대화할 수 있을 것입니다.

2 공감하며 대화하는 방법

경청하기	• 말하는 사람에게 주의를 기울여 집중해서 듣기 • 말이나 행동으로 맞장구치기, 상대의 말 반복해 주기
처지를 바꾸어 생각하기	• 말하는 사람의 처지가 되어 생각하기 • 자신과 상대의 처지가 어떻게 다른지 생각하기
공감하며 말하기	• 상대의 기분을 고려해 말하기 • 자신의 잘못은 없는지 생각하며 말하기
생각을 정확히 전달하기	• 전하고 싶은 생각을 정확히 말하기 • 예의 바르게 또박또박 말하기

예 경청하는 방법

3 예절을 지키며 누리 소통망에서 대화하기

└─● '소셜 네트워크 서비스[SNS]'를 다듬은 말로, 온라인에서 자유롭게 글이나 사진 따위를 올리거나 나누는 것.

- 말하고 싶은 내용을 정확하게 전달합니다.
- 이상한 말이나 줄임 말을 쓰지 않습니다.
- 상대가 대화하고 싶은지 확인하고 말을 걸어야 합니다.
- 혼자서 너무 많이 말하지 않도록 해야 합니다.
- 다른 사람에게 마음의 상처를 주지 않도록 조심해야 합니다.

개념 확인 문제

1 공감하며 대화해야 하는 까닭

다음 중 공감하며 대화해야 하는 까닭을 알맞게 말한 친구의 이름을 모두 쓰시오.

> 예나: 처지를 바꾸어 생각하면 상대의 마음을 알 수 있어.
> 기준: 처지를 바꾸어 생각하면 대화를 빨리 끝낼 수 있어.
> 수민: 상대에게 공감하며 말하면 기분 좋은 대화를 할 수 있어.

( )

2 공감하며 대화하는 방법

다음은 공감하며 대화하는 방법입니다. 방법에 알맞은 활동을 보기 에서 찾아 각각 기호를 쓰시오.

> 보기
> ㉮ 상대의 말 반복해 주기
> ㉯ 전하고 싶은 생각을 정확히 말하기
> ㉰ 자신과 상대의 처지가 어떻게 다른지 생각하기

(1) 경청하기 ( )
(2) 처지를 바꾸어 생각하기 ( )
(3) 생각을 정확히 전달하기 ( )

3 예절을 지키며 누리 소통망에서 대화하기

다음 빈칸에 들어갈 알맞은 말을 쓰시오.

- 예절을 지키며 누리 소통망에서 대화할 때는 이상한 말이나 ( ) 말을 쓰지 않는다.

1 마음을 나누며 대화해요

● 정답 및 풀이 1쪽

어휘

1. 핵심 개념 어휘: 공감, 대화

共 함께 공
感 느낄 감
뜻 남의 감정, 의견, 주장 따위에 대하여 자기도 그렇다고 느낌. 또는 그렇게 느끼는 기분.

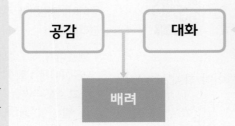

공감 ── 대화

배려

對 대답할 대
話 말할 화
뜻 마주 대하여 이야기를 주고받음. 또는 그 이야기.

➡ 공감하는 대화는 상대를 배려하며 말하는 대화이기 때문에 대화를 즐겁고 기분 좋게 이어 갈 수 있습니다.

2. 작품 속 어휘

낱말	뜻	예시
솟구치다 [솓꾸치다]	아래에서 위로, 또는 안에서 밖으로 세차게 솟아오르다.	물속에서 돌고래가 힘차게 솟구쳐 올랐습니다.
다스리다	국가나 사회, 단체, 집안의 일을 보살펴 관리하고 통제하다.	삼국을 통일한 신라는 많은 백성을 다스리기 위해 새로운 제도를 만들었습니다.
훈련(訓鍊) 訓 가르칠 훈 鍊 불릴 련	기본자세나 동작 따위를 되풀이하여 익힘.	나는 강아지에게 공을 물어오게 하는 훈련을 시켰습니다.
조종(操縱) 操 잡을 조 縱 늘어질 종	비행기나 선박, 자동차 따위의 기계를 다루어 부림.	삼촌은 비행기를 조종하는 일을 하십니다.
좇다 [졷따]	목표, 이상, 행복 따위를 추구하다.	그는 돈과 명예만 좇아 살아온 삶을 후회했습니다.

문법 상의어와 하의어

◆ 상하 관계란 어떤 낱말의 뜻이 다른 낱말의 뜻을 포함하는 관계를 말합니다. 상하 관계에서 다른 낱말을 포함하는 낱말을 '상의어', 다른 낱말에 포함되는 낱말을 '하의어'라고 합니다.

그림에서와 같이 '사람'과 '여자', '남자'는 상하 관계입니다. '사람'은 말을 할 줄 알고 도구를 만들어 쓸 줄 아는 생물로, 여자와 남자가 모두 해당합니다. 따라서 '사람'은 '여자'와 '남자'의 상의어입니다. 이때, '여자'와 '남자'는 '사람'에 포함되는 낱말이므로, '사람'의 하의어가 됩니다.

---

1 핵심 개념 어휘

다음 뜻에 알맞은 낱말은 무엇인지 쓰시오.

> 남의 감정, 의견, 주장 따위에 대하여 자기도 그렇다고 느낌. 또는 그렇게 느끼는 기분.

(   )

2 작품 속 어휘

다음 밑줄 친 낱말의 뜻으로 알맞은 것에 ○표 하시오.

> 샘물이 바위틈에서 솟구치고 있다.

(1) 잡스럽고 탁한 것이 섞이지 아니하고. (   )

(2) 아래에서 위로, 또는 안에서 밖으로 세차게 솟아오르고. (   )

3 작품 속 어휘

다음 빈칸에 알맞은 낱말을 보기 에서 찾아 쓰시오.

> 보기
>
> 훈련, 조종

(1) 배는 선장이 (   )하는 대로 움직인다.

(2) 감독은 선수들에게 힘들고 고된 (   )을 시켰다.

4 문법

다음 중 나머지 낱말의 상의어에 해당하는 것을 찾아 ○표 하시오.

작가	직업	화가
농부	선생님	간호사

준비 공감하며 대화해야 하는 까닭 알기

● 국어 30쪽 / 정답 및 풀이 1쪽

지윤이와 명준이의 대화

내용 듣기

⑦ 명준: 지윤아, 안녕? 너를 찾고 있었는데 마침 잘됐다.

지윤: 나를 찾고 있었어? 왜?

명준: 너에게 할 말이 있어. 내 이야기 좀 들어 줄래? 어제 말이야…….

지윤: ㉠(말을 하는데 중간에 끊고) 나 지금 바쁜데, 내가 꼭 들어야 하니?

명준: (실망하는 목소리로) 뭐라고? 아직 내용을 듣지도 않았잖아.

지윤: 네 이야기보다는 내 일이 훨씬 중요해.

⑭ 명준: 지난번 질서 지키기 그림 대회에서 내가 그린 그림이 뽑히지 않아서 무척 서운했어.

지윤: (시큰둥하게) 그게 그렇게 중요한 일이니?

명준: (화내는 목소리로) 뭐? 네가 내 기분을 어떻게 아니? 너는 친구의 기분은 조금도 생각하지 않니? 어떻게 그렇게 말을 해?

지윤: 왜 그래? 내 생각에는 별것 아닌 것 같아.

⑮ 명준: 지난번 질서 지키기 그림 대회에서 내가 그린 그림이 뽑히지 않아서 무척 서운했어.

지윤: 네가 그림을 못 그렸겠지. 그러니까 할 수 없잖아?

명준: (화내는 목소리로) 너는 친구에게 어떻게 그런 말을 하니?

지윤: 그냥 내 생각을 말한 건데, 왜?

명준: (화내는 목소리로) 생각을 말한 것뿐이라고?

• **특징** 지윤이와 명준이의 대화를 통해 공감하며 대화하면 좋은 점과 공감하며 대화해야 하는 까닭을 알 수 있습니다.

• **활동 정리** 빈칸에 알맞은 말을 넣어 지윤이와 명준이가 주고받은 대화의 특징 정리하기

명준이가 지윤이에게 하고 싶은 말	질서 지키기 그림 대회에서 자신이 그린 ❶( )이/가 뽑히지 않아서 서운했음.
지윤이가 명준이의 말을 듣는 태도	• 명준이의 기분을 생각하지 않고 말함. • 자신이 하고 싶은 말만 함. • 상대를 ❷( ) 하지 않고 말함.

서운했어 마음에 모자라 아쉽거나 섭섭한 느낌이 있었어.
시큰둥하게 달갑지 아니하거나 못마땅하여 시들하게.
예 배가 부른 동생은 음식을 보고 시큰둥한 표정을 지었습니다.

1 대화 ⑦에서 명준이가 지윤이를 찾고 있었던 까닭으로 알맞은 것에 ○표 하시오.

(1) 자신의 이야기를 들어 달라고 하려고 ( )

(2) 자신의 기분을 나쁘게 한 것에 대해 화내려고 ( )

중요 독해

2 대화 ⑦~⑮에 나타난 지윤이의 태도로 알맞지 <u>않은</u> 것은 무엇입니까? ( )

① 상대를 무시하듯이 말했다.

② 자기가 하고 싶은 말만 했다.

③ 상대를 배려하지 않고 말했다.

④ 상대의 말에 맞장구치며 말했다.

⑤ 상대의 기분을 생각하지 않고 말했다.

3 대화 ⑦~⑮에서 명준이의 기분은 어떠하였을지 알맞은 것을 모두 고르시오. ( )

① 기분이 안 좋았을 것이다.

② 친구가 더 좋아졌을 것이다.

③ 말을 하기가 싫어졌을 것이다.

④ 화가 났던 마음이 풀렸을 것이다.

⑤ 자신을 무시하는 것 같아 화가 났을 것이다.

서술형

4 대화 ⑦의 상황에서 ㉠을 공감하는 대화로 고쳐 쓰시오.

_____

_____

엄마, 고마워요

❶ 오늘은 친척 결혼식이 있어서 외출하신 부모님께서 늦게 오시는 날이다. 나는 부모님 대신 동생을 돌보고 저녁밥도 챙기기로 했다.

중심 내용 | 현욱이는 외출하신 엄마, 아빠를 위해 동생을 돌보고 저녁밥도 챙기기로 했습니다.

❷ '프라이팬이 잘 닦이지 않네?'

나는 고민하다가 철 수세미를 쓰기로 했다. 부모님께서 냄비 같은 것을 철 수세미로 박박 문질러 닦으시는 것을 본 적이 있기 때문이다.

중심 내용 | 현욱이는 프라이팬이 잘 닦이지 않자 프라이팬을 철 수세미로 문질러 닦았습니다.

❸ "수세미로는 잘 닦이지 않아서 철 수세미를 썼어요."

엄마는 한숨을 한 번 쉬시고는 다시 웃음을 띠고 말씀하셨다.

"㉠우리 아들이 집안일을 도와주려는 마음으로 설거지를 열심히 했구나. 그렇지만 금속으로 프라이팬 바닥을 긁으면 바닥이 벗겨져서 못 쓰게 된단다."

엄마의 말씀을 듣고 나니 부모님의 일을 도와드렸다는 생각에 뿌듯했던 나는 금세 부끄러워졌다.

㉡"죄송해요, 엄마. 집안일을 도와드리려다가 오히려 프라이팬만 망가뜨렸어요."

엄마는 웃으며 나를 꼭 안아 주셨다.

"미안해하지 않아도 돼. 집안일을 도와주려고 한 현욱이 마음이 엄마는 정말 고마워."

엄마의 말씀을 듣고 내 마음은 한순간에 봄눈 녹듯 풀렸다.

중심 내용 | 엄마께 프라이팬을 못 쓰게 되었다는 말을 들은 현욱이는 죄송한 마음이 들었지만 엄마 덕분에 마음이 풀렸습니다.

- **글의 종류** 일기
- **글의 특징** 엄마와 현욱이의 대화를 통해 공감하며 대화하는 방법을 알 수 있습니다.
- **작품 정리** 빈칸에 알맞은 말을 넣어 글의 내용 정리하기
  - 현욱이가 프라이팬을 ❶( )(으)로 닦아서 망가뜨림.
  - 엄마는 화를 내지 않으시고 현욱이의 ❷( )을/를 공감해 주심.

금속 쇠·구리·금·은처럼 번들거리는 빛깔이 있고 빛이 통하지 않으며, 열과 전기를 통과시키는 성질이 있는 단단한 물질.

---

5 다음 중 현욱이가 한 일로 알맞은 것을 모두 고르시오. ( )

① 동생에게 설거지를 시켰다.
② 엄마께 서운하여 화를 내었다.
③ 동생과 자신의 저녁밥을 챙겼다.
④ 부모님을 대신해 동생을 돌봤다.
⑤ 프라이팬을 철 수세미로 닦았다.

어휘

6 글 ❸에서 알 수 있는 현욱이의 마음 변화를 나타내는 말을 보기 에서 찾아 알맞게 쓰시오.

보기
부끄럽다 뿌듯하다 화가 난다 부럽다

(1) □ → (2) □

7 현욱이와 엄마가 ㉠과 ㉡에서 대화한 방법으로 알맞은 것에 ○표 하시오.

(1) 상대가 기분 나쁘게 말했다. ( )
(2) 상대를 배려하지 않고 말했다. ( )
(3) 처지를 바꾸어 생각하며 말했다. ( )

8 엄마가 현욱이를 꼭 안아 주신 까닭을 알맞게 말한 친구의 이름을 쓰시오.

재현: 못 쓰게 된 프라이팬을 보고 화를 낸 것이 미안하셨기 때문이야.
소은: 부모님의 집안일을 도와주려고 한 현욱이의 마음이 고마웠기 때문이야.

( )

예절을 지키며 누리 소통망에서 대화하기

• **특징** 누리 소통망을 사용해 대화한 상황을 통해 누리 소통망을 사용해 대화하면 좋은 점과 누리 소통망에서 대화하는 방법을 알 수 있습니다.

• **활동 정리** 빈칸에 알맞은 말을 넣어 그림의 내용 정리하기

하준이의 상황	하준이는 다리를 다쳐서 ❶( )에 가지 못하고 있음.
하준이가 선생님, 친구들과 연락한 방법	누리 ❷( )에서 공감하는 대화를 나눔.

연락(連 잇닿을 연, 絡 이을 락) 어떤 사실을 상대편에게 알림.
예 친구에게 연락하기 위해 전화를 했습니다.

9 그림 ❶과 ❷에 나타난 하준이의 기분으로 알맞은 것의 기호를 쓰시오.

> ㉮ 학교에 가고 싶지 않다.
> ㉯ 선생님과 친구들이 보고 싶다.
> ㉰ 병원에 있는 것이 편하고 즐겁다.

( )

10 누리 소통망에서 대화한 사람들이 하준이에게 해 준 말로 알맞은 것을 모두 고르시오. ( )

① 공격하는 말
② 응원하는 말
③ 공감하는 말
④ 다그치는 말
⑤ 격려하는 말

11 이 그림과 같이 누리 소통망을 사용하는 대화의 특징으로 알맞은 것을 두 가지 찾아 ○표 하시오.

(1) 글자로 대화한다. ( )
(2) 얼굴을 보지 않고 대화한다. ( )
(3) 항상 가까운 거리에서 대화한다. ( )

서술형

12 누리 소통망으로 대화하면 좋은 점을 한 가지만 쓰시오.

_____

_____

니 꿈은 뭐이가?

박은정

└ '무엇인가'의 평안도 방언.

❶ 조그만 내 손으로 조물조물 집안일하고, 공장에서 일해서 쌀을 사 왔네. 동생들 밥을 먹이니 나는 좋은데 어머니는 마음이 많이 아프다고 하셨어.
   ─ 자식이 고생하는 것이 미안했기 때문에

나 홀로 한글을 깨쳤어. 어느 날 목사님이 그러셨어. 너는 똑똑하니 학교를 공짜로 보내 주겠다고.

참말로 기뻤어야. 아침밥 짓고 동생을 업고 만날 학교에 나갔네. 일 등을 못 하면 ㉠분해서 잠이 안 왔어야.

중심 내용 | '나'는 집안 형편이 어려워서 어느 목사님의 도움으로 학교에 다닐 수 있게 되었고, 열심히 공부했습니다.

❷ 보라, 내 열일곱 살 때야. 너덜너덜 **짚신** 신고 덜컹덜컹 **소달구지** 탔지. 가난한 조선 사람들은 자동차도 잘 몰랐어. 그런데

"사람이 괴물 타고 하늘을 난대!"

스미스란 미국 사람이 비행기를 타고 온다네? 온 마을이 들썩들썩. 내 마음도 들썩들썩.

구름처럼 몰려온 저 사람들 좀 봐. 구름을 뚫고 쇳덩

이 괴물이 혼자만 날아올라. 이 산 위로 쑥, 저 하늘로 쌩 **솟구치고** 돌아 나와 못 가는 곳이 없네.

"사람들아, 이 날개를 봐. 정말 자유로워."

저 비행기란 놈이 그러네. 나는 땅에 딱 붙어 서서 두 발만 동동 **굴렀어.**

바로 그날 밤, 잠을 못 잤지. 바로 그날 밤, 꿈이 생겼지.

┌ '여자라고 못 하겠어? 조선 사람이라고 왜 못 하겠
㉡
└ 어? 얼른얼른 커서 꼭 **비행사**가 될 거야.'

니 꿈은 뭐이가?

나는 하늘을 훨훨 날고 싶었어야.

중심 내용 | 비행기를 처음 본 날, '나'는 비행사가 되겠다는 꿈을 가졌습니다.

짚신 볏짚으로 삼아 만든 신.
소달구지 소가 끄는 수레.
솟구치고 아래에서 위로, 또는 안에서 밖으로 세차게 솟아오르고.
굴렀어 선 자리에서 발로 바닥을 힘주어 쳤어.
비행사 일정한 자격을 가지고 비행기를 조종하는 사람.
⑩ 나는 하늘을 나는 비행사가 되고 싶습니다.

[중요 독해]

13 '나'에 대한 설명으로 알맞지 <u>않은</u> 것은 무엇입니까?
( )

① 혼자서 한글을 깨우쳤다.
② 어릴 때부터 집안일을 하였다.
③ 공장에서 일을 해서 쌀을 사 왔다.
④ 공장에서 번 돈을 모아서 학교에 갔다.
⑤ 아침밥 짓고 동생을 업고 학교에 나갔다.

[어휘]

14 ㉠을 대신해 쓸 수 있는 말로 알맞은 것은 무엇입니까? ( )

① 즐겁고 기뻐서
② 무섭고 두려워서
③ 귀찮고 성가셔서
④ 섭섭하고 아까워서
⑤ 답답하고 지루해서

[서술형]

15 '나'는 비행기를 처음 보았을 때 어떤 기분이 들었는지 쓰시오.

_____

_____

16 ㉡과 같은 '나'의 말에 공감하는 대화를 알맞게 말한 친구의 이름을 모두 쓰시오.

> 진형: 네 꿈을 말하기 전에 내 꿈이 뭔지 무엇인지 물어봐 줘.
> 재현: 너는 커서 비행사가 되고 싶다는 멋진 꿈을 가지고 있구나.
> 정은: 어려운 상황이지만 열심히 하면 꼭 비행사가 될 수 있을 거야.

( )

니 꿈은 뭐이가?

❸ 그때는 일본이 조선을 **다스리고** 있었어. 일본이 조선 땅을 빼앗았거든. 조선 사람들은 거리로 몰려나와 소리쳤어. 나도 친구들과 거리로 몰려나와 소리쳤어.

"일본은 물러가라!"

"조선 땅에서 물러가라."

사람이 많이 잡혔네. 나도 일본 경찰에게 잡혔네. 경찰이 학교에 못 다니게 하네. 조선 사람들은 힘을 모아 싸웠어. 나는 무기를 나르고 돈을 모으다가 또 잡혔어. 깜깜한 감옥으로 끌려갔어. 내 손으로 내 나라를 **되찾는** 게 죄야?

우리 땅에서 또 싸우다 잡히면 죽을 거야. 나는 가족을 떠나 중국으로 가는 배를 탔지. 깜깜한 밤바다, 빼앗긴 내 나라 이제 다시는 못 갈지 몰라. 못 가는 곳이 없던데, 저 비행기란 놈은⋯⋯.

'그래! 진짜로 비행사가 되는 거야. 비행기를 타고 날아가서 일본과 싸우는 거야!'

중심 내용 | 독립운동을 하던 '나'는 중국으로 가서 비행사가 되어 일본과 싸우기로 결심했습니다.

❹ 중국의 중학교부터 들어갔어. 2년 반 만에 영어와 중국어를 다 배웠지. / 중국의 비행 학교를 찾아갔어.

"여자는 들어올 수 없소!"

여자는 날 수 없다네? 중국에서도. / 나는 윈난성의 장군 당계요를 찾아갔어. / 배 타고 기차 타고 걷고 또 걸어갔어야. / 앞만 바라보며 드넓은 중국 땅을 가로질러 갔어야. / 당계요 장군은 많이 놀랐지.

"여자가 어떻게 여기 왔나?"

"세상을 돌고 돌아 왔어요."

"여자가 왜 여기 왔나?" / "하늘을 날고 싶어서요."

"여자가 왜 비행사가 되려 하나?"

"내 나라를 빼앗아 간 일본과 싸우려고요!"

"⟨ ㉠ ⟩⋯⋯ 좋다!"

당 장군은 비행 학교에다 편지를 썼어. 여자가 자기 나라를 되찾으려고 왔으니 꼭 들여보내라고 썼어.

> **다스리고** 국가나 사회, 단체, 집안의 일을 보살펴 관리하고 통제하고. 예 왕은 나라를 지혜롭게 다스렸습니다.
> **되찾는** 다시 찾거나 도로 찾는.

중요 독해

17 글 ❸에서 알 수 있는, '내'가 살았던 시대 상황으로 알맞은 것을 두 가지 고르시오. (   )

① 일본이 조선 땅을 빼앗았다.

② 일본이 조선을 다스리고 있었다.

③ 조선에 유명한 비행사가 많았다.

④ 여자들만 비행사가 될 수 있었다.

⑤ 일본 사람들이 중국으로 이사를 많이 갔다.

18 '내'가 중국으로 간 까닭은 무엇일지 알맞은 것을 두 가지 찾아 기호를 쓰시오.

> ㉮ 비행사가 되고 싶었기 때문이다.
> ㉯ 중국 경찰에게 붙잡혔기 때문이다.
> ㉰ 우리 땅에서는 더 이상 독립운동을 할 수 없었기 때문이다.

(   )

서술형

19 당계요 장군이 '나'를 도와준 까닭은 무엇일지 생각하여 쓰시오.

_____

_____

20 ㉠에서 당계요 장군이 '나'의 말에 공감하며 할 수 있는 말로 알맞은 것을 찾아 ○표 하시오.

(1) 여자는 중국의 비행 학교에 절대 들어갈 수 없다.

(   )

(2) 내가 너라도 나라를 빼앗기면 되찾고 싶을 것이다.

(   )

(3) 여자인 네가 왜 비행 학교에 가려고 하는지 도저히 이해가 되지 않는다. (   )

니 꿈은 뭐이가?

드디어 비행 학교 학생이 되었어. 남학생들과 똑같이 훈련했지. 빙글빙글 어지러움을 견디는 **훈련**, 비행기를 **조종**하고 고치는 기술까지 배웠어. 너무 힘들고 위험했어야. 학생들이 많이 떠났지만 나는 하루하루가 행복했어. 내 꿈을 따라서 산다는 게 꿈만 같았거든.

중심 내용 | '나'는 당계요 장군의 도움을 받아 중국의 비행 학교에 들어갈 수 있었고, 어려움을 이겨 내며 비행 훈련을 했습니다.

❺ 처음으로 비행기를 타는 날. 비행기에 올라타서 배운 대로 움직였지. 훌쩍! 날아올라, 깜짝! 너무 놀라 비행기가 부릉부릉, 눈앞이 기우뚱기우뚱. 잘 날다가 뚝 떨어지기도 해. 펑 터지기도 해. 조종간을 꽉, 이를 악물었지.
_{단단히 결심하거나 무엇을 참아 견딜 때에 힘주어 이를 꼭 마주 물었지}

'진짜로 날고 있나?' / 얼른 아래를 내려다봤더니……. 아름다워!

끝없는 산과 들과 강물이, 두 발목을 딱 붙들던 온 세상이 눈앞에서 너울너울 춤을 추네.

"이 세상아! 내 날개를 봐. 정말 자유로워. 구름을 뚫고 온몸이 날아올라."

내 이름은 권기옥. 사람들이 그러지, 처음으로 하늘을
_{'내'(권기옥)가 남긴 업적}

난 우리나라 여자라고. / 나는 하늘을 훨훨 날고 싶었어야. 온 세상이 너더러 날 수 없다고 말해도 날고 싶다면 이 세상 끝까지 달려가 보라. 어느 날 니 몸이 훨훨 날아오를 거야. 니 꿈을 ㉠**좇으며** 자유롭게 살게 될 거야.

중심 내용 | '나'는 우리나라에서 처음으로 하늘을 난 여자 비행사가 되어 꿈을 이루었습니다.

- **글의 종류** 이야기

- **글의 특징** 우리나라 최초의 여자 비행사인 권기옥이 꿈을 이루는 과정이 담긴 이야기입니다.

- **작품 정리** 빈칸에 알맞은 말을 넣어 글의 내용 정리하기

> '나'는 열일곱 살 때 비행기를 처음 보고, ❶(   ) 이/가 되겠다는 꿈을 가짐.
>
> ↓
>
> 독립운동을 하던 '나'는 중국으로 가서 ❷(   ) 장군의 도움을 받아 비행 학교에 들어가서 훈련을 받음.
>
> ↓
>
> '나'는 ❸(   ) 최초의 여자 비행사가 됨.

훈련 기본자세나 동작 따위를 되풀이하여 익힘.
조종 비행기나 선박, 자동차 따위의 기계를 다루어 부림.
좇으며 목표, 이상, 행복 따위를 추구하며.

---

21 비행 학교의 훈련이 힘들어도 '내'가 행복했던 까닭은 무엇입니까? (   )

① 다른 학생들이 많이 떠나서
② 어지러움을 잘 느끼지 않아서
③ 같은 꿈을 가진 친구들이 많아서
④ 자신의 꿈을 따라서 산다는 게 꿈만 같아서
⑤ 남학생들보다 기술을 배우는 속도가 빨라서

22 '나'는 비행기를 처음 탔을 때 어떤 마음이 들었는지 알맞은 것을 두 가지 고르시오. (   )

① 자유롭다고 생각했다.
② 세상이 아름답다고 느꼈다.
③ 시시하고 지루하다고 느꼈다.
④ 무서워서 내려가고 싶다고 생각했다.
⑤ 두려워서 꿈을 포기해야겠다고 생각했다.

어휘

23 ㉠에서 사용된 '좇다'가 알맞게 쓰인 문장을 찾아 기호를 쓰시오.

> ㉮ 동생은 파리를 좇으며 밥을 먹었다.
> ㉯ 경찰이 도망가는 도둑을 바짝 좇았다.
> ㉰ 현아는 시간에 좇겨 숙제를 거의 못 했다.
> ㉱ 달리기에서 일등을 하겠다는 목표를 좇으며 열심히 뛰었다.

(   )

24 이 글에서 글쓴이가 하고 싶은 말로 알맞은 것을 찾아 ○표 하시오.

(1) 남들이 해내지 못한 일을 꿈으로 삼아야 한다.
(   )

(2) 끝까지 포기하지 않고 노력하면 꿈을 이룰 수 있다.
(   )

1. 마음을 나누며 대화해요

● 정답 및 풀이 2쪽

[1~3] 다음 대화를 읽고, 물음에 답하시오.

> 지윤: 명준아, 안녕?
> 명준: 지윤아, 안녕? 너를 찾고 있었는데 마침 잘됐다.
> 지윤: 나를 찾고 있었어? 왜?
> 명준: 너에게 할 말이 있어. 내 이야기 좀 들어 줄래?
>   어제 말이야……
> 지윤: ㉠(말을 하는데 중간에 끊고) 나 지금 바쁜데, 내
>   가 꼭 들어야 하니?
> 명준: (실망하는 목소리로) 뭐라고? 아직 내용을 듣지
>   도 않았잖아.
> 지윤: 네 이야기보다는 내 일이 훨씬 중요해.

1 명준이가 지윤이를 찾고 있었던 까닭은 무엇인지 빈
칸에 알맞은 말을 쓰시오.

- 지윤이에게 할 (   )이/가 있어서

2 이 대화에 대한 설명으로 알맞은 것은 무엇입니까?

(   )

① 웃으면서 하는 대화이다.
② 상대를 배려하는 대화이다.
③ 귀 기울여 들어 주는 대화이다.
④ 상대를 이해해 주지 않는 대화이다.
⑤ 말하는 사람에게 공감해 주는 대화이다.

3 ㉠을 다음과 같이 바꾸어 말했을 때 명준이의 마음을
알맞게 짐작한 것의 기호를 쓰시오.

> 그래? 무슨 일이야? 어서 말해 봐.

> ㉮ 자신을 배려하지 않고 말해서 기분이 나빠졌
>   을 것이다.
> ㉯ 자신의 말을 귀 기울여 들어 주어서 고맙다고
>   생각할 것이다.
> ㉰ 자신의 말에 관심을 가져 주지 않아서 무시당
>   하는 기분이 들었을 것이다.

(   )

[4~5] 다음 그림을 보고, 물음에 답하시오.

4 그림 ㉮에서 여자아이가 대화한 방법은 무엇입니까?

(   )

① 자신의 잘못에 대해 말했다.
② 자신의 생각만 자세하게 말했다.
③ 자신과 다른 처지에 대해 말했다.
④ 상대의 기분을 생각하지 않고 말했다.
⑤ 말하는 사람에게 주의를 기울여 집중해 들었다.

5 ㉠에 들어갈 공감하는 말로 알맞은 것은 무엇입니까?

(   )

① 기분이 좋았을 거야.
② 청소하는 것이 즐거울 거야.
③ 청소가 힘들지 않았을 거야.
④ 너와 같은 마음이 들 것 같아.
⑤ 너랑 청소 구역을 바꾸지 않았을 거야.

6 다음 중 누리 소통망에서 댓글을 달 때에 지켜야 할 예절로 알맞은 것을 모두 고르시오. (   )

① 바르고 고운 말을 쓴다.
② 자신의 의견만 강요하지 않는다.
③ 줄임 말을 가능한 많이 사용한다.
④ 혼자서 너무 많이 말하도록 한다.
⑤ 상대가 싫어하는 말을 하지 않는다.

[7~8] 다음 글을 읽고, 물음에 답하시오.

당 장군은 비행 학교에다 편지를 썼어. 여자가 자기 나라를 되찾으려고 왔으니 꼭 들여보내라고 썼어.

드디어 비행 학교 학생이 되었어. 남학생들과 똑같이 훈련했지. 빙글빙글 어지러움을 견디는 훈련, 비행기를 조종하고 고치는 기술까지 배웠어. 너무 힘들고 위험했어야. 학생들이 많이 떠났지만 나는 하루하루가 행복했어. 내 꿈을 따라서 산다는 게 꿈만 같았거든.

'언젠가 내 나라를 자유롭게 만들 거야. 반드시 저 하늘을 훨훨 날아갈 거야.'

처음으로 비행기를 타는 날. 비행기에 올라타서 배운 대로 움직였지. 훌쩍! 날아올라. 깜짝! 너무 놀라 비행기가 부릉부릉, 눈앞이 기우뚱기우뚱. 잘 날다가 뚝 떨어지기도 해. 펑 터지기도 해. 조종간을 꽉, 이를 악물었지.

'진짜로 날고 있나?'
얼른 아래를 내려다봤더니……
아름다워!

7 당 장군이 편지를 써서 '내'가 들어가게 된 곳은 어디인지 글에서 찾아 쓰시오.

(   )

8 이 글에 나오는 '나'의 삶에 공감하며 말한 친구의 이름을 쓰시오.

성호: 꿈을 포기하고 힘든 일을 견디지 못해서 무척 아쉬웠어요.
도현: 당신이 왜 힘들고 위험한 훈련을 견뎠는지 잘 모르겠어요.
유나: 당신은 꿈을 이루기 위해 힘든 일도 노력해서 잘 이겨 냈어요.

(   )

문법
9 다음 중 나머지 낱말의 상의어에 해당하는 것은 무엇입니까? (   )

① 수박
② 사과
③ 딸기
④ 과일
⑤ 바나나

문법
10 다음 짝 지어진 낱말이 상하 관계가 <u>아닌</u> 것은 무엇입니까? (   )

① 꽃 – 장미
② 남자 – 여자
③ 나무 – 소나무
④ 동물 – 고양이
⑤ 악기 – 바이올린

1. 마음을 나누며 대화해요

1 다음은 공감하는 대화의 뜻입니다. 빈칸에 들어갈 알 맞은 말을 찾아 ○표 하시오.

> 상대의 마음을 이해하고 상대가 느끼는 감정과 같이 느끼며 귀 기울여 듣고, 상대를 [   ] 하며 말하는 대화이다.

(분석 , 배려 , 연구)

[2~3] 다음 대화를 읽고, 물음에 답하시오.

> 명준: 지난번 질서 지키기 그림 대회에서 내가 그린 그림이 뽑히지 않아서 무척 서운했어.
> 지윤: (시큰둥하게) ㉠그게 그렇게 중요한 일이니?
> 명준: (화내는 목소리로) 뭐? 네가 내 기분을 어떻게 아니? 너는 친구의 기분은 조금도 생각하지 않니? 어떻게 그렇게 말을 해?
> 지윤: 왜 그래? 내 생각에는 별것 아닌 것 같아.

2 이 대화에서 지윤이가 말할 때 잘못한 점을 두 가지 고르시오. (   )

① 친구에게 반말로 대답했다.
② 친구를 위로해 주지 않았다.
③ 친구의 말에 대답을 하지 않았다.
④ 친구의 말을 끊고 자신이 먼저 말했다.
⑤ 친구의 기분을 생각하며 말하지 않았다.

서술형
3 ㉠을 상대의 처지를 고려한 말로 바르게 고쳐 쓰시오.

_____

_____

[4~5] 다음 글을 읽고, 물음에 답하시오.

㉮ 흐뭇한 얼굴로 부엌을 둘러보시던 엄마께서 놀란 표정으로 물으셨다.
"현욱아, 혹시 프라이팬도 닦았니?"
"예. 제가 철 수세미로 문질러 깨끗이 닦았어요."
"뭐라고? 철 수세미로 문질렀다는 말이니?"
"예. 수세미로는 잘 닦이지 않아서 철 수세미를 썼어요."
엄마는 한숨을 한 번 쉬시고는 다시 웃음을 띠고 말씀하셨다.
"우리 아들이 집안일을 도와주려는 마음으로 설거지를 열심히 했구나. 그렇지만 금속으로 프라이팬 바닥을 긁으면 바닥이 벗겨져서 못 쓰게 된단다."
㉯ "죄송해요, 엄마. 집안일을 도와드리려다가 오히려 프라이팬만 망가뜨렸어요."
엄마는 웃으며 나를 꼭 안아 주셨다.
"미안해하지 않아도 돼. 집안일을 도와주려고 한 현욱이 마음이 엄마는 정말 고마워."

4 현욱이 엄마가 망가진 프라이팬을 보고 화를 내지 않은 까닭을 두 가지 찾아 기호를 쓰시오.

> ㉮ 현욱이의 마음이 고맙고 기특했기 때문에
> ㉯ 프라이팬이 오래된 것이라 어차피 사야 했기 때문에
> ㉰ 망가진 프라이팬보다 현욱이의 마음이 더욱 소중하기 때문에

(   )

5 현욱이와 엄마가 대화한 방법으로 알맞지 <u>않은</u> 것은 무엇입니까? (   )

① 서로 배려하며 말했다.
② 서로 공감하며 말했다.
③ 서로의 말을 잘 들어 주었다.
④ 자신의 처지만 생각하며 말했다.
⑤ 상대가 기분 나쁘지 않게 말했다.

6 누리 소통망에서 대화할 때 지켜야 할 예절로 알맞지 **않은** 것은 무엇입니까? (   )

① 혼자서 너무 많이 말하지 않도록 합니다.
② 이상한 말이나 줄임 말을 쓰지 않습니다.
③ 말하고 싶은 내용을 정확하게 전달합니다.
④ 자신이 할 말만 하고 대화방을 나오도록 합니다.
⑤ 상대가 대화하고 싶은지 확인하고 말을 걸어야 합니다.

7 누리 소통망 대화로 좋아진 점이 **아닌** 것은 무엇입니까? (   )

① 급한 연락을 쉽게 할 수 있다.
② 간편하게 편지를 보낼 수 있다.
③ 실제로 만나야만 대화할 수 있다.
④ 언제나 빨리 연락해 대화할 수 있다.
⑤ 많은 사람에게 소식을 전할 수 있다.

서술형

8 다음 그림과 같이 누리 소통망에서 공감하는 대화를 했던 자신의 경험을 떠올려 쓰시오.

_____

_____

[9~10] 다음 글을 읽고, 물음에 답하시오.

보라, 내 열일곱 살 때야. 너덜너덜 짚신 신고 덜컹덜컹 소달구지 탔지. 가난한 조선 사람들은 ㉠자동차도 잘 몰랐어. 그런데
"사람이 ㉡괴물 타고 하늘을 난대!"
스미스란 미국 사람이 ㉢비행기를 타고 온다네? 온 마을이 들썩들썩. 내 마음도 들썩들썩.
구름처럼 몰려온 저 사람들 좀 봐. 구름을 뚫고 ㉣쇳덩이 괴물이 혼자만 날아올라. 이 산 위로 쑥, 저 하늘로 쌩 솟구치고 돌아 나와 못 가는 곳이 없네.
"사람들아, 이 날개를 봐. 정말 자유로워."
저 비행기란 놈이 그러네. 나는 땅에 딱 붙어 서서 두 발만 동동 굴렀어.
바로 그날 밤, 잠을 못 잤지. 바로 그날 밤, 꿈이 생겼지.
'여자라고 못 하겠어? 조선 사람이라고 왜 못 하겠어? 얼른얼른 커서 꼭 비행사가 될 거야.'

니 꿈은 뭐이가?
나는 하늘을 훨훨 날고 싶었어야.

9 ㉠~㉣ 중 가리키는 것이 **다른** 하나를 찾아 기호를 쓰시오.

(   )

10 다음 중 이 글의 내용을 알맞게 말한 친구의 이름을 모두 쓰시오.

하율: 가난한 조선 사람들은 비행기보다 자동차를 더 많이 사용했어.
준서: '나'와 조선 사람들은 비행기가 나는 모습을 보고 신기해하였어.
용휘: '나'는 비행기를 보고 비행사가 되어 하늘을 날고 싶다는 꿈이 생겼어.

(   )

[11~15] 다음 글을 읽고, 물음에 답하시오.

㉮ 사람이 많이 잡혔네. 나도 일본 경찰에게 잡혔네. 경찰이 학교에 못 다니게 하네. 조선 사람들은 힘을 모아 싸웠어. 나는 무기를 나르고 돈을 모으다가 또 잡혔어. 깜깜한 감옥으로 끌려갔어. 내 손으로 내 나라를 되찾는 게 죄야?

우리 땅에서 또 싸우다 잡히면 죽을 거야. 나는 가족을 떠나 중국으로 가는 배를 탔지. 깜깜한 밤바다, 빼앗긴 내 나라 이제 다시는 못 갈지 몰라. 못 가는 곳이 없던데, 저 비행기란 놈은……

'그래! 진짜로 비행사가 되는 거야. 비행기를 타고 날아가서 일본과 싸우는 거야!'

㉯ 중국의 비행 학교를 찾아갔어.

"여자는 들어올 수 없소!"

여자는 날 수 없다네? 중국에서도.

나는 윈난성의 장군 당계요를 찾아갔어.

배 타고 기차 타고 걷고 또 걸어갔어야.

앞만 바라보며 드넓은 중국 땅을 가로질러 갔어야.

당계요 장군은 많이 놀랐지.

"여자가 어떻게 여기 왔나?"

"세상을 돌고 돌아 왔어요."

"여자가 왜 여기 왔나?"

"하늘을 날고 싶어서요."

"여자가 왜 비행사가 되려 하나?"

"내 나라를 빼앗아 간 일본과 싸우려고요!"

"…… 좋다!"

당 장군은 비행 학교에다 편지를 썼어. 여자가 자기 나라를 되찾으려고 왔으니 꼭 들여보내라고 썼어.

㉰ 내 이름은 권기옥. 사람들이 그러지, 처음으로 하늘을 난 우리나라 여자라고.

나는 하늘을 훨훨 날고 싶었어야. 온 세상이 너더러 날 수 없다고 말해도 날고 싶다면 이 세상 끝까지 달려가 보라. 어느 날 니 몸이 훨훨 날아오를 거야. 니 꿈을 좇으며 자유롭게 살게 될 거야.

보라, 니 꿈은 뭐가?

11 '내'가 감옥으로 끌려간 까닭을 찾아 ○표 하시오.

(1) 중국으로 가기 위해 몰래 배를 타서 ( )

(2) 나라를 되찾기 위해 독립운동을 해서 ( )

12 비행사가 되고 싶다는 '나'의 말을 들은 당계요 장군이 한 일은 무엇입니까? ( )

① 화를 내며 '나'를 내쫓았다.

② '나'를 조선으로 돌려보냈다.

③ '나'에게 비행 기술을 직접 알려 주었다.

④ '나'를 일본으로 가는 비행기에 태워 주었다.

⑤ 비행 학교에 편지를 써서 '내'가 들어갈 수 있게 도와주었다.

13 당계요 장군이 문제 12번에서 답한 것과 같은 행동을 한 까닭은 무엇일지 알맞은 것을 찾아 기호를 쓰시오.

㉮ 비행사가 되려는 남자가 별로 없었기 때문에

㉯ 나라를 되찾으려고 한 '나'의 마음에 공감했기 때문에

㉰ '내'가 당계요 장군을 대신해 일본과 싸우겠다고 했기 때문에

( )

14 '나'의 행동에서 본받을 점으로 알맞은 것은 무엇입니까? ( )

① 혼자서 여행을 가는 것

② 여자만 할 수 있는 일을 한 것

③ 다른 사람과 싸움을 자주 하는 것

④ 나라보다 자신을 먼저 생각하는 것

⑤ 꿈을 포기하지 않고 열심히 노력하는 것

서술형

15 공감하며 대화하는 방법을 생각하며 꿈을 이룬 '나'에게 해 주고 싶은 말을 쓰시오.

_____

_____

1. 마음을 나누며 대화해요

정답 및 풀이 3쪽

평가 주제	예절을 지키며 누리 소통망에서 대화하기
평가 목표	누리 소통망에서 상대의 말에 공감하며 대화할 수 있다.

1
단원

1 남자아이가 누리 소통망으로 선생님과 친구들에게 연락한 까닭은 무엇인지 쓰시오.

2 그림 ❸에서 남자아이의 기분은 어떠했을지 쓰시오.

3 ㉠에 들어갈 남자아이의 누리 소통망 대화를 생각하여 조건 에 맞게 쓰시오.

조건
1. 선생님과 친구들에게 전하고 싶은 말을 쓴다.
2. 그림말을 넣어 자신의 느낌을 전달한다.

미로를 따라 길을 찾아보세요.

● 정답 및 풀이 3쪽

2 지식이나 경험을 활용해요

▶ 학습을 완료하면 V표를 하면서 학습 진도를 체크해요.

	학습 내용	백점 쪽수	확인
개념	지식이나 경험을 활용해 글을 읽고 쓰기	24쪽	☐
어휘 + 문법	핵심 개념 어휘: 지식, 경험, 활용 작품 속 어휘: 대동, 농한기, 인공적, 단열, 상설 문법: 동사와 형용사	25쪽	☐
독해	지식이나 경험을 활용해 글을 읽으면 좋은 점 알기 :「줄다리기, 모두 하나 되는 대동 놀이」	26~27쪽	☐
	지식이나 경험을 활용해 글 읽기:「조선의 냉장고 '석빙고'의 과학」	28~29쪽	☐
	체험한 일을 떠올리며 감상이 드러나는 글 쓰기:「국립한글박물관 관람」	30쪽	☐
	지식이나 경험을 활용해 함께 글 고치기:「함께 글 고치기」	31쪽	☐
평가	단원 평가 1회, 2회	32~36쪽	☐
	수행 평가	37쪽	☐

2 지식이나 경험을 활용해요

● 정답 및 풀이 3쪽

1 지식이나 경험을 활용해 글을 읽으면 좋은 점

- 글 내용에 흥미를 느낄 수 있습니다.
- 글 내용을 더 쉽게 이해할 수 있습니다.
- 글 내용을 깊이 이해할 수 있습니다.
- 글 내용에 더 집중할 수 있습니다.
- 자신이 이미 아는 내용에 새롭게 안 내용을 더하면 글 내용을 더 오래 기억할 수 있습니다.

2 지식이나 경험을 활용해 글을 읽는 방법

- 글과 관련 있는 내용을 조사합니다.
- 책을 고를 때 책 내용과 관련한 지식이나 경험을 떠올리며 읽을 수 있을지 생각합니다.
- 책을 읽을 때 궁금한 점은 다른 책이나 자료를 찾아 가며 읽습니다.
- 자신이 아는 내용과 책 내용을 비교하며 읽습니다.
- 글을 읽기 전에 여러 가지 질문을 떠올려 본 뒤 떠올렸던 질문을 생각하며 글을 읽습니다.

> 예 지식이나 경험을 활용해 「조선의 냉장고 '석빙고'의 과학」 읽기
>
> **과학 시간에 배운 '열의 이동'**
> - 기체: 주위보다 온도가 높은 기체가 위로 올라가고 온도가 낮은 기체가 아래로 내려오면서 열이 이동함.
>
> → 빙실 안의 얼음이 오랫동안 녹지 않았던 까닭은 찬 공기가 아래로 내려가기 때문인 것 같아.
>
> 서연
>
>
>
> → 서연이는 과학 시간에 배운 내용 중 글 내용과 관련 있는 내용을 떠올렸고, 그 내용을 활용하여 글 내용을 더 잘 이해할 수 있었음.

3 체험한 일을 떠올리며 감상이 드러나는 글 쓰기

단계	활동
글쓰기 전	• 글로 쓸 내용을 떠올리기 • 글을 쓰기 전에 조사할 내용이 있는지 생각해 조사하기 • 글에 들어갈 체험과 감상의 내용을 간단히 정리하기 • 글의 처음, 가운데, 끝에 들어갈 내용을 핵심어로 정리하기
글쓰기	• 체험할 때 본 것, 들은 것, 한 것 등을 자세히 풀어 쓰기 • 체험한 일에 대한 감상은 당시의 생각이나 느낌이 잘 드러나도록 생생하게 쓰기
글쓰기 후	내용, 조직, 표현에 대한 평가 기준을 세워 글을 고치기

개념 확인 문제

1 [지식이나 경험을 활용해 글을 읽으면 좋은 점]

다음 중 지식이나 경험을 활용해 글을 읽으면 좋은 점을 찾아 ○표 하시오.

⑴ 글 내용을 깊이 이해할 수 있다.
( )

⑵ 글을 끝까지 읽지 않아도 모든 내용을 파악할 수 있다. ( )

2 [지식이나 경험을 활용해 글을 읽는 방법]

다음 중 지식이나 경험을 활용해 글을 읽는 방법을 알맞게 말한 친구의 이름을 모두 쓰시오.

> 준서: 내가 이미 아는 내용은 떠올리지 말고 글 내용에만 집중해야 해.
> 선율: 글을 읽기 전에 여러 가지 질문을 떠올려 본 뒤 떠올렸던 질문을 생각하며 읽어야 해.
> 채연: 책을 고를 때 책 내용과 관련한 지식이나 경험을 떠올리며 읽을 수 있을지 생각해야 해.

( )

3 [체험한 일을 떠올리며 감상이 드러나는 글 쓰기]

다음은 체험한 일을 떠올리며 감상이 드러나는 글을 쓰는 방법입니다. ㉮와 ㉯에 들어갈 말을 쓰시오.

> 체험한 일에 대한 감상은 당시의 ㉮ (이)나 ㉯ 이/가 잘 드러나도록 생생하게 쓴다.

⑴ ㉮: ( )
⑵ ㉯: ( )

2 지식이나 경험을 활용해요

● 정답 및 풀이 3쪽

어휘

1. 핵심 개념 어휘: 지식, 경험, 활용

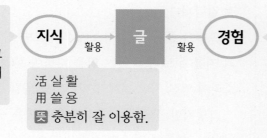

知 알 지
識 알 식
뜻 연구하거나 교육받거나 체험해서 알게 된 내용.

活 살 활
用 쓸 용
뜻 충분히 잘 이용함.

經 지날 경
驗 시험 험
뜻 자신이 실제로 해 보거나 겪어 봄. 또는 거기서 얻은 지식이나 기능.

➡ 지식이나 경험을 활용해 글을 읽으며 독서의 즐거움을 알아봅니다.

2. 작품 속 어휘

낱말	뜻	예시
대동(大同) 大 큰 대 同 같을 동	큰 세력이 합동함.	온 국민이 대동하여 어려운 시기를 헤쳐 나가자.
농한기	농사일이 바쁘지 않아서 시간적인 여유가 많은 시기.	마을 어른들은 농한기에 한과를 만들어 팔아서 수입을 얻습니다.
인공적	사람의 힘으로 만든 것.	스키장에서 인공적으로 눈을 만드는 기계를 제설기라고 합니다.
단열	열이 나가거나 들어오지 않도록 막음.	단열을 잘하면 주택의 난방비를 아낄 수 있습니다.
상설	언제든지 이용할 수 있도록 설치함.	엄마께서는 종종 상설 시장에서 옷을 사 오십니다.

문법 · 동사와 형용사

◆ 동사는 사람이나 사물의 움직임이나 작용을 나타내는 낱말입니다. 아래 그림과 같이 '던지다', '맞다', '울다', '말하다', '웃다' 등이 모두 동사입니다. 형용사는 사람이나 사물의 성질이나 상태를 나타내는 낱말입니다. 아래 그림과 같이 '예쁘다', '행복하다', '기쁘다', '답답하다', '부끄럽다' 등이 모두 형용사입니다.

어휘·문법 확인 문제

1 핵심 개념 어휘

다음 낱말의 뜻은 무엇인지 빈칸에 알맞은 말을 쓰시오.

(1) 지식: 연구하거나 (   )받거나 체험해서 알게 된 내용.

(2) 경험: 자신이 실제로 해 보거나 겪어 봄. 또는 거기서 얻은 지식이나 (   ).

2 작품 속 어휘

다음 낱말의 뜻을 찾아 기호를 쓰시오.

> ㉮ 큰 세력이 합동함.
> ㉯ 열이 나가거나 들어오지 않도록 막음.
> ㉰ 언제든지 이용할 수 있도록 설치함.

(1) 대동 (   )
(2) 상설 (   )
(3) 단열 (   )

3 작품 속 어휘

다음 문장에서 알맞은 말에 ○표 하시오.

(1) 지금은 (농한기, 농번기)라서 농가마다 일할 거리가 적다.

(2) (인공적, 자연적)으로 만든 식품을 많이 먹으면 건강에 좋지 않다.

4 문법

다음 밑줄 친 낱말이 동사면 '동', 형용사면 '형'이라고 쓰시오.

> 강아지가 나를 보고 뛰어온다.

(   )

줄다리기, 모두 하나 되는 대동 놀이

● 큰 세력이 합동함.

❶ 줄다리기는 줄을 당길 때보다 줄다리기를 준비하는 과정에 더 많은 뜻이 있습니다. 영산 줄다리기는 어른들보다 아이들이 먼저 겨룹니다. 작은 줄을 만들어 어른들이 하는 것처럼 아이들이 경기를 벌이지요. 아이들 줄다리기가 끝나고 어느 편이 이겼다는 소리가 돌면 그제야 장정들이 나섭니다. 장정들은 집집을 돌면서 짚을 모아 마을 사람들과 함께 줄을 만들지요. 음력 정월은 농한기라서 마을 사람이 모두 모여 줄을 만드는 일에만 매달릴 수 있어요.

줄다리기하는 모습을 실제로 본 적 있나요? 줄다리기에 쓰이는 줄은 엄청나게 굵답니다. 옛날에는 어른이 줄 위에 걸터앉으면 발이 땅에 닿지 않을 정도였다고 해요. 요즈음 영산 줄다리기에 쓰는 줄은 예전에 비하여 훨씬 가늘고 짧아졌는데도 굵기가 1.5미터, 길이가 40미터가 넘습니다. 또 암줄, 수줄로 나누어져 있지요.

줄을 다 만들면 여러 마을에서 모인 농악대가 앞장을 서고, 그 뒤로 수백 명의 장정이 줄을 어깨에 메고서 줄

다리기할 곳으로 줄을 옮깁니다. 그리고 노인들과 아이들, 여자들이 행렬 끝에 서서 쫓아갑니다. 이렇게 줄을 메고 가는 모습을 멀리서 보면, 마치 용이 꿈틀거리는 것 같답니다.
● 여럿이 줄지어 감. 또는 그런 줄.

드디어 줄을 당길 장소에 다다르면 양편에서는 상대의 기를 누르려고 있는 힘을 다하여 함성을 질러요. 이 소리에 영산 지방 전체가 쩌렁쩌렁 울릴 정도이지요.

그렇지만 장소에 도착하자마자 줄을 당기는 것은 아닙니다. 한동안 암줄과 수줄을 합하지 않고 어르기만 하다가 어느 정도 시간이 지난 뒤에야 암줄에 수줄을 끼우고 비녀목을 지릅니다. 그러고 나서 양편에서 서로 힘차게 줄을 당겨서 승부를 가리지요. 이때 모두 신이 나서 자기편을 응원합니다.
● 양쪽 사이에 막대기나 줄 등을 끼워 넣거나 꽂아 놓습니다.

중심 내용 | 영산 줄다리기를 하기 전에 마을 사람들이 모여 줄을 만들고 수백 명의 사람들이 줄을 옮기는 준비 과정이 있습니다.

장정 나이가 젊고 기운이 좋은 남자.
농한기 농사일이 바쁘지 않아서 시간적인 여유가 많은 시기. 대개 벼농사 중심의 영농에서 추수 후부터 다음 모내기까지의 기간.
비녀목 줄다리기에서, 암줄에 수줄을 끼울 때 벗겨지지 않게 하기 위하여 수줄 가닥 사이에 끼우는 나무.

---

1 이 글을 읽으면서 지식이나 경험을 떠올린 친구를 찾아 ○표 하시오.

(1) 나은: 친구들과 윷놀이를 하면 정말 재미있을 거야. ( )

(2) 호진: 줄다리기는 조상들이 정월대보름에 풍년을 기원하며 하던 놀이라고 사회 시간에 배웠어. ( )

2 영산 줄다리기에서 쓰는 줄에 대한 설명으로 알맞은 것을 두 가지 고르시오. ( )

① 명주실을 이용하여 만든다.
② 암줄, 수줄로 나누어져 있다.
③ 암컷을 상징하는 암줄만 있다.
④ 쉽게 끊어지도록 가늘게 만든다.
⑤ 굵기가 1.5미터, 길이가 40미터가 넘는다.

서술형

3 장정들이 줄을 당길 장소에 다다랐을 때에 양편에서 함성을 지르는 까닭을 쓰시오.

_____

_____

중요 독해

4 이 글에 나타난 영산 줄다리기를 하는 과정에 알맞게 차례대로 기호를 쓰시오.

> ㉮ 장정들이 줄다리기할 곳으로 줄을 옮긴다.
> ㉯ 작은 줄을 만들어 아이들이 경기를 벌인다.
> ㉰ 장정들이 집집을 돌면서 짚을 모아 마을 사람들과 줄을 만든다.
> ㉱ 암줄에 수줄을 끼우고 비녀목을 지른 뒤 양편에서 줄을 당겨서 승부를 가른다.

( ) → ( ) → ( ) → ( )

줄다리기, 모두 하나 되는 대동 놀이

❷ 우리 조상들은 왜 줄을 만들어 서로 당기는 놀이를 했을까요? 그것은 농사와 관련이 깊어요. 오랜 세월 동안 농사를 지어 온 우리 조상들의 가장 큰 소망은 풍년이었어요. 농사가 잘되려면 물이 가장 중요하고요. 그런데 우리 조상들은 용이 물을 다스리는 신이라고 생각했답니다. 그래서 용을 닮은 줄을 만들고 흥겹게 줄다리기를 해서 용을 기쁘게 하려고 했어요. 물의 신인 용을 즐겁고 기쁘게 해야 풍년이 들 테니까요.

또 조상들은 계절이 바뀌는 이유가 신들끼리 힘겨루기를 하기 때문이라고 생각했답니다. 봄부터 가을까지는 착한 신들의 힘이 세지만 추운 겨울에는 악한 신들의 힘이 더 세진다고 여겼어요. 그래서 새해의 첫 달인 정월에 힘이 약해진 착한 신들을 도울 수 있는 놀이를 했답니다. 그것이 바로 여럿이 힘을 모아 겨루는 윷놀이나 줄다리기였던 거예요.

중심 내용 | 우리 조상들은 풍년을 기원하는 마음을 담아 줄다리기를 했습니다.

❸ 조상들은 대보름이면 모든 일을 제쳐 두고 줄다리기 준비에 정성을 쏟았어요. 그리고 마을 사람이 모두 함께 줄다리기를 했지요. 온 마을이 참여해서 집집마다 짚을 거두고 놀이에 필요한 돈과 일손을 내어 줄을 만들어 놀

이를 한다는 게 생각처럼 쉬운 일은 아니랍니다. 그런데도 ⓐ해마다 줄다리기를 거르는 법이 없었어요. 여기에는 봄기운이 시작되는 정월에 풍년을 기원하고, 줄다리기라는 큰 행사를 치르면서 마을 사람들이 마음을 한데 모아 무사히 한 해 농사를 지으려는 지혜가 담겨 있어요. 영산 줄다리기는 1969년에 국가 무형 문화재로 지정되었답니다.

중심 내용 | 줄다리기에는 사람들이 마음을 한데 모아 무사히 한 해 농사를 지으려는 지혜가 담겨 있습니다.

- **글의 종류** 설명하는 글
- **글의 특징** 영산 줄다리기를 준비하는 과정, 줄다리기를 하는 방법, 줄다리기를 하는 까닭 등을 알 수 있습니다.
- **글의 구조** 빈칸에 알맞은 말을 넣어 글의 내용 정리하기

구분	글의 내용
처음	준비하는 ❶( )이/가 더 즐거운 영산 줄다리기
가운데	❷( )을/를 기원하는 줄다리기
끝	마음을 한데 모으는 줄다리기

흥겹게 매우 흥이 나서 즐겁게.
거르는 차례대로 나아가다가 중간에 어느 순서나 자리를 빼고 넘기는. 예 나연이는 하루도 거르지 않고 줄넘기를 합니다.

---

5 우리 조상들이 용을 닮은 줄을 만든 까닭은 무엇인지 빈칸에 알맞은 말을 차례대로 쓰시오.

- (1)(   )을/를 다스리는 신인 용을 즐겁고 기쁘게 하면 (2)(   )이/가 들 것이라고 믿었기 때문이다.

중요 독해

6 ⓐ의 까닭은 무엇이겠습니까? (   )

① 줄다리기가 재미있기 때문에
② 농한기에 할 일이 없기 때문에
③ 공짜로 참여할 수 있기 때문에
④ 풍년을 기원하는 행사이기 때문에
⑤ 국가 무형 문화재로 지정되었기 때문에

서술형

7 줄다리기에 담긴 조상들의 지혜는 무엇인지 쓰시오.

_____

_____

어휘

8 이 글의 내용으로 보아, 제목에 있는 '대동'의 뜻을 알맞게 짐작한 것에 ○표 하시오.

> 제목: 줄다리기, 모두 하나 되는 대동 놀이

(1) 일이 매우 힘들고 고되다.   (   )

(2) 여러 사람이 힘을 합치다.   (   )

(3) 동그라미를 매우 크게 그리다.   (   )

조선의 냉장고 '석빙고'의 과학 윤용현

❶ 여름철 무더위가 시작되면 누구나 냉장고 속의 시원한 얼음과 아이스크림, 그리고 선풍기와 에어컨 등을 떠올릴 것이다. 이것은 더위를 이기려는 한 방법이다. 그렇다면 우리 조상들은 무더위를 이기려고 어떻게 노력했을까? 우리 조상들이 살던 시대에도 냉장고가 있었을까? 결론적으로 말하자면 냉장고는 아니지만 냉장고 역할을 하는 석빙고가 있었다.

현대인의 생활필수품인 냉장고는 냉기나 얼음을 인공적으로 만드는 기계 장치이지만, 빙고는 겨울에 보관해 두었던 얼음을 봄·여름·가을까지 녹지 않게 효과적으로 보관하는 냉동 창고이다. 우리나라에서 얼음을 보관하기 시작했다는 기록은 『삼국사기』에 나타난다. 또한 신라 시대 때에는 얼음 창고에 관한 일을 맡아보던 '빙고전'이라는 기관이 있었다고 한다. 고려 시대에 얼음을 보관하여 사용한 기록은 『고려사』에 나타나는데, 음력 4월에 임금에게 얼음을 진상한 기록이 있고 또 법으로 해마다 6월부터 입추까지 신하들에게 얼음을 나누어 준 기록이 있다.

일 년 중 가을이 시작된다는 날. 8월 8일경.

중심 내용 | 빙고는 얼음을 녹지 않게 보관하는 냉동 창고로, 『삼국사기』와 『고려사』에서 얼음을 보관하여 사용한 기록을 찾아볼 수 있습니다.

❷ 조선 시대에는 서울 한강가에 얼음 창고를 만들었는데, 동빙고와 서빙고를 두었다. 동빙고는 왕실의 제사에 쓰일 얼음을 보관했고, 서빙고는 음식 저장용, 식용, 또는 의료용으로 쓸 얼음을 왕실과 고급 관리들에게 공급했다. 조선 시대의 빙고는 정식 관청이었으며, 얼음의 공급 규정을 법으로 엄격히 규정할 만큼 얼음의 공급을 중요하게 여겼다.

한겨울의 얼음을 보관했다가 쓰는 기술을 장빙이라고 했다. 우리나라는 여름과 겨울의 기온 차가 커서 옛날부터 장빙 기술이 크게 발달했다. 장빙 기술을 활용한 석빙고는 현재 일곱 개가 남아 있는데, 남한에는 경주, 안동, 영산, 창녕, 청도, 현풍에 각각 한 개가, 북한 해주에 한 개가 남아 있다. 그중 가장 완벽한 것이 바로 경주의 석빙고이다.

중심 내용 | 조선 시대에 서울에는 동빙고와 서빙고를 두었고, 장빙 기술을 활용한 석빙고 중 가장 완벽한 것은 경주의 석빙고입니다.

생활필수품 일상생활에 반드시 있어야 할 물품.
인공적(人 사람 인, 工 장인 공, 的 과녁 적) 사람의 힘으로 만든 것. 예 인공적으로 비를 내리게 하는 기술을 개발하고 있습니다.
진상 옛날에 지방의 특산물이나 귀한 물건을 임금이나 높은 벼슬아치에게 바치는 것.
관청(官 벼슬 관, 廳 관청 청) 국가의 사무를 보는 국가 기관, 또는 그런 곳.

---

9 옛날에 냉장고 역할을 하던 것은 무엇인지 글 ❶에서 찾아 세 글자로 쓰시오.

( )

중요 독해

10 문제 9번에서 답한 것의 특징으로 알맞은 것은 무엇입니까? ( )

① 현대인의 생활필수품이다.
② 냉기를 인공적으로 만든다.
③ 기계 장치로 얼음을 만든다.
④ 여러 가지 음식을 따뜻하게 보관한다.
⑤ 겨울에 보관해 두었던 얼음을 봄·여름·가을까지 녹지 않게 보관한다.

어휘

11 '장빙'의 뜻으로 알맞은 것에 ○표 하시오.

(1) 얼음을 공평하게 공급하는 기술 ( )
(2) 한겨울의 얼음을 보관했다가 쓰는 기술 ( )

12 다음은 이 글을 읽으면서 떠오른 생각입니다. 보기에서 해당하는 항목을 찾아 기호를 쓰시오.

보기
㉮ 알고 싶은 것 ㉯ 짐작한 것 ㉰ 새롭게 안 것

(1) 얼음을 나누어 주는 법이 있었다니 신기해.
( )

(2) 조선 시대에는 음식이 상하지 않게 어떻게 보관했을까?
( )

조선의 냉장고 '석빙고'의 과학

❸ 보물인 경주 석빙고는 1738년에 만들었으며, 입구에서부터 점점 깊어져 창고 안은 길이 14미터, 너비 6미터, 높이 5.4미터이다. 석빙고는 온도 변화가 적은 반지하 구조로 한쪽이 긴 흙무덤 모양이며, 바깥 공기가 들어오지 않도록 출입구의 동쪽은 담으로 막고 지붕에는 구멍을 뚫었다. / 지붕은 이중 구조인데 바깥쪽은 열을 효과적으로 막아 주는 진흙으로, 안쪽은 열전달이 잘되는 화강암으로 만들었다. 천장은 반원형으로 기둥 다섯
_{반원의 모양.}
개에 장대석이 걸쳐 있고, 장대석을 걸친 곳에는 밖으로
_{섬돌 층계나 축대를 쌓는 데 쓰는, 길게 다듬어 만든 돌.}
통하는 공기구멍이 세 개가 나 있다. 이 구멍은 아래쪽이 넓고 위쪽은 좁은 직사각형 기둥 모양인데, 이렇게 함으로써 바깥에서 바람이 불 때 빙실 안의 공기가 잘 빠져나온다. 즉, 열로 데워진 공기와 출입구에서 들어오는 바깥의 더운 공기가 지붕의 구멍으로 빠져나가기 때문에 빙실 아래의 찬 공기가 오랫동안 머물 수 있어 얼음이 적게 녹는 것이다.

중심 내용 | 석빙고는 얼음을 오랫동안 보관할 수 있도록 낮은 온도를 유지하는 구조를 갖추어 과학적입니다.

❹ 여기에다가 석빙고의 얼음을 왕겨나 짚으로 싸 보관
_{벼의 겉의 껍질.}
했다. 왕겨나 짚은 단열 효과를 높이기도 하지만, 얼음
_{열이 나가거나 들어오지 않도록 막음.}
이 약간 녹을 때 주변 열도 흡수하므로 왕겨나 짚의 안쪽 온도가 낮아져 얼음을 오랫동안 보관할 수 있다.

석빙고는 자연 그대로의 순환 원리에 맞춰 계절의 변화와 돌, 흙, 바람, 지형 등을 활용해 자연 상태에서 가장 효과적으로 얼음을 오랫동안 저장할 수 있는 구조로 되어 있다. 이러한 시설은 세계적으로도 드문데 조상들의 과학적인 지혜를 한껏 엿볼 수 있다.

중심 내용 | 석빙고를 통해 조상들의 과학적인 지혜를 엿볼 수 있습니다.

- **글의 종류** 설명하는 글
- **글의 특징** 조선 시대에 냉장고 역할을 했던 '석빙고'의 과학적 원리에 대해 설명하는 글입니다.
- **글의 구조** 빈칸에 알맞은 말을 넣어 글의 내용 정리하기

구분	글의 내용
처음	우리 조상들에게는 냉장고 역할을 하는 ❶( )이/가 있었음.
가운데	• 빙고는 얼음을 보관하는 냉동 창고임. • 석빙고는 ❷( )을/를 오랫동안 보관하도록 낮은 온도를 유지하는 과학적인 구조임.
끝	석빙고를 통해 조상의 지혜를 엿볼 수 있음.

13 경주 석빙고에 대한 설명으로 알맞지 <u>않은</u> 것은 무엇입니까? (   )

① 1738년에 만들어진 것이다.
② 한쪽이 긴 흙무덤 모양이다.
③ 출입구 동쪽이 담으로 막혀 있다.
④ 온도 변화가 심한 이층 구조이다.
⑤ 길이 14미터, 너비 6미터, 높이 5.4미터이다.

14 경주 석빙고의 지붕은 어떤 이중 구조로 만들었는지 쓰시오.

_____

_____

15 다음에서 수현이는 과학 시간에 배운 내용 중 어떤 것을 활용하여 글을 이해했는지 알맞은 것을 찾아 기호를 쓰시오.

> **과학 시간에 배운 '열의 이동'**
>
> ㉮ 고체: 열이 고체 물질을 따라 온도가 높은 곳에서 낮은 곳으로 이동함.
> ㉯ 기체: 주위보다 온도가 높은 기체가 위로 올라가고 온도가 낮은 기체가 아래로 내려오면서 열이 이동함.

온도가 높은 공기가 위로 올라가고 온도가 낮은 공기는 아래로 내려가서 석빙고의 바닥은 낮은 온도를 유지했을 거야.

수현

(   )

국립한글박물관 관람

㉠상설 전시실 바로 위에는 '한글 놀이터'와 '한글 배움터' 그리고 '특별 전시실'이 있었다. 아이들이 놀면서 한글을 배울 수 있는 '한글 놀이터', 한글에 익숙하지 않은 사람들을 위해 마련한 '한글 배움터'는 모두 체험과 놀이를 하면서 한글을 이해하도록 만들어졌다는 점이 흥미로웠다. '특별 전시실'에서는 국립한글박물관 개관 기념 특별전을 진행했는데, '세종 대왕, 한글문화 시대를 열다'라는 기획 아래 세종 대왕의 업적과 일대기, 세종 시대의 한글문화, 세종 정신 따위를 주제로 한 전통적인 유물과 이를 현대적으로 해석한 현대 작가의 작품을 만날 수 있었다.

박물관을 관람하면서 책과 화면으로만 봤던 한글 유물을 직접 볼 수 있어서 신기하고 즐거웠다. 그뿐만 아니라 날마다 세 번씩 운영하는 해설이 있는 관람 프로그램을 활용하면 더 많은 지식을 쌓으며 관람할 수 있겠다

는 생각이 들었다. 이번 관람으로 국어 시간에 배웠던 한글을 더 생생하고 자세하게 배우는 소중한 기회를 얻어서 무척 뿌듯했다.

중심 내용 | 국립한글박물관의 '한글 놀이터'와 '한글 배움터', '특별 전시실'을 관람하면서 한글을 더 생생하고 자세하게 배울 수 있었습니다.

• **글의 특징** 글쓴이가 국립한글박물관에 다녀와서 쓴 글로, 체험한 일에 대한 감상이 잘 드러나 있습니다.

• **작품 정리** 빈칸에 알맞은 말을 넣어 체험한 일에 대한 감상 정리하기

체험	국립한글박물관의 ❶(　　　　)와/과 한글 배움터, 특별 전시실을 관람함.
감상	❷(　　　　)을/를 직접 볼 수 있어서 신기하고 즐거웠음. 한글을 더 생생하고 자세하게 배우는 기회를 얻어서 무척 뿌듯함.

상설　언제든지 이용할 수 있도록 설치함.
익숙하지　어떤 일을 여러 번 하여 서투르지 않은 상태에 있지.
일대기(一 하나 일, 代 대신할 대, 記 기록할 기)　어느 한 사람의 일생에 관한 내용을 적은 기록.

중요 독해

16 글쓴이가 체험한 일은 무엇입니까? (　　　)

① 세종 대왕이 살았던 궁을 방문했다.
② 텔레비전 화면으로 박물관의 모습을 보았다.
③ 친구들과 함께 국어 선생님께 한글을 배웠다.
④ 전통적인 유물을 만든 작가를 만나 면담을 했다.
⑤ 국립한글박물관의 한글 놀이터, 한글 배움터, 특별 전시실을 관람했다.

17 글쓴이가 체험한 곳의 특징으로 알맞은 것을 찾아 각각 선으로 이으시오.

(1) 한글 놀이터　·　　·㉮ 아이들이 놀면서 한글을 배울 수 있음.

(2) 한글 배움터　·　　·㉯ 국립한글박물관 개관 기념 특별전을 진행함.

(3) 특별 전시실　·　　·㉰ 한글에 익숙하지 않은 사람들을 위해 마련함.

18 체험한 일에 대한 글쓴이의 감상으로 알맞은 것을 두 가지 찾아 기호를 쓰시오.

㉮ 한글 유물을 직접 볼 수 있어서 신기하고 즐거웠다.
㉯ 상설 전시실 바로 위에는 '한글 놀이터'와 '한글 배움터' 그리고 '특별 전시실'이 있었다.
㉰ 국어 시간에 배웠던 한글을 더 생생하고 자세하게 배우는 소중한 기회를 얻어서 무척 뿌듯했다.

(　　　　　　)

어휘

19 ㉠'상설'과 뜻이 반대인 낱말은 무엇입니까?

(　　　)

① 준비　　　② 임시
③ 소비　　　④ 생산
⑤ 설치

함께 글 고치기

⑦ 국립한글박물관을 찾았다. 국립한글박물관은 '한글'로만 기록한 한글 자료와 한글을 활용한 작품들을 전시해 놓은 곳이다. 국립한글박물관은 용산 국립중앙박물관 옆에 있다. 우리 가족은 집 근처에서 지하철을 타고 가서 '박물관 나들길'을 이용해 박물관까지 걸어갔다. 이정표를 따라 걷다 보니 큰 박물관 건물이 눈에 들어왔다.
<small>주로 도로상에서 어느 곳까지의 거리 및 방향을 알려 주는 표지.</small>

⑭ 처음 발끝이 닿은 장소는 2층 '한글이 걸어온 길' 상설 전시실이었다. 전시실 이름처럼 '한글이 걸어온 길'을 주제로 마련한 상설 전시실은 총 3부로 구성되었다. 1부 주제는 '새로 스물여덟 자를 만드니'로, 세종 25년 한글이 그 모습을 드러내던 때를 살펴볼 수 있었고, 2부 주제는 '쉽게 익혀서 편히 쓰니'이며, 마지막으로 3부 주제는 '세상에 널리 퍼져 나아가니'이다. 상설 전시실의 이름이 한글의 역사를 잘 말해 주는 것 같았다.

⑮ 글 ⑦와 ⑭에 대한 의견

동호: 문장 중간중간에 감상을 넣어 주면 글쓴이가 어떻게 느꼈는지 알 수 있어서 좋을 것 같다. 지금은 글 ⑦와 글 ⑭ 모두 체험에 비해 감상이 부족해 보인다.

정욱: 글 ⑭에서 '발끝이 닿은 장소'보다는 '발길이 닿은 장소'가 더 자연스럽다.

성민: 상설 전시실이라는 낱말의 뜻이 조금 어려워 보인다. 간단히 뜻을 설명해 주면 좋겠다.

• **글의 특징** 국립한글박물관에 다녀와서 쓴 친구의 글을 읽고, 지식이나 경험을 활용해 고칠 점을 말하고 있습니다.

• **작품 정리** 빈칸에 알맞은 말을 넣어 글에 대한 의견 정리하기

• 미리 정한 ❶(   ) 기준을 생각하며 말합니다.
• 어떻게 고치면 좋을지 자세히 말해 줍니다.
• 너무 심하게 ❷(   ) 말하지 않습니다.

20 글 ⑦와 ⑭에서 알 수 있는 국립한글박물관에 대한 설명으로 알맞지 <u>않은</u> 것은 무엇입니까? (   )

① 용산 국립중앙박물관 옆에 있다.
② 상설 전시실은 총 3부로 구성되었다.
③ 박물관 나들길을 이용해 걸어갈 수 있다.
④ 2층 상설 전시실의 이름은 '세상에 널리 퍼져'이다.
⑤ 한글 자료와 한글을 활용한 작품들을 전시해 놓은 곳이다.

21 다음은 ⑭에서 누구의 의견을 정리한 것인지 이름을 찾아 쓰시오.

(1) 더 자연스러운 표현을 알려 주었다. (   )

(2) 어려운 낱말의 뜻을 설명해 주면 좋겠다고 하였다. (   )

(3) 체험한 일에 대한 감상을 문장 중간중간에 쓰는 것이 좋겠다고 하였다. (   )

22 글 ⑦와 ⑭를 읽고 글에 대한 의견을 말할 때 주의할 점으로 알맞은 것을 모두 고르시오. (   )

① 무조건 장점만 말해야 한다.
② 너무 심하게 비난하며 말하지 않는다.
③ 미리 정한 평가 기준을 생각하며 말한다.
④ 글을 쓴 사람의 의도는 고려하지 않아야 한다.
⑤ 단점만 말하지 말고 어떻게 고치면 좋을지를 함께 말한다.

서술형
23 글 ⑦와 ⑭ 중에서 하나를 정해 글에 대한 자신의 의견을 쓰시오.

_____

_____

2. 지식이나 경험을 활용해요

● 정답 및 풀이 4쪽

[1~2] 다음 글을 읽고, 물음에 답하시오.

㉮ 영산 줄다리기는 어른들보다 아이들이 먼저 겨룹니다. 작은 줄을 만들어 어른들이 하는 것처럼 아이들이 경기를 벌이지요. 아이들 줄다리기가 끝나고 어느 편이 이겼다는 소리가 돌면 그제야 장정들이 나섭니다. 장정들은 집집을 돌면서 짚을 모아 마을 사람들과 함께 줄을 만들지요. 음력 정월은 농한기라서 마을 사람이 모두 모여 줄을 만드는 일에만 매달릴 수 있어요.
㉯ 줄다리기에 쓰이는 줄은 엄청나게 굵답니다. 옛날에는 어른이 줄 위에 걸터앉으면 발이 땅에 닿지 않을 정도였다고 해요. 요즈음 영산 줄다리기에 쓰는 줄은 예전에 비하여 훨씬 가늘고 짧아졌는데도 굵기가 1.5미터, 길이가 40미터가 넘습니다. 또 암줄, 수줄로 나누어져 있지요.

1 이 글의 내용으로 알맞지 <u>않은</u> 것은 무엇입니까?

( )

① 줄다리기에 쓰이는 줄은 매우 굵다.
② 줄다리기 줄은 암줄, 수줄로 나누어져 있다.
③ 음력 정월에 마을 사람들이 함께 줄을 만든다.
④ 어른들보다 아이들이 먼저 작은 줄을 만들어 경기를 벌인다.
⑤ 아이들의 줄다리기가 시작할 때쯤 장정들이 나서서 짚을 모은다.

2 지식이나 경험을 떠올리며 이 글을 읽은 친구의 이름을 쓰시오.

> 정수: 다 함께 모여서 줄을 만들고 줄다리기를 하면 재미있을 것 같아.
> 윤지: 줄다리기하는 줄의 굵기가 15센티미터 정도일 것이라고 생각했는데 영산 줄다리기는 그것보다 열 배나 더 굵은 줄을 사용하는 놀이라니 놀라워.

( )

[3~5] 다음 글을 읽고, 물음에 답하시오.

우리 조상들이 살던 시대에도 냉장고가 있었을까? 결론적으로 말하자면 냉장고는 아니지만 냉장고 역할을 하는 석빙고가 있었다.
현대인의 생활필수품인 냉장고는 냉기나 얼음을 인공적으로 만드는 기계 장치이지만, 빙고는 겨울에 보관해 두었던 얼음을 봄·여름·가을까지 녹지 않게 효과적으로 보관하는 냉동 창고이다. 우리나라에서 얼음을 보관하기 시작했다는 기록은 『삼국사기』에 나타난다. 또한 신라 시대 때에는 얼음 창고에 관한 일을 맡아보던 '빙고전'이라는 기관이 있었다고 한다. 고려 시대에 얼음을 보관하여 사용한 기록은 『고려사』에 나타나는데, 음력 4월에 임금에게 얼음을 진상한 기록이 있고 또 법으로 해마다 6월부터 입추까지 신하들에게 얼음을 나누어 준 기록이 있다.

3 우리 조상들이 살던 시대에 냉장고 역할을 했던 것은 무엇인지 쓰시오.

( )

4 빙고에 대한 설명으로 알맞은 것을 두 가지 고르시오. ( )

① 석기 시대부터 사용되었다.
② 얼음을 만들어 내는 장치이다.
③ 인공적으로 냉기를 만드는 기계이다.
④ 얼음을 녹지 않게 보관하는 냉동 창고이다.
⑤ 신라 시대 때에는 이곳에 관한 일을 맡아보던 기관이 있었다.

5 이 글을 읽으며 더 알고 싶은 것을 쓴 내용으로 알맞은 것에 ○표 하시오.

⑴ 옛날에도 얼음을 먹었다니 신기해. ( )
⑵ 겨울에 보관한 얼음을 이듬해 가을까지 녹지 않게 보관할 수 있었던 원리는 무엇일까? ( )

[6~7] 다음 글을 읽고, 물음에 답하시오.

㉠상설 전시실 바로 위에는 '한글 놀이터'와 '한글 배움터' 그리고 '특별 전시실'이 있었다. 아이들이 놀면서 한글을 배울 수 있는 '한글 놀이터', 한글에 익숙하지 않은 사람들을 위해 마련한 '한글 배움터'는 모두 체험과 놀이를 하면서 한글을 이해하도록 만들어졌다는 점이 흥미로웠다. ㉡'특별 전시실'에서는 국립한글박물관 개관 기념 특별전을 진행했는데, '세종 대왕, 한글문화 시대를 열다'라는 기획 아래 세종 대왕의 업적과 일대기, 세종 시대의 한글문화, 세종 정신 따위를 주제로 한 전통적인 유물과 이를 현대적으로 해석한 ㉢현대 작가의 작품을 만날 수 있었다.

박물관을 관람하면서 ㉣책과 화면으로만 봤던 한글 유물을 직접 볼 수 있어서 신기하고 즐거웠다. 그뿐만 아니라 날마다 세 번씩 운영하는 해설이 있는 관람 프로그램을 활용하면 더 많은 지식을 쌓으며 관람할 수 있겠다는 생각이 들었다. 이번 관람으로 ㉤국어 시간에 배웠던 한글을 더 생생하고 자세하게 배우는 소중한 기회를 얻어서 무척 뿌듯했다.

6 ㉠~㉤ 중 글쓴이의 감상이 드러난 부분을 두 가지 고르시오. ( )

① ㉠   ② ㉡
③ ㉢   ④ ㉣
⑤ ㉤

7 이와 같은 글을 쓸 때 주의할 점으로 알맞은 것은 무엇입니까? ( )

① 체험한 일은 짧게 써야 한다.
② 겪어 보지 않은 일을 상상하여 쓴다.
③ 체험한 일에 대한 감상은 쓰지 않는다.
④ 앞으로 체험하고 싶은 일을 중심으로 쓴다.
⑤ 생각이나 느낌이 생생하게 전달되도록 쓴다.

8 친구들과 함께 글 고치기 활동을 하면 좋은 점을 두 가지 골라 기호를 쓰시오.

㉮ 친구가 쓴 글도 내가 쓴 글인 것처럼 말할 수 있다.
㉯ 친구의 글쓰기 실력을 나와 비교하고 비판할 수 있다.
㉰ 서로의 경험을 활용해서 글 내용을 생생하게 고칠 수 있다.
㉱ 친구가 잘못 이해하고 쓴 내용을 다른 친구들이 바르게 고쳐 줄 수 있다.

( )

문법

9 다음 내용이 동사에 대한 설명이면 '동', 형용사에 대한 설명이면 '형'이라고 쓰시오.

⑴ 사람이나 사물의 성질이나 상태를 나타내는 낱말이다. ( )
⑵ 사람이나 사물의 움직임이나 작용을 나타내는 낱말이다. ( )
⑶ '높다', '푸르다', '깊다', '얕다' 등이 있다. ( )
⑷ '뛰다', '멈추다', '가다', '눕다' 등이 있다. ( )

문법

10 다음 제시된 낱말 중 동사와 형용사에 해당하는 것을 찾아 각각 ○표 하시오.

⑴	동사	작다, 많다, 멋지다, 달리다
⑵	형용사	짧다, 먹다, 던지다, 말하다

2. 지식이나 경험을 활용해요

[1~3] 다음 글을 읽고, 물음에 답하시오.

㉮ 줄다리기는 줄을 당길 때보다 줄다리기를 준비하는 과정에 더 많은 뜻이 있습니다. 영산 줄다리기는 어른들보다 아이들이 먼저 겨룹니다. 작은 줄을 만들어 어른들이 하는 것처럼 아이들이 경기를 벌이지요. 아이들 줄다리기가 끝나고 어느 편이 이겼다는 소리가 돌면 그제야 장정들이 나섭니다. 장정들은 집집을 돌면서 짚을 모아 마을 사람들과 함께 줄을 만들지요. 음력 정월은 농한기라서 마을 사람이 모두 모여 줄을 만드는 일에만 매달릴 수 있어요.

㉯ 조상들은 대보름이면 모든 일을 제쳐 두고 줄다리기 준비에 정성을 쏟았어요. 그리고 마을 사람이 모두 함께 줄다리기를 했지요. 온 마을이 참여해서 집집마다 짚을 거두고 놀이에 필요한 돈과 일손을 내어 줄을 만들어 놀이를 한다는 게 생각처럼 쉬운 일은 아니랍니다. 그런데도 해마다 줄다리기를 거르는 법이 없었어요. 여기에는 봄기운이 시작되는 정월에 풍년을 기원하고, 줄다리기라는 큰 행사를 치르면서 마을 사람들이 마음을 한데 모아 무사히 한 해 농사를 지으려는 지혜가 담겨 있어요. 영산 줄다리기는 1969년에 국가 무형 문화재로 지정되었답니다.

서술형

1 음력 정월에 사람들이 함께 줄을 만들 수 있었던 까닭은 무엇인지 쓰시오.

_____

_____

2 줄다리기에 담긴 조상들의 지혜로 알맞은 것을 두 가지 고르시오. (   )

① 놀이를 통해 돈을 벌어 마을을 위해 썼다.
② 아이들에게 농사를 가르쳐서 일손을 늘렸다.
③ 봄기운이 시작되는 정월에 풍년을 기원했다.
④ 추석에 각자의 집에서 나쁜 일이 생기지 않기를 기원했다.
⑤ 큰 행사를 치르면서 마을 사람들이 마음을 한데 모아 무사히 한 해 농사를 지으려 했다.

3 이 글을 읽고, 알고 싶은 점을 알맞게 말한 친구의 이름을 쓰시오.

> 만세: 아이들은 왜 줄다리기에 참여하지 않았는지 궁금해.
> 재경: 또 다른 국가 무형 문화재에는 무엇이 있는지 궁금해.

(   )

[4~5] 다음 글을 읽고, 물음에 답하시오.

㉮ 우리 조상들이 살던 시대에도 냉장고가 있었을까? 결론적으로 말하자면 냉장고는 아니지만 냉장고 역할을 하는 석빙고가 있었다.

현대인의 생활필수품인 냉장고는 냉기나 얼음을 인공적으로 만드는 기계 장치이지만, 빙고는 겨울에 보관해 두었던 얼음을 봄·여름·가을까지 녹지 않게 효과적으로 보관하는 냉동 창고이다. 우리나라에서 얼음을 보관하기 시작했다는 기록은 『삼국사기』에 나타난다.

㉯ 고려 시대에 얼음을 보관하여 사용한 기록은 『고려사』에 나타나는데, 음력 4월에 임금에게 얼음을 진상한 기록이 있고 또 법으로 해마다 6월부터 입추까지 신하들에게 얼음을 나누어 준 기록이 있다.

4 냉장고와 빙고의 다른 점은 무엇인지 알맞은 말에 ○표 하시오.

> 냉장고는 냉기나 얼음을 ⑴(자연적, 인공적)으로 만드는 기계 장치이지만, 빙고는 얼음을 효과적으로 ⑵(만드는, 보관하는) 냉동 창고이다.

5 다음에서 하준이는 이 글을 읽고 어떤 점에 대해 말했는지 알맞은 것에 ○표 하시오.

하준

> 얼음을 나누어 주는 법이 있었다니 신기해.

(알고 싶은 것, 짐작한 것, 새롭게 안 것)

[6~10] 다음 글을 읽고, 물음에 답하시오.

가 조선 시대에는 서울 한강가에 얼음 창고를 만들었는데, 동빙고와 서빙고를 두었다. 동빙고는 왕실의 제사에 쓰일 얼음을 보관했고, 서빙고는 음식 저장용, 식용, 또는 의료용으로 쓸 얼음을 왕실과 고급 관리들에게 공급했다. 조선 시대의 빙고는 정식 관청이었으며, 얼음의 공급 규정을 법으로 엄격히 규정할 만큼 얼음의 공급을 중요하게 여겼다. / 한겨울의 얼음을 보관했다가 쓰는 기술을 장빙이라고 했다.

나 보물인 경주 석빙고는 1738년에 만들었으며, 입구에서부터 점점 깊어져 창고 안은 길이 14미터, 너비 6미터, 높이 5.4미터이다. 석빙고는 온도 변화가 적은 반지하 구조로 한쪽이 긴 흙무덤 모양이며, 바깥 공기가 들어오지 않도록 출입구의 동쪽은 담으로 막고 지붕에는 구멍을 뚫었다.

지붕은 이중 구조인데 바깥쪽은 열을 효과적으로 막아 주는 진흙으로, 안쪽은 열전달이 잘되는 화강암으로 만들었다. 천장은 반원형으로 기둥 다섯 개에 장대석이 걸쳐 있고, 장대석을 걸친 곳에는 밖으로 통하는 공기구멍이 세 개가 나 있다. 이 구멍은 아래쪽이 넓고 위쪽은 좁은 직사각형 기둥 모양인데, 이렇게 함으로써 바깥에서 바람이 불 때 빙실 안의 공기가 잘 빠져나온다. 즉, 열로 데워진 공기와 출입구에서 들어오는 바깥의 더운 공기가 지붕의 구멍으로 빠져나가기 때문에 빙실 아래의 찬 공기가 오랫동안 머물 수 있어 얼음이 적게 녹는 것이다. 또한 지붕에는 잔디를 심어 태양열을 차단했고, 내부 바닥 한가운데에 배수로를 5도 경사지게 파서 얼음에서 녹은 물이 밖으로 흘러 나갈 수 있는 구조를 갖추어 과학적이다.

6 조선 시대에 있었던 두 빙고의 역할로 알맞은 것을 찾아 각각 선으로 이으시오.

(1) 동빙고 • ・㉮ 왕실의 제사에 쓰일 얼음을 보관함.

(2) 서빙고 • ・㉯ 음식 저장용, 의료용 등으로 쓸 얼음을 왕실과 고급 관리들에게 공급함.

7 한겨울의 얼음을 보관했다가 쓰는 기술을 무엇이라고 했습니까? (   )

① 빙실　　　② 장빙　　　③ 장대석
④ 화강암　　⑤ 반원형

8 다음 중 경주 석빙고에 대한 설명으로 알맞지 <u>않은</u> 것은 무엇입니까? (   )

① 지붕에 구멍이 뚫려 있다.
② 출입구의 동쪽이 담으로 막혀 있다.
③ 반지하 구조로 한쪽이 긴 흙무덤 모양이다.
④ 천장은 반원형으로 기둥 다섯 개에 장대석이 걸쳐 있다.
⑤ 지붕의 바깥쪽은 화강암으로, 안쪽은 진흙으로 만들어져 있다.

서술형

9 경주 석빙고의 내부 바닥 한가운데에 배수로를 경사지게 판 까닭은 무엇인지 쓰시오.

_____

_____

10 다음은 과학 시간에 배운 '열의 이동'에 대한 내용입니다. 이 내용을 활용해 글을 읽은 친구의 이름을 쓰시오.

• 고체: 열이 고체 물질을 따라 온도가 높은 곳에서 낮은 곳으로 이동함.

정은: 석빙고 안쪽의 화강암은 주변의 열을 전달하는 역할을 했을 거야.
재현: 온도가 높은 공기가 위로 올라가고 온도가 낮은 공기는 아래로 내려가서 석빙고의 바닥은 낮은 온도를 유지했을 거야.

(   )

11 다음 중 지식이나 경험을 활용해 글을 읽는 방법으로 알맞지 **않은** 것은 무엇입니까? (   )

① 글과 관련 있는 내용을 조사한다.
② 자신이 아는 내용이 나온 부분만 읽는다.
③ 자신이 아는 내용과 책 내용을 비교하며 읽는다.
④ 글을 읽기 전에 떠올렸던 질문을 생각하며 읽는다.
⑤ 책을 읽을 때 궁금한 점은 다른 책이나 자료를 찾아 가며 읽는다.

[12~13] 다음 글을 읽고, 물음에 답하시오.

ㄱ상설 전시실 바로 위에는 '한글 놀이터'와 '한글 배움터' 그리고 '특별 전시실'이 있었다. 아이들이 놀면서 한글을 배울 수 있는 '한글 놀이터', 한글에 익숙하지 않은 사람들을 위해 마련한 '한글 배움터'는 모두 체험과 놀이를 하면서 한글을 이해하도록 만들어졌다는 점이 흥미로웠다. ㄴ'특별 전시실'에서는 국립한글박물관 개관 기념 특별전을 진행했는데, '세종 대왕, 한글문화 시대를 열다'라는 기획 아래 세종 대왕의 업적과 일대기, 세종 시대의 한글문화, 세종 정신 따위를 주제로 한 전통적인 유물과 이를 현대적으로 해석한 현대 작가의 작품을 만날 수 있었다.

박물관을 관람하면서 책과 화면으로만 봤던 ㄷ한글 유물을 직접 볼 수 있어서 신기하고 즐거웠다. 그뿐만 아니라 날마다 세 번씩 운영하는 해설이 있는 관람 프로그램을 활용하면 더 많은 지식을 쌓으며 관람할 수 있겠다는 생각이 들었다. 이번 관람으로 ㄹ국어 시간에 배웠던 한글을 더 생생하고 자세하게 배우는 소중한 기회를 얻어서 무척 뿌듯했다.

12 글쓴이가 체험한 일로 알맞은 것에 ○표 하시오.

(1) 국립한글박물관을 방문했다.   (   )

(2) 국립한글박물관의 누리집을 살펴보았다.
                                                (   )

13 ㄱ~ㄹ을 체험이 드러난 부분과 감상이 드러난 부분으로 나누어 기호를 쓰시오.

(1) 체험이 드러난 부분: (   )

(2) 감상이 드러난 부분: (   )

[14~15] 다음 글을 읽고, 물음에 답하시오.

㉮ 국립한글박물관을 찾았다. 국립한글박물관은 '한글'로만 기록한 한글 자료와 한글을 활용한 작품들을 전시해 놓은 곳이다. 국립한글박물관은 용산 국립중앙박물관 옆에 있다. 우리 가족은 집 근처에서 지하철을 타고 가서 '박물관 나들길'을 이용해 박물관까지 걸어갔다. 이정표를 따라 걷다 보니 큰 박물관 건물이 눈에 들어왔다.

㉯ 처음 발끝이 닿은 장소는 2층 '한글이 걸어온 길' 상설 전시실이었다. 전시실 이름처럼 '한글이 걸어온 길'을 주제로 마련한 상설 전시실은 총 3부로 구성되었다. 1부 주제는 '새로 스물여덟 자를 만드니'로, 세종 25년 한글이 그 모습을 드러내던 때를 살펴볼 수 있었고, 2부 주제는 '쉽게 익혀서 편히 쓰니'이며, 마지막으로 3부 주제는 '세상에 널리 퍼져 나아가니'이다. 상설 전시실의 이름이 한글의 역사를 잘 말해 주는 것 같았다.

14 글 ㉮와 ㉯를 읽고 고칠 점을 알맞게 말한 친구를 모두 고르시오. (   )

① 재현: 글 ㉮와 ㉯의 문장 중간중간에 감상을 넣어 주면 좋을 것 같아.
② 민아: 글 ㉮에 체험을 다녀온 장소가 어디인지 써 주면 좋을 것 같아.
③ 창희: 글 ㉯에 체험을 한 장소에서 무엇을 봤는지 써 주면 좋을 것 같아.
④ 우람: 글 ㉯에서 상설 전시실이라는 낱말의 뜻이 어려우니 설명해 주면 좋을 것 같아.
⑤ 하림: 글 ㉯에서 '발끝이 닿은 장소'보다는 '발길이 닿은 장소'가 더 자연스러울 것 같아.

서술형
15 문제 14번에서와 같이 지식이나 경험을 활용해 함께 글을 고치면 좋은 점이 무엇인지 두 가지 쓰시오.

• _____

_____

• _____

_____

2. 지식이나 경험을 활용해요

● 정답 및 풀이 5쪽

평가 주제	지식이나 경험을 활용해 글 읽기
평가 목표	지식이나 경험을 활용해 글을 읽고, 더 알고 싶은 내용을 정리할 수 있다.

조선의 냉장고 '석빙고'의 과학

지붕은 이중 구조인데 바깥쪽은 열을 효과적으로 막아 주는 진흙으로, 안쪽은 열전달이 잘되는 화강암으로 만들었다. 천장은 반원형으로 기둥 다섯 개에 장대석이 걸쳐 있고, 장대석을 걸친 곳에는 밖으로 통하는 공기구멍이 세 개가 나 있다. 이 구멍은 아래쪽이 넓고 위쪽은 좁은 직사각형 기둥 모양인데, 이렇게 함으로써 바깥에서 바람이 불 때 빙실 안의 공기가 잘 빠져나온다. 즉, 열로 데워진 공기와 출입구에서 들어오는 바깥의 더운 공기가 지붕의 구멍으로 빠져나가기 때문에 빙실 아래의 찬 공기가 오랫동안 머물 수 있어 얼음이 적게 녹는 것이다. 또한 지붕에는 잔디를 심어 태양열을 차단했고, 내부 바닥 한가운데에 배수로를 5도 경사지게 파서 얼음에서 녹은 물이 밖으로 흘러 나갈 수 있는 구조를 갖추어 과학적이다.

1 석빙고가 과학적인 까닭을 한 가지 쓰시오.

2 다음 과학 시간에 배운 내용을 활용하여 석빙고에 대해 알 수 있는 내용을 이어서 쓰시오.

• 기체: 주위보다 온도가 높은 기체가 위로 올라가고 온도가 낮은 기체가 아래로 내려오면서 열이 이동함.

• 빙실 안의 얼음이 오랫동안 녹지 않았던 까닭은 _____

_____

3 이 글의 내용과 관련하여 더 알고 싶은 것을 떠올려 다음 조건 에 맞게 쓰시오.

조건
1. 자신의 지식이나 경험을 활용해 더 알고 싶은 것을 쓴다.
2. 구체적으로 나타낸다.

숨은 그림을 찾아보세요.

● 정답 및 풀이 5쪽

3 의견을 조정하며 토의해요

▶ 학습을 완료하면 ∨표를 하면서 학습 진도를 체크해요.

	학습 내용	백점 쪽수	확인
개념	의견 조정의 필요성과 방법을 알고 토의 활동에 스스로 참여하기	40쪽	☐
어휘 + 문법	핵심 개념 어휘: 토의, 의견 작품 속 어휘: 대처, 갈등, 조정, 틈새, 증가 문법: 음절의 끝소리 규칙	41쪽	☐
독해	의견을 조정해야 하는 까닭 알기 : 「미세 먼지 문제에 대처하는 방안을 찾는 첫 번째 토의」	42~43쪽	☐
	토의 과정에서 의견을 조정하는 방법 알기 : 「미세 먼지 문제에 대처하는 방안을 찾는 두 번째 토의」	44~45쪽	☐
	토의에서 자신의 의견을 뒷받침할 자료 찾아 읽기 : 「의견을 뒷받침하는 근거 자료」, 「의견을 뒷받침할 자료 찾아 읽기」	46~47쪽	☐
	찾은 자료를 정리해 알기 쉽게 표현하기 : 「자료를 정리해 알기 쉽게 표현하기」	48~49쪽	☐
평가	단원 평가 1회, 2회	50~54쪽	☐
	수행 평가	55쪽	☐

3 의견을 조정하며 토의해요

개념 강의

● 정답 및 풀이 6쪽

1 의견을 조정해야 하는 까닭

- 모두가 받아들일 수 있는 결론을 정할 수 있기 때문입니다.
- 문제를 합리적으로 해결할 수 있기 때문입니다.

> 예 「미세 먼지 문제에 대처하는 방안을 찾는 첫 번째 토의」에서 의견을 조정하지 않으면 일어날 수 있는 일
>
>
>
> - 토의를 원활하게 진행할 수 없습니다.
> - 말하는 사람들끼리 갈등이 생깁니다.
> - 문제를 합리적으로 해결할 수 없습니다.

2 토의 과정에서 의견을 조정하는 방법

방법	내용
문제 파악하기	• 해결하려는 문제를 정확히 파악합니다. • 여러 사람의 다양한 의견을 들어 봅니다.
의견 실천에 필요한 조건 따지기	• 자료를 찾아 의견을 뒷받침합니다. • 문제를 해결하기에 적합한 의견인지 생각합니다.
결과 예측하기	• 의견대로 실천했을 때 결과를 생각합니다. • 의견을 실천했을 때 일어날 수 있는 문제점을 예측해 봅니다.
반응 살펴보기	• 어떤 의견을 더 따르고 싶어 하는지 살펴봅니다. • 의견에 대한 토의 참여자의 생각을 듣습니다.

3 토의에서 자신의 의견을 뒷받침할 자료 찾아 읽기

자료에 따른 읽기 방법	기사문, 보도문	• 신문 기사나 뉴스의 제목을 중심으로 훑어 읽습니다. • 의견을 뒷받침하는 기사문이나 보도문을 찾아 자세히 읽습니다. • 필요한 내용을 정리하고 날짜, 신문 또는 방송 이름을 씁니다.
	책	• 찾은 책의 차례를 살펴봅니다. • 내용을 건너뛰며 읽으면서 의견을 뒷받침하는 내용을 찾아 자세히 읽습니다. • 필요한 내용을 정리하고 글쓴이와 출판사를 씁니다.

└ ● 자료의 출처를 쓰는 까닭: 믿을 수 있는 정확한 자료임을 나타내기 위해서입니다.

4 찾은 자료를 정리해 알기 쉽게 표현하는 방법

- 중요한 내용을 간단하게 요약합니다.
- 설명하는 대상을 잘 나타내는 사진 또는 그림을 사용합니다.
- 내용을 간단하게 볼 수 있도록 차례, 단계, 도표 등으로 나타냅니다.
- 보기 쉽게 자료를 배치하고, 글씨 크기를 알맞게 결정합니다.

개념 확인 문제

1 의견을 조정해야 하는 까닭

토의에서 의견을 조정해야 하는 까닭으로 알맞은 것을 두 가지 찾아 ○표 하시오.

(1) 문제를 합리적으로 해결할 수 있기 때문에 ( )

(2) 의견을 말한 사람이 누구인지 숨길 수 있기 때문에 ( )

(3) 모두가 받아들일 수 있는 결론을 정할 수 있기 때문에 ( )

2 토의 과정에서 의견을 조정하는 방법

다음은 의견을 조정하는 방법 중 무엇에 해당하는지 알맞은 것에 ○표 하시오.

> 의견대로 실천했을 때 결과를 생각한다.

(1) 문제 파악하기 ( )
(2) 결과 예측하기 ( )
(3) 반응 살펴보기 ( )

3 토의에서 자신의 의견을 뒷받침할 자료 찾아 읽기

자료를 찾기 위해 기사문을 읽는 방법입니다. 빈칸에 알맞은 말을 쓰시오.

> ( )을/를 중심으로 훑어 읽다가 의견을 뒷받침하는 글을 찾아 자세히 읽는다.

4 찾은 자료를 정리해 알기 쉽게 표현하는 방법

다음 빈칸에 알맞은 말을 쓰시오.

> 찾은 자료를 정리해 알기 쉽게 표현하려면 중요한 내용을 ( ) 요약해야 한다.

3 의견을 조정하며 토의해요

어휘·문법

● 정답 및 풀이 6쪽

어휘

1. 핵심 개념 어휘: 토의, 의견

討 칠 토
議 의논할 의
뜻 어떤 문제에 대하여 서로 의견을 내놓고 의논하는 것.

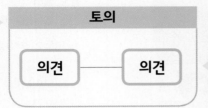

토의

의견 ─ 의견

意 뜻 의
見 볼 견
뜻 어떤 대상에 대하여 가지는 생각.

➡ 서로의 의견을 조정하며 토의를 진행합니다.

2. 작품 속 어휘

낱말	뜻	예시
대처(對處) 對 대답할 대 處 곳 처	어려운 일을 이겨 내기에 알맞은 행위를 하는 것.	어려운 일일수록 능동적으로 대처해야 합니다.
갈등(葛藤) 葛 칡 갈 藤 등나무 등	서로 대립되는 입장·견해·이해 때문에 생기는 충돌.	나라 사이의 갈등이 전쟁으로 이어질 수도 있습니다.
조정	분쟁을 중간에서 화해하게 하거나 서로 타협점을 찾아 합의하도록 함.	문제를 해결하기 위해 당사자들이 직접 조정에 나섰습니다.
틈새	벌어져 난 틈의 사이.	문 틈새로 밖을 내다보았습니다.
증가(增加) 增 더할 증 加 더할 가	양이나 수치가 늚.	대도시에 사는 인구의 수가 매년 증가하고 있습니다.

문법 음절의 끝소리 규칙

◆ '백점'이라는 말을 읽을 때 [백]이나 [점]과 같이 한 번에 소리 낼 수 있는 말소리의 단위를 '음절'이라고 합니다. 그런데 이 음절의 끝에 들어가는 받침이 소리 날 때에는 각각 'ㄱ, ㄴ, ㄷ, ㄹ, ㅁ, ㅂ, ㅇ'의 7개 대표음 중 하나로 바뀌어 소리가 납니다. 이러한 현상을 '음절의 끝소리 규칙'이라고 합니다.

대표음	받침	예
[ㄱ]	ㄱ, ㄲ, ㅋ	수박[수박], 밖[박], 부엌[부억]
[ㄴ]	ㄴ	눈[눈]
[ㄷ]	ㄷ, ㅌ, ㅅ, ㅆ, ㅈ, ㅊ, ㅎ	곧[곧], 낫[낟], 낮[낟], 돛[돋], 히읗[히읃]
[ㄹ]	ㄹ	발[발]
[ㅁ]	ㅁ	밤[밤]
[ㅂ]	ㅂ, ㅍ	입[입], 잎[입]
[ㅇ]	ㅇ	공[공]

어휘·문법 확인 문제

1 핵심 개념 어휘

'토의'의 뜻은 무엇인지 빈칸에 알맞은 말을 쓰시오.

> 어떤 문제에 대하여 서로 의견을 내놓고 [   ]하는 것.

( )

2 작품 속 어휘

다음 빈칸에 들어갈 알맞은 낱말을 보기 에서 찾아 쓰시오.

> **보기**
> 증가, 틈새, 조정

(1) 커다란 벌레가 책상 (   )(으)로 기어 나왔다.
(2) 자동차 수의 (   )(으)로 대기 오염이 점점 심각해지고 있다.
(3) 친구들의 의견을 (   )하기 위한 토의를 오늘 오후에 하기로 했다.

3 작품 속 어휘

다음 뜻을 가진 낱말에 ○표 하시오.

> 어려운 일을 이겨 내기에 알맞은 행위를 하는 것.

(1) 갈등 ( )
(2) 대처 ( )

4 문법

다음 음절의 끝소리는 무엇으로 발음 되는지 쓰시오.

> 박, 밖

( )

3
단원

준비 | 의견을 조정해야 하는 까닭 알기

● 국어 94쪽 / 정답 및 풀이 6쪽

미세 먼지 문제에 대처하는 방안을 찾는 첫 번째 토의

① 오늘은 미세 먼지가 심하니 외부 활동을 자제해 주시길 바랍니다. 체육 수업은 교실에서 하겠습니다.

날이 갈수록 심해지는 미세 먼지에 어떻게 대처해야 할까요?

② 마스크를 쓰고 생활합니다. 마스크가 몸에 해로운 미세 먼지를 막아 주기 때문입니다.

③ 학교 곳곳에 공기 청정기를 설치합니다. 공기 청정기가 공기를 깨끗하게 해 줄 것입니다.

④ 공기 청정기가 없는 곳은 어떻게 하나요? 그럼 공기 청정기가 설치된 곳에서만 지내야 하나요?

⑤ 마스크를 쓰는 것은 안 불편한 줄 아십니까? 마스크를 쓰면 답답하고 숨을 쉬기 어렵습니다.

- **특징** 토의에서 의견이 모아지지 않는 상황을 통해 의견을 조정해야 하는 까닭을 알 수 있습니다.
- **활동 정리** 빈칸에 알맞은 말을 넣어 의견을 조정해야 하는 까닭 정리하기
  - 모두가 받아들일 수 있는 ❶(   )을/를 정할 수 있기 때문입니다.
  - 문제를 ❷(   )으로 해결할 수 있기 때문입니다.

대처(對 대답할 대, 處 곳 처) 어려운 일을 이겨 내기에 알맞은 행위를 하는 것.
자제(自 스스로 자, 制 억제할 제) 자기의 감정이나 욕망을 스스로 억제함.
㉠ 건강을 위해 기름에 튀긴 음식은 자제하는 것이 좋습니다.

---

1 토의 주제는 무엇인지 쓰시오.

(   )

2 토의 주제에 대해 친구들이 제시한 의견을 두 가지 골라 기호를 쓰시오.

> ㉮ 체육 시간을 없애자.
> ㉯ 마스크를 쓰고 생활하자.
> ㉰ 학교 곳곳에 공기 청정기를 설치하자.

(   )

중요 독해

3 장면 ④, ⑤에 나타난 문제는 무엇입니까? (   )

① 토의에 관심을 보이지 않았다.
② 상대의 의견을 비판하기만 하였다.
③ 상대에게 높임말을 사용하지 않았다.
④ 상대의 말을 끝까지 듣지 않고 끼어들었다.
⑤ 상대가 듣고 싶어 하는 의견만 제시하였다.

서술형

4 이 토의에서 의견을 조정하지 않으면 일어날 수 있는 문제를 한 가지만 쓰시오.

_____

_____

미세 먼지 문제에 대처하는 방안을 찾는 첫 번째 토의

⑥ 하루 종일 공기 청정기를 켜 놓으면 전기 소모가 많을 수 있습니다.

⑦ ㉠미세 먼지를 걸러야 하는데 그깟 전기가 중요합니까? 정말 뭘 모르시는군요.

⑧ 공기 청정기를 설치하면 쓰고 난 마스크를 버리지 않아도 되니 환경을 보호할 수 있습니다.

⑨ 마스크를 ㉡쓰면 추운 겨울에도 얼굴을 따뜻하게 할 수 있습니다.

⑪ 좀처럼 의견이 좁혀지지 않는군요. 박이슬 님의 의견은 어떻습니까?

⑫ 예? 아, 뭐 저는 뭘 해도 상관없습니다.

• **활동 정리** 빈칸에 알맞은 말을 넣어 의견을 조정하지 않으면 일어날 수 있는 일 정리하기

• ③(   )을/를 원활하게 진행할 수 없습니다.
• 말하는 사람들끼리 ④(   )이/가 생깁니다.
• 문제를 합리적으로 해결할 수 없습니다.

<u>소모</u> 써서 없앰.
㉑ 수영은 체력 소모가 많은 운동입니다.
<u>좀처럼</u> 여간하여서는.
㉑ 지안이는 좀처럼 화를 내지 않습니다.

---

5 ㉠에서 나타난 문제는 무엇입니까? (   )

① 상대를 무시하듯이 말했다.
② 상대의 말을 제대로 듣지 않았다.
③ 토의 주제와 관련 없는 말을 했다.
④ 문제 해결에 무관심한 태도를 보였다.
⑤ 사회자가 한 사람에게만 발언권을 주었다.

6 장면 ⑧, ⑨의 친구들에게 해 줄 수 있는 말로 알맞은 것에 ○표 하시오.

(1) 토의에 적극적으로 참여하면 좋겠어. (   )

(2) 상대에게 친근하게 예사말로 했으면 좋겠어.
(   )

(3) 토의 주제와 관련 없는 근거를 말하면 안 돼.
(   )

중요 독해

7 이 토의에서 의견이 잘 모이지 않은 까닭으로 알맞은 것을 두 가지 고르시오. (   )

① 목소리가 작은 사람이 있어서
② 상대의 의견을 비판만 하고 있어서
③ 상대에게 존댓말을 사용하지 않아서
④ 토의에 적극적으로 참여하지 않아서
⑤ 상대의 말을 끝까지 듣지 않고 자기 말을 해서

어휘

8 ㉡에 사용된 '쓰다'의 뜻은 무엇입니까? (   )

① 혀로 느끼는 맛이 약의 맛과 같다.
② 얼굴에 어떤 물건을 걸거나 덮어쓰다.
③ 어떤 일을 하는 데 시간이나 돈을 들이다.
④ 머릿속에 떠오른 노래를 악보에 음표로 나타내다.
⑤ 연필이나 펜 등의 필기도구로 종이 등에 획을 그어서 일정한 글자를 적다.

기본 토의 과정에서 의견을 조정하는 방법 알기

● 국어 100쪽 / 정답 및 풀이 6쪽

미세 먼지 문제에 대처하는 방안을 찾는 두 번째 토의

❶
의견을 모으지 않으면 갈등이 더 심해질 것 같습니다.

의견을 ⓛ조정할 필요가 있습니다.

동의합니다. ㉠처음에 우리가 토의로 해결하려고 했던 문제는 무엇이었죠?

❷
미세 먼지에 대처하는 방안을 마련하는 것입니다.

❸
그렇군요. 토의로 해결하려는 문제를 정확히 파악해야 했습니다.

❹
맞아요. 그리고 의견을 실천하려면 무엇이 필요한지 따질 필요가 있겠군요. 자세한 자료를 찾아 각자 의견을 뒷받침해 봅시다.

- **특징** 의견을 조정하는 상황을 통해 토의 과정에서 의견을 조정하는 방법을 알 수 있습니다.
- **활동 정리** 빈칸에 알맞은 말을 넣어 토의 과정에서 의견을 정리하는 방법 정리하기
  - ❶( )을/를 파악함.
  - 의견 실천에 필요한 ❷( ) 을/를 따짐.
  - ❸( )을/를 예측함.
  - 반응을 살펴봄.

갈등(葛 칡 갈, 藤 등나무 등) 서로 대립되는 입장·견해·이해 때문에 생기는 충돌. 예 층간 소음으로 인해 이웃간 갈등이 생겼습니다.
파악해야 어떤 대상의 내용이나 본질을 확실하게 이해하여 알아야.

---

9 친구들이 토의를 다시 시작한 까닭은 무엇인지 알맞은 것에 ○표 하시오.

(1) 주제를 선정하기 위해서 ( )

(2) 의견을 조정하기 위해서 ( )

(3) 결정한 의견을 발표하기 위해서 ( )

중요 독해

10 사회자가 ㉠과 같이 물어본 까닭은 무엇이겠습니까?
( )

① 토의 주제를 잊어버려서
② 자신의 의견을 강조하려고
③ 토의 주제를 다시 선정하려고
④ 친구들이 잘못한 점을 지적하려고
⑤ 토의로 해결할 문제를 정확히 파악하려고

어휘

11 다음은 ⓛ'조정'의 뜻입니다. 빈칸에 들어갈 알맞은 낱말은 무엇입니까? ( )

조정: 분쟁을 중간에서 ☐☐☐ 하게 하거나 서로 타협점을 찾아 합의하도록 함.

① 대립 ② 고생 ③ 반성
④ 화해 ⑤ 갈등

12 그림 ❹ 다음에 이어질 의견을 조정하는 방법으로 가장 알맞은 것의 기호를 쓰시오.

㉮ 해결하려는 문제를 파악한다.
㉯ 자료를 찾아 의견을 뒷받침한다.
㉰ 어떤 의견을 더 따르고 싶어 하는지 살펴본다.
㉱ 의견을 실천했을 때 일어날 수 있는 문제점을 예측해 본다.

( )

미세 먼지 문제에 대처하는 방안을 찾는 두 번째 토의

잠시 뒤 ⑤ ⑥

⑦ 만약 의견을 실천한다면 어떤 결과가 따를까요? 의견대로 실천했을 때 일어날 문제점을 예측해 봅시다.

⑧ 공기 청정기를 설치하는 데 비용이 많이 들 수 있습니다.

⑨ 미세 먼지 마스크는 일회용이라 쓰레기 문제가 일어날 수 있습니다.

⑩ ㉠다른 분들의 생각은 어떠한가요? 어떤 의견이 더 좋나요? 결정한 의견에서 자신이 해야 하는 역할은 무엇일까요?

⑪

- **활동 정리** 빈칸에 알맞은 말을 넣어 토의에서 의견을 조정하는 방법 정리하기

방법	내용
결과 예측하기	• ❹( )대로 실천했을 때 결과를 생각함. • 의견을 실천했을 때 일어날 ❺( )을 예측함.
반응 살펴보기	• 어떤 의견을 더 따르고 싶어 하는지 살펴봄. • 의견에 대한 토의 ❻( )의 생각을 들음.

예측 미리 헤아려 짐작함.
㉿ 기상청은 내일까지 비가 올 것이라고 예측했습니다.

13 공기 청정기를 설치하거나 마스크를 사용하면 어떤 문제가 일어날 수 있다고 하였는지 알맞은 것을 찾아 각각 선으로 이으시오.

(1) 마스크 사용 • • ㉮ 비용이 많이 들 수 있음.

(2) 공기 청정기 설치 • • ㉯ 일회용이라 쓰레기 문제가 일어날 수 있음.

서술형
14 ㉠과 같이 물은 까닭은 무엇인지 쓰시오.

_____

15 이 토의에 나타난 의견을 조정하는 과정에 알맞게 차례대로 기호를 쓰시오.

㉮ 결과 예측하기
㉯ 반응 살펴보기
㉰ 문제 파악하기
㉱ 의견 실천에 필요한 조건 따지기

( ) → ( ) → ( ) → ( )

중요 독해
16 다음 중 토의에서 의견을 조정할 때의 태도로 알맞지 않은 것은 무엇입니까? ( )

① 결정한 의견에 따른다.
② 의견과 발언에 집중한다.
③ 해결 방안을 끝까지 알아본다.
④ 자신의 의견만 끝까지 주장한다.
⑤ 자신의 생각을 적극적으로 표현한다.

의견을 뒷받침하는 근거 자료

• **특징** 자료를 이용하여 발표하는 모습을 통해 자료의 특징과 자료를 제시할 때의 장점을 알 수 있습니다.

• **활동 정리** 빈칸에 알맞은 말을 넣어 그림 ㉯와 ㉰에서 제시한 자료 정리하기

그림	자료
㉯	❶( )
㉰	❷( )

전문가 어떤 분야를 연구하거나 그 일에 종사하여 그 분야에 상당한 지식과 경험을 가진 사람.

---

17 그림 ㉮와 ㉯의 다른 점은 무엇인지 빈칸에 공통으로 들어갈 낱말을 쓰시오.

> 그림 ㉮에서 남자아이는 아무런 [   ] 없이 의견을 말하고 있지만, 그림 ㉯에서는 신문 기사에 실린 전문가의 의견을 [   ](으)로 제시하고 있다.

(   )

18 그림 ㉯와 같은 방법으로 의견을 제시하면 좋은 점은 무엇입니까? (   )

① 발표 시간을 줄일 수 있다.
② 정보의 출처를 밝히지 않아도 된다.
③ 말하지 않고도 의견을 전할 수 있다.
④ 듣는 사람이 의견과 근거를 이해하기 쉽다.
⑤ 발표 내용과 관계없이 흥미를 불러일으킬 수 있다.

19 그림 ㉰에서 근거로 제시한 내용을 두 가지 고르시오. (   )

① 미세 먼지는 몸에 해롭다.
② 미세 먼지의 원인은 석탄 가스이다.
③ 마스크를 쓰는 사람이 많아지고 있다.
④ 마스크를 쓰면 얼굴이 잘 보이지 않는다.
⑤ 마스크는 효과적으로 미세 먼지를 막아 준다.

20 그림 ㉰에서 제시한 자료의 특징으로 알맞은 것을 두 가지 찾아 ○표 하시오.

⑴ 정보를 한눈에 확인할 수 있다. (   )
⑵ 글을 읽어야 정보를 얻을 수 있다. (   )
⑶ 사진, 그림 등과 비슷한 성격의 자료이다. (   )
⑷ 보고서, 설문 조사 등과 비슷한 성격의 자료이다. (   )

의견을 뒷받침할 자료 찾아 읽기

• **특징** 토의에서 자신의 의견을 뒷받침할 자료를 찾는 과정을 알 수 있습니다.

• **활동 정리** 빈칸에 알맞은 말을 넣어 자료에 따른 읽기 방법 정리하기

기사문, 보도문	• 신문 기사나 뉴스의 ❶( )을/를 중심으로 훑어 읽습니다. • 의견을 뒷받침하는 기사문이나 보도문을 찾아 자세히 읽습니다
책	• 찾은 책의 ❷( )을/를 살펴봅니다. • 내용을 ❸( ) 읽으면서 의견을 뒷받침하는 내용을 찾아 자세히 읽습니다.

틈새 벌어져 난 틈의 사이.
관련 둘 이상의 사람, 사물, 현상 따위가 서로 관계를 맺어 매어 있음. 또는 그 관계.

서술형

21 토의 주제는 무엇인지 찾아 쓰시오.

_____

_____

중요 독해

22 재경이와 만세는 의견을 뒷받침할 자료로 무엇을 찾고 싶어 하는지 각각 선으로 이으시오.

(1) 재경 •
(2) 만세 •

• ㉮ 달리기가 건강에 효과가 있다는 자료
• ㉯ 식물을 기르면 공기가 깨끗해진다는 자료

어휘

23 ㉠ '틈새'와 뜻이 비슷한 낱말은 무엇입니까?
( )

① 수업   ② 등교   ③ 빈틈
④ 자유   ⑤ 청소

24 재경이와 만세가 찾은 자료에 따른 읽기 방법으로 알맞은 것을 찾아 기호를 쓰시오.

㉮ 제목을 중심으로 훑어 읽다가 의견을 뒷받침하는 글을 찾아 자세히 읽는다.
㉯ 차례를 살펴서 건너뛰며 읽다가 의견을 뒷받침하는 내용을 찾아 자세히 읽는다.

(1) 재경: ( )   (2) 만세: ( )

◉ 국어 112쪽 / 정답 및 풀이 6쪽

자료를 정리해 알기 쉽게 표현하기

가 세계보건기구[WHO]는 아동 비만을 21세기 최대 건강 문제 가운데 하나로 꼽고 있다. 한국도 예외는 아니다. 교육부에 따르면 2017년을 기준으로 우리나라 초중고 비만 학생은 100명당 약 17.3명인데 해마다 꾸준히 ㉠증가하고 있다.

영국의 한 초등학교에서 실시한 건강 달리기 프로그램이 성공을 거두어 큰 관심을 끌고 있다. 이 학교는 날마다 적절한 시간을 정해 1.6킬로미터를 달리게 하고 있다. 학생들을 관찰한 □□대학의 ○ 박사는 "이 학교의 학생들에게는 비만 문제가 보이지 않는다."라고 했다.

미국 일리노이주의 한 학교 역시 건강 달리기로 하루를 시작한다. 이 학교의 학생들은 건강은 물론 집중력도 향상되었고, 우울증과 불안감은 줄어들었다고 한다. (건강 달리기의 효과) /『○○신문』

나

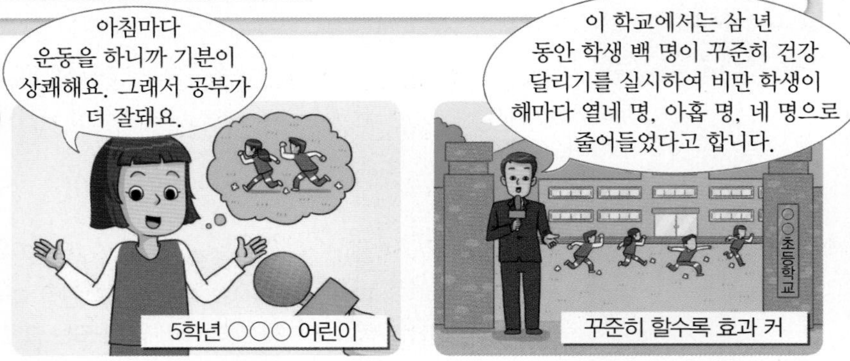
아침마다 운동을 하니까 기분이 상쾌해요. 그래서 공부가 더 잘돼요.
5학년 ○○○ 어린이
이 학교에서는 삼 년 동안 학생 백 명이 꾸준히 건강 달리기를 실시하여 비만 학생이 해마다 열네 명, 아홉 명, 네 명으로 줄어들었다고 합니다.
○○초등학교
꾸준히 할수록 효과 커

「○○방송 뉴스」

- **특징** 토의에서 자신의 의견을 뒷받침할 자료를 찾고, 찾은 자료를 정리해 알기 쉽게 표현하는 방법을 알 수 있습니다.
- **활동 정리** 빈칸에 알맞은 말을 넣어 찾은 자료를 알기 쉽게 표현하는 방법 정리하기
  - 중요한 ❶(　　　　)을/를 요약합니다.
  - 설명하려는 대상을 사진이나 ❷(　　　　)(으)로 나타냅니다.
  - 자료를 이해하기 쉽고 ❸(　　　　) 나타냅니다.
  - 보기 쉽게 자료를 배치합니다.

세계보건기구 보건 상태의 향상을 위한 국제적 협력을 촉진하기 위하여 설립된 국제 연합의 전문 기구.

증가(增 더할 증, 加 더할 가) 양이나 수치가 늚.

우울증 (근심, 걱정으로 마음이) 늘 우울한 병.

25 가와 나는 어디에서 찾은 자료인지 두 가지를 고르시오. (　　　　)

① 책　② 보고서　③ 설문 조사
④ 신문 기사　⑤ 뉴스 보도

26 가와 나에서 아동 비만 문제를 해결하기 위한 방법으로 설명하고 있는 것은 무엇입니까? (　　　　)

① 건강 달리기
② 식단 조절하기
③ 식사 시간 조정하기
④ 체육 수업 시간 늘리기
⑤ 등굣길과 하굣길에 걸어 다니기

27 가와 나의 자료가 쉽게 읽기 어려운 까닭은 무엇인지 알맞은 것에 ○표 하시오.

(1) 많은 내용을 말과 글로만 설명해서 한번에 알아보기가 쉽지 않기 때문이다. (　　)

(2) 많은 과정을 도표로 나타내서 중요한 내용을 알아보기가 쉽지 않기 때문이다. (　　)

어휘

28 ㉠ '증가'와 뜻이 반대인 낱말은 무엇입니까? (　　)

① 가속　② 비만　③ 감소
④ 증대　⑤ 첨가

자료를 정리해 알기 쉽게 표현하기

가 [앞의 자료를 요약한 내용]

[아동 건강 문제]
• 세계보건기구: 아동 비만은 21세기 최대 건강 문제 가운데 하나
• 교육부: 우리나라 초중고 비만 학생은 100명당 약 17명(2017년 기준)

[건강 달리기의 [㉠]]
• 비만 문제를 해결할 수 있다.
• 집중력이 향상되고, 우울증과 불안감이 줄어든다.

[건강 달리기를 실천한 예]
• 삼 년 동안 건강 달리기를 실시한 초등학교
• 비만 학생이 해마다 열네 명, 아홉 명, 네 명으로 줄어들었다.

나

아동 건강 문제

100명당
비만 학생 수

17명

83명

건강 달리기의 효과

비만 문제 해결 · 집중력 향상 · 우울증, 불안감 감소

→ 건강

• **활동 정리** 빈칸에 알맞은 말을 넣어 **가**와 **나**에서 자료를 알기 쉽게 표현한 방법 정리하기

가	읽기 쉽게 **④**( )했습니다.
나	•100명당 비만 학생 수를 **⑤**( )(으)로 나타내었습니다. •건강 달리기의 효과를 **⑥**( )와/과 선, 화살표를 이용해 서로 연결했습니다.

실천한 생각한 바를 실제로 행한.
예 방학 동안 계획한 일을 모두 실천한 친구들은 많지 않습니다.

중요 독해

29 **가**와 **나**는 앞의 자료를 어떻게 정리한 것인지 알맞은 것을 찾아 각각 선으로 이으시오.

(1) 가 •

(2) 나 •

• ㉮ 요약해 글로 나타냄.

• ㉯ 도표와 도형과 선, 화살표로 연결하여 나타냄.

30 ㉠에 들어갈 알맞은 낱말은 무엇입니까? ( )

① 역사 ② 단점
③ 발견 ④ 효과
⑤ 문제점

서술형

31 **나**와 같이 자료를 표현하면 효과적인 까닭은 무엇인지 쓰시오.

_____

_____

32 다음 중 찾은 자료를 알기 쉽게 표현하는 방법으로 알맞지 않은 것은 무엇입니까? ( )

① 도표로 나타낸다.
② 간단하게 요약한다.
③ 차례 또는 단계로 나타낸다.
④ 사진 또는 그림으로 나타낸다.
⑤ 제목과 내용의 글씨 크기를 똑같이 작게 한다.

[1~3] 다음 그림을 보고, 물음에 답하시오.

1 친구들은 무엇을 하고 있는지 빈칸에 알맞은 말을 쓰시오.

• (　　　　　　　) 문제에 대처하는 방안에 대해 토의하고 있다.

2 성훈이와 지우가 제시한 의견은 무엇인지 각각 선으로 이으시오.

(1) 성훈 •

(2) 지우 •

• ㉮ 공기 청정기를 설치해야 한다.

• ㉯ 마스크를 쓰고 생활해야 한다.

3 이 토의에서 의견이 잘 모이지 않은 까닭은 무엇입니까? (　　　　)

① 목소리가 작은 사람이 있어서
② 상대의 의견을 비판만 하고 있어서
③ 상대에게 높임말을 사용하지 않아서
④ 선생님의 의견을 무조건 받아들이고 있어서
⑤ 미세 먼지가 무엇인지 잘 모르는 사람이 있어서

4 다음은 의견을 조정할 때 생기는 문제 중 어떤 문제를 나타낸 것인지 알맞은 것을 찾아 ○표 하시오.

(1) 토의 진행과 관련한 문제　　　　　(　　)
(2) 토의 태도와 관련한 문제　　　　　(　　)
(3) 의견 및 근거와 관련한 문제　　　　(　　)

[5~6] 다음 그림을 보고, 물음에 답하시오.

5 이 토의에서 친구들이 의견을 조정하는 방법은 무엇입니까? (   )

① 문제 파악하기
② 반응 살펴보기
③ 결과 예측하기
④ 다수결 원칙 따르기
⑤ 의견 실천에 필요한 조건 따지기

6 이 토의에서 의견을 조정하는 태도로 알맞은 것에 ○ 표 하시오.

⑴ 결정한 의견에 따른다. (   )
⑵ 자신의 생각을 적극적으로 표현한다. (   )

[7~8] 다음 그림을 보고, 물음에 답하시오.

7 이 그림 속 상황에서 해결해야 할 문제를 두 가지 찾아 기호를 쓰시오.

> ㉮ 음식이 맛이 없다.
> ㉯ 음식물 쓰레기가 너무 많다.
> ㉰ 음식을 먹고 싶은 만큼 받고 싶다.

(   )

8 이 그림의 문제 상황을 바탕으로 하여 토의 주제를 정할 때 알맞은 것은 무엇입니까? (   )

① 먹기 싫은 음식을 안 먹는 방법
② 급식실을 깨끗하게 청소하는 방법
③ 친구와 사이좋게 요리를 하는 방법
④ 채소가 들어간 음식을 맛있게 먹는 방법
⑤ 음식물 쓰레기 문제를 해결할 수 있는 방법

문법
9 다음 음절의 끝소리는 무엇으로 소리가 나는지 각각 찾아 선으로 이으시오.

⑴ 삽, 옆 ·   · ㉮ [ㄷ]

⑵ 낮, 곧 ·   · ㉯ [ㅂ]

⑶ 밖, 박 ·   · ㉰ [ㄱ]

문법
10 다음 보기 에서 음절의 끝소리가 글자대로 소리 나는 것을 모두 찾아 쓰시오.

> 보기
> 눈, 낮, 돚, 발,
> 밤, 입, 잎, 공

(   )

[1~5] 다음 그림을 보고, 물음에 답하시오.

1 이 그림에서 친구들은 무엇을 하고 있는지 두 글자로 쓰시오.

( )

2 친구들이 의견을 나누는 주제는 무엇입니까?

( )

① 전기를 절약하는 방안
② 환경을 보호하는 방안
③ 마스크 사용을 권장하는 방안
④ 미세 먼지 문제에 대처하는 방안
⑤ 공기 청정기 설치를 위한 비용을 마련하는 방안

3 장면 ④와 ⑤에서 친구들이 잘못한 점으로 알맞은 것을 두 가지 고르시오. ( )

① 적극적으로 말하지 않았다.
② 상대를 바라보지 않고 말했다.
③ 상대의 의견을 비판하기만 했다.
④ 상대 의견의 장점을 받아들이지 않았다.
⑤ 상대의 말을 끝까지 듣지 않고 끼어들어 말했다.

서술형

4 장면 ⑧과 ⑨의 친구들에게 해 줄 수 있는 말을 조건에 알맞게 쓰시오.

> **조건**
> 토의할 때 잘못한 점과 고칠 방법을 알려 준다.

_____

_____

5 이 그림과 같이 의견을 조정하지 않았을 때 생길 수 있는 일로 알맞은 것을 찾아 ○표 하시오.

(1) 문제를 합리적으로 해결할 수 없다. ( )

(2) 문제를 빨리 해결하여 토의 시간을 줄일 수 있다.

( )

[6~8] 다음 그림을 보고, 물음에 답하시오.

6 이 그림에서 친구들이 의견을 조정하려는 까닭은 무엇인지 빈칸에 들어갈 알맞은 말을 쓰시오.

• 의견을 모으지 않으면 ( )이/가 더 심해질 것 같기 때문이다.

7 장면 ⑦~⑨는 의견을 조정하는 과정 중 무엇에 해당하는지 알맞은 것을 찾아 기호를 쓰시오.

> ㉮ 문제 파악하기
> ㉯ 의견 실천에 필요한 조건 따지기
> ㉰ 결과 예측하기
> ㉱ 반응 살펴보기

( )

8 장면 ⑩에서 ㉠과 같이 물은 까닭으로 알맞은 것을 찾아 ○표 하시오.

(1) 실천할 수 있는 좋은 의견이 아직 나오지 않았기 때문에 ( )

(2) 의견에 대한 모든 토의 참여자의 생각을 알아보아야 하기 때문에 ( )

[9~10] 다음 그림을 보고, 물음에 답하시오.

서술형
9 남자아이가 의견에 대한 근거로 말한 내용을 쓰시오.

_____

_____

10 그림 ㉮와 ㉯에 대한 설명으로 알맞지 <u>않은</u> 것은 무엇입니까? ( )

① 그림 ㉮ – 그림을 자료로 제시했다.
② 그림 ㉯ – 신문 기사를 자료로 제시했다.
③ 그림 ㉮ – 아무런 자료 없이 의견을 말했다.
④ 그림 ㉯ – 정보를 눈으로 직접 확인할 수 있다.
⑤ 그림 ㉮ – 정보를 눈으로 직접 확인할 수 없다.

[11~13] 다음 그림을 보고, 물음에 답하시오.

11 ㉠~㉢을 토의 주제와 의견으로 나누어 기호를 쓰시오.

토의 주제	(1)
의견	(2)

12 재경이가 자료를 찾은 방법으로 알맞은 것에 ○표 하시오.

(1) 도서관에서 책을 찾았다. ( )

(2) 컴퓨터를 활용하여 신문 기사를 검색하였다.
( )

13 만세가 찾은 자료를 읽는 방법에 알맞게 차례대로 기호를 쓰시오.

> ㉮ 찾은 책의 차례 살피기
> ㉯ 찾고 싶은 자료와 관련한 책을 찾기
> ㉰ 의견을 뒷받침하는 내용을 좀 더 자세히 읽기
> ㉱ 내용을 건너뛰며 읽으면서 의견을 뒷받침하는
>   내용 찾기

( ) → ( ) → ( ) → ( )

[14~15] 다음 글을 읽고, 물음에 답하시오.

㉮ 세계보건기구[WHO]는 아동 비만을 21세기 최대 건강 문제 가운데 하나로 꼽고 있다. 한국도 예외는 아니다. 교육부에 따르면 2017년을 기준으로 우리나라 초중고 비만 학생은 100명당 약 17.3명인데 해마다 꾸준히 증가하고 있다.

영국의 한 초등학교에서 실시한 건강 달리기 프로그램이 성공을 거두어 큰 관심을 끌고 있다. 이 학교는 날마다 적절한 시간을 정해 1.6킬로미터를 달리게 하고 있다. 학생들을 관찰한 □□대학의 ○ 박사는 "이 학교의 학생들에게는 비만 문제가 보이지 않는다."라고 했다.

미국 일리노이주의 한 학교 역시 건강 달리기로 하루를 시작한다. 이 학교의 학생들은 건강은 물론 집중력도 향상되었고, 우울증과 불안감은 줄어들었다고 한다.

㉯
> [아동 건강 문제]
> ● 세계보건기구: 아동 비만은 21세기 최대 건강 문제 가운데 하나
> ● 교육부: 우리나라 초중고 비만 학생은 100명당 약 17명(2017년 기준)
>
> [건강 달리기의 효과]
> ● 비만 문제를 해결할 수 있다.
> ● 집중력이 향상되고, 우울증과 불안감이 줄어든다.

14 ㉯에 대한 설명으로 알맞은 것을 두 가지 고르시오.
( )

① ㉮를 더 복잡하게 나타냈다.

② ㉮보다 더 쉽게 읽을 수 있다.

③ ㉮의 내용을 도표로 나타냈다.

④ ㉮의 모든 내용을 그대로 썼다.

⑤ ㉮의 내용을 요약해서 나타냈다.

서술형

15 ㉮를 좀 더 알기 쉽게 표현하려면 어떻게 해야 하는지 조건 에 알맞게 쓰시오.

> 조건
> ㉯에서 사용한 방법 외에 다른 방법을 쓴다.

_____

_____

3. 의견을 조정하며 토의해요

● 정답 및 풀이 8쪽

평가 주제	의견을 조정하며 토의하기
평가 목표	문제 상황에 알맞은 토의 주제를 정해서 자신의 의견을 말할 수 있다.

1 이 그림에서 해결해야 할 문제는 무엇인지 쓰시오.

2 문제 1번에서 답한 문제에 대한 토의 주제를 정해서 쓰시오.

3 문제 2번에서 정한 주제로 토의를 할 때 자신의 의견과 근거를 조건 에 맞게 쓰시오.

> 조건
> • 문제를 해결 수 있는 의견을 쓴다.
> • 의견을 뒷받침하는 타당한 근거를 쓴다.

의견	(1)
근거	(2)

다른 그림을 찾아보세요.

● 정답 및 풀이 8쪽

다른 곳이 15군데 있어요.

4. 겪은 일을 써요

▶ 학습을 완료하면 V표를 하면서 학습 진도를 체크해요.

	학습 내용	백점 쪽수	확인
개념	문장 성분의 호응 관계를 생각하며 겪은 일이 잘 드러나게 글을 쓰기	58쪽	☐
어휘 + 문법	핵심 개념 어휘: 문장, 성분 작품 속 어휘: 부딪치다, 서럽다, 피해, 목표, 성취 문법: 문장 성분의 호응 관계	59쪽	☐
독해	호응 관계를 생각하며 겪은 일이 드러난 글 읽기: 「나만 미워해」	60~61쪽	☐
	문장 성분의 호응 관계 알기: 「문장 성분의 호응 관계」	62~63쪽	☐
평가	단원 평가 1회, 2회	64~68쪽	☐
	수행 평가	69쪽	☐

4 겪은 일을 써요

개념 강의

● 정답 및 풀이 9쪽

└● 문장 성분의 호응이 이루어지도록 글을 써야 문장의 뜻을 바르게 이해할 수 있습니다.

1 문장 성분의 호응 관계 알기

- 주어와 서술어의 호응 관계가 알맞아야 합니다.
  예 우리가 환경을 보호해야 하는 까닭은 환경 파괴의 피해가 결국 우리에게 돌아오는 것이라고 생각한다. → 돌아오기 때문이다

- 시간을 나타내는 말과 서술어의 호응 관계가 알맞아야 합니다.
  예 어제저녁 우리 가족은 함께 동네 공원으로 산책을 나간다. → 나갔다

- 높임의 대상을 나타내는 말과 서술어의 호응 관계가 알맞아야 합니다.
  예 할아버지는 얼른 밥을 다 먹고 또 일하러 나가셨다. → 할아버지께서는 얼른 진지를 다 잡수시고

- '결코, 전혀, 별로'와 같은 낱말은 '−지 않다, −지 못하다'와 같은 부정적인 서술어 또는 '안', '못'이 꾸며 주는 서술어와 호응해야 알맞습니다.
  예 선생님 말씀은 전혀 들어 본 내용이었다. → 들어 보지 못한

2 겪은 일이 드러나게 글 쓰기

계획하기	쓰는 목적, 글의 종류, 읽는 사람, 글의 주제 등을 정해 봅니다.
내용 생성하기 └● 글 쓸 준비를 하는 단계 └● 쓸 내용을 떠올리는 단계	• 자신이 글로 쓰고 싶은 일이나 생각을 정리해 봅니다. • 정리한 내용 중 글로 표현하기 힘든 것이 있다면 지워 봅니다. • 어떤 글감으로 글을 쓸지 정합니다.
내용 조직하기 └● 쓸 내용을 나누는 단계	• 처음−가운데−끝으로 나누어 일어난 일을 정리하거나 생각 또는 느낌의 변화에 따라 글을 쓸 수 있습니다. • 시간의 순서, 장소의 변화에 따라 글을 쓰거나 일이 일어난 원인과 결과를 중심으로 글을 쓸 수 있습니다.
표현하기 └● 직접 글을 쓰는 단계	• 글 내용에 어울리는 제목을 정합니다. • 글머리를 읽는 사람이 흥미를 느낄 만한 것으로 정합니다. • 주제와 관련한 내용으로 씁니다.
고쳐쓰기 └● 글을 고치는 단계	• 문장 성분의 호응이 바르지 않은 부분은 없는지 살펴봅니다. • 문장이 간결하고 이해하기 쉬운지 확인합니다.

예 글머리를 시작하는 여러 가지 방법

방법	문장
날씨 표현으로 시작하기	하늘에서 물을 바가지로 퍼붓는 듯 비가 내리는 날이었다.
대화 글로 시작하기	"괜찮아." 드디어 유나가 입을 열었다.
인물 설명으로 시작하기	키가 작고 눈이 동그란 그 친구는 항상 웃는 아이였다.
속담이나 격언으로 시작하기	"가는 날이 장날"이라더니 해변은 축제 때문에 사람들로 가득했다.

개념 확인 문제

1 문장 성분의 호응 관계 알기

다음 문장을 문장 성분의 호응 관계를 생각하며 바르게 고쳐 쓴 것을 찾아 ○표 하시오.

> 나는 책 읽기를 별로 좋아하는 편이다.

(1) 나는 책 읽기를 별로 좋아한다.
( )

(2) 나는 책 읽기를 별로 좋아하지 않는 편이다.
( )

2 겪은 일이 드러나게 글 쓰기

다음은 겪은 일이 드러나게 글을 쓰는 과정 중 어느 단계에서 할 일인지 알맞은 것을 찾아 기호를 쓰시오.

> • 자신이 글로 쓰고 싶은 일이나 생각을 정리한다.
> • 어떤 글감으로 글을 쓸지 정한다.

> ㉮ 계획하기
> ㉯ 내용 생성하기
> ㉰ 내용 조직하기
> ㉱ 표현하기
> ㉲ 고쳐쓰기

( )

3 겪은 일이 드러나게 글 쓰기

다음 글머리는 어떤 방법을 사용한 것인지 알맞은 것에 ○표 하시오.

> "괜찮아."
> 드디어 유나가 입을 열었다.

(1) 대화 글로 시작하기 ( )
(2) 날씨 표현으로 시작하기 ( )

4 겪은 일을 써요

● 정답 및 풀이 9쪽

어휘

1. 핵심 개념 어휘: 문장, 성분

文 글월 문
章 글월 장
뜻 생각이나 감정을 말과 글로 표현할 때 완결된 내용을 나타내는 최소의 단위.

| 문장 |
| 성분 — 성분 — 성분 |

成 이룰 성
分 나눌 분
뜻 한 문장을 구성하는 요소.

➡ 문장 성분의 호응이 이루어지도록 글을 써야 문장의 뜻을 바르게 이해할 수 있습니다.

2. 작품 속 어휘

낱말	뜻	예시
부딪치다	(무엇을 어디에) 세게 마주 닿게 하거나 마주 대다.	사람들은 서로 손바닥을 부딪치며 노래를 불렀습니다.
서럽다	분하고 억울하고 슬프다.	나는 선생님께 이유 없이 혼났다는 생각에 서러워 눈물이 났습니다.
피해(被害) 被 입을 피 害 해로울 해	생명이나 신체, 재산, 명예 따위에 손해를 입음.	자연이 파괴되면 피해를 입는 것은 우리 자신입니다.
목표(目標) 目 눈 목 標 표 표	어떤 목적을 이루려고 지향하는 실제적 대상으로 삼음.	나는 목표로 삼은 대학에 꼭 가겠다고 다짐했습니다.
성취(成就) 成 이룰 성 就 나아갈 취	목적한 바를 이룸.	그는 간절히 원하던 소원을 성취하였습니다.

문법 문장 성분의 호응 관계

◆ 문장에서 아주 밀접한 관계를 가지고 쓰이는 두 말의 관계를 '문장 성분의 호응 관계'라고 합니다. 글을 쓰거나 말할 때에는 이 관계를 생각해야 전하고자 하는 뜻을 정확하게 전달할 수 있습니다.
예를 들어 '결코', '전혀', '그다지'는 부정적인 서술어와 호응합니다.
따라서 아래와 같이 부정적인 서술어와 어울려 쓰입니다.

그 책은 전혀 슬프지 않았어.   날씨가 그다지 덥지 않다.

1 핵심 개념 어휘

다음 뜻에 알맞은 낱말을 보기 에서 찾아 쓰시오.

> 생각이나 감정을 말과 글로 표현할 때 완결된 내용을 나타내는 최소의 단위.

보기
> 문장,   성분

(   )

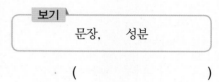

2 작품 속 어휘

다음은 '목표'의 뜻입니다. 빈칸에 들어갈 알맞은 말에 ○표 하시오.

> 어떤 [   ]을/를 이루려고 지향하는 실제적 대상으로 삼음.

(1) 의견 (   )
(2) 논의 (   )
(3) 목적 (   )

3 작품 속 어휘

다음 괄호 안에 들어갈 말로 알맞은 것을 찾아 ○표 하시오.

(1) 필통 속의 학용품들이 서로 (부딪쳐, 서러워) 달그락 소리가 났다.

(2) 어떤 것을 (성과, 성취)하고자 하는 마음을 가졌다면 노력을 해야 한다.

4 문법

다음 괄호 안에 들어갈 말로 알맞은 것을 찾아 ○표 하시오.

> '결코'와 '그다지'는 (긍정적인, 부정적인) 서술어와 어울려 쓰인다.

나만 미워해

❶ "아함! 졸려."

㉠어제저녁에 방에서 컴퓨터를 하는데 졸음이 밀려 온다. 안방으로 가서 가만히 누워 있는데 내 동생 용준 이가 나를 툭툭 치며 장난을 걸어왔다. 나는 용준이가 또 덤빌까 봐 용준이 손을 잡고 안 놓아주었다. 그러다
_{마구 대들거나 달려들까.}
가 그만 내 눈에 쇳덩어리(용준이 머리)가 '쿵' 하고 부딪 쳤다.

"아야!"

나는 너무 아파서 눈물을 글썽였다. 그랬더니 용준이 가 혼날까 봐 따라 울려고 그랬다. 나는 결코 용준이를 아프게 한 적이 없는데도 말이다.

"야, 네가 왜 울어?"

그때였다. 아버지께서 눈을 크게 뜨시며

"진윤서, 너 왜 동생 울려?"

하고 큰소리를 내셨다. 나한테만 뭐라고 하시는 아버지 를 이해할 수 없었다. 나는 화가 나서 울며 내 방으로 들 어가 침대에 누웠다.

'쳇, 나한테만 뭐라고 하고……'

용준이가 문을 똑똑 두드렸다.

"누나야, 문 열어 봐."

"싫어."

중심 내용 | 윤서는 동생 용준이와 장난을 치다가 머리가 부딪혔는데, 아버 지께서 윤서에게만 뭐라고 하셔서 화가 났습니다.

❷ 나는 앞으로 용준이와 놀아 주지 않겠다고 다짐했 다. 한참 있다가 어머니께서 오셨다. 문을 열어 보라고 하시는데 ㉡어머니의 목소리가 별로 좋아 보였다. 나는 혼이 날까 봐 살짝 문을 열었다.

"윤서야, 너 좋아하는 연속극 해."

"일기 쓸래요."

그때 안방에서 아버지께서 부르셨다.

"윤서야, 이리 와 봐."

나는 입을 쭉 내밀고 절대 앉기 싫다는 표정으로 아 버지 옆에 앉았다.

부딪쳤다 (무엇을 어디에) 세게 마주 닿게 하거나 마주 대다.
예 소진이는 지나가는 사람에게 몸을 부딪치는 바람에 들고 있던 필통을 놓쳤습니다.

중요 독해

1 다음 중 윤서가 겪은 일로 알맞지 <u>않은</u> 것은 무엇입 니까? (   )

① 방에서 컴퓨터를 했다.

② 동생과 머리가 부딪쳤다.

③ 동생을 울려서 어머니께 혼났다.

④ 아버지께 화가 나서 방으로 들어간 뒤 문을 닫았다.

⑤ 어머니께서 윤서에게 연속극 한다고 말씀해 주 셨다.

2 윤서가 아버지께 화가 났던 까닭으로 알맞은 것에 ○ 표 하시오.

(1) 어머니의 편만 드시는 아버지가 미워서 (   )

(2) 자신만 혼내시는 아버지를 이해할 수 없어서
(   )

(3) 무조건 동생에게 사과하라고 하시는 아버지가 무서워서 (   )

3 ㉠에 대한 설명으로 알맞은 것을 찾아 기호를 쓰시오.

> ㉮ 시간을 나타내는 말과 서술어가 어울리지 않 는다.
> ㉯ 높임의 대상을 나타내는 말과 서술어가 어울 리지 않는다.

(   )

서술형

4 ㉡을 문장 성분의 호응이 이루어지도록 알맞게 고쳐 쓰시오.

_____

_____

나만 미워해

"왜 울었어?"

"잘못은 용준이가 했는데 저만 야단맞아서요."

㉠"서러웠니?" / "예."

"윤서가 다 컸다고 아빠가 쉽게 생각했어. 미안하구나."

"……."

중심 내용 | 아버지께서는 윤서를 불러서 왜 울었는지 물어보시고, 윤서가 다 컸다고 쉽게 생각했다며 사과하셨습니다.

❸ "용준이 너 이리 와."

아버지의 호령에 용준이가 똥 마려운 아이처럼 **쭈뼛**
쭈뼛 다가왔다.

> 윗사람이 큰 목소리로 하는 명령이나 꾸짖는 말.

"누나……, 미안."

용준이가 씩 웃으며 나를 쳐다보았다. 웃음이 나오려
는 것을 참고 아버지 쪽으로 얼굴을 돌렸는데 아버지께
서 손으로 하트 모양을 만들고 계셨다. ㉡그만 웃음이
피식 웃어 버렸다. 아버지께서도 웃으셨다. 내 마음이
녹아 버렸다.

"윤서야, 연속극 보고 가."

"그냥 일기 쓸래요." / "그래? 알았다."

나는 내 방으로 들어와서 일기를 썼다.

'역시 가족은 가족이구나. 이런 것이 가족의 정이지.'

중심 내용 | 용준이는 윤서에게 사과를 하였고, 윤서는 가족과 함께 웃으며 마음이 풀렸습니다.

- **글의 종류** 생활문
- **글의 특징** 윤서가 자신이 겪은 일이 드러나게 쓴 글입니다.
- **작품 정리** 빈칸에 알맞은 말을 넣어 글의 내용 정리하기

> 윤서는 동생과 부딪혔는데 아버지께서 ❶(   )
> 에게만 뭐라고 하셔서 화가 남.
>
> ↓
>
> 아버지께서 윤서를 불러 왜 울었는지 물어보신 후
> ❷(   )을/를 하심.
>
> ↓
>
> 동생도 윤서에게 사과를 하였고 윤서는 마음이 풀림.

쭈뼛쭈뼛 어줍거나 부끄러워서 자꾸 주저주저하거나 머뭇거리
는 모양. ⑩ 한 아이가 겁먹은 얼굴로 쭈뼛쭈뼛 다가왔습니다.

4
단원

[어휘]

5 ㉠과 바꾸어 쓸 수 있는 말로 알맞은 것은 무엇입니
까? (   )

① 창피했니?   ② 외로웠니?

③ 부끄러웠니?   ④ 존경스러웠니?

⑤ 분하고 슬펐니?

6 이 글에 나온 윤서의 마음을 알맞게 말한 친구의 이
름을 쓰시오.

> 수현: 윤서는 어머니께서 동생 편만 들어 주셔서
> 많이 서운했어.
> 한결: 윤서는 아버지와 동생이 사과를 해서 화가
> 났던 마음이 풀리게 되었어.
> 은담: 윤서는 동생이 사과하였지만 진심이 담기지
> 않아서 더 화가 나게 되었어.

(   )

7 ㉡을 바른 문장으로 고쳐 쓴 것을 찾아 기호를 쓰시오.

> ㉮ 그만 나는 피식 웃어 버렸다.
> ㉯ 그만 피식 웃음이 웃어 버렸다.

(   )

8 다음은 윤서가 이 글을 쓰면서 생각한 것입니다. 어
떤 단계에서 한 생각인지 알맞은 것에 ○표 하시오.

(1) 쓸 내용을 나누는 단계   (   )

(2) 글을 쓸 준비를 하는 단계   (   )

문장 성분의 호응 관계

❶ 우리가 환경을 보호해야 하는 까닭은 환경 파괴의 ㉠피해가 결국 우리에게 돌아오는 것이라고 생각한다.

❷ 할아버지는 얼른 밥을 다 먹고 또 일하러 나가셨다.

❸ 어제저녁 우리 가족은 함께 동네 공원으로 산책을 나간다.

• **특징** 문장 성분의 호응에 주의하며 잘못된 문장을 바른 문장이 되도록 고쳐 쓸 수 있습니다.

• **활동 정리** 빈칸에 알맞은 말을 넣어 잘못된 호응 관계 정리하기

문장	잘못된 호응 관계
❶	주어와 서술어의 호응
❷	❶( )의 대상을 나타내는 말과 서술어의 호응
❸	시간을 나타내는 말과 ❷( )의 호응

파괴 조직, 질서, 관계 따위를 흩어지게 하거나 무너뜨림.
피해(被 입을 피, 害 해로울 해) 생명이나 신체, 재산, 명예 따위에 손해를 입음.

---

9 문장 ❶~❸에 대한 설명을 알맞게 선으로 이으시오.

(1) ❶ •

(2) ❷ •

(3) ❸ •

• ㉮ 주어와 서술어의 호응 관계가 바르지 않음.

• ㉯ 시간을 나타내는 말과 서술어의 호응 관계가 바르지 않음.

• ㉰ 높임의 대상을 나타내는 말과 서술어의 호응 관계가 바르지 않음.

10 ❶을 바른 문장으로 고친 것을 찾아 기호를 쓰시오.

㉮ 우리가 환경을 보호해야 하는 까닭은 환경 파괴의 피해가 결국 우리에게 돌아온다.
㉯ 우리가 환경을 보호해야 하는 까닭은 환경 파괴의 피해가 결국 우리에게 돌아오지 않는다.
㉰ 우리가 환경을 보호해야 하는 까닭은 환경 파괴의 피해가 결국 우리에게 돌아오기 때문이다.

(   )

중요 독해

11 문장 ❷와 ❸을 바른 문장이 되도록 고치는 방법을 잘못 말한 친구의 이름을 쓰시오.

기준: 문장 ❷의 '얼른 밥을 다 먹고'는 할아버지를 높이기 위해 '얼른 진지를 다 먹고'라고 고쳐야 해.

광호: 문장 ❸은 '어제저녁'이라는 말로 시작하므로 '나간다'는 '나갔다'로 고쳐야 해.

서연: 문장 ❷의 '할아버지는'에서 할아버지는 높임의 대상이므로 '할아버지께서는'이라고 고쳐야 해.

(   )

어휘

12 다음 중 ㉠의 뜻으로 알맞은 것을 찾아 기호를 쓰시오.

㉮ 단체나 조직 따위를 흩어지게 하는 것.
㉯ 휴식을 취하거나 건강을 위해서 천천히 걷는 일.
㉰ 생명이나 신체, 재산, 명예 따위에 손해를 입음.

(   )

문장 성분의 호응 관계

가 나는 친구가 거짓말을 한 것이 결코 바른 행동이라고 생각한다.

나 선생님 말씀은 전혀 들어 본 내용이었다.

다 나는 책 읽기를 별로 좋아하는 편이다.

라 내가 이번 대회에 참가하면서 느낀 점은 어떤 일에 도전하고 그 **목표**를 성취하고자 노력하는 순간들도 ㉠소중하다는 것을 느꼈다.

마 평소 은주는 바른 말을 쓰고 친구들을 잘 이해하는 친구였기 때문에 나는 결코 그것이 은주가 한 행동이라고 ㉡생각했다.

바 선생님께서는 이번 시험 문제가 쉽다고 말씀하셨는데 ㉢전혀 쉬워서 친구들이 모두 놀랐다.

사 그림책은 어린아이들이나 읽는 것이라고 생각해서 평소에 ㉣별로 읽는 편이다. 하지만 부모님께서 권해 주신 그 책은 내 생각과 달랐다.

• **활동 정리** 빈칸에 알맞은 말을 넣어 문장 성분의 호응 관계 정리하기

• 주어와 ❸(   )의 호응 관계가 알맞아야 함.
• 시간을 나타내는 말과 서술어의 호응 관계가 알맞아야 함.
• 높임의 대상을 나타내는 말과 서술어의 ❹(   ) 관계가 알맞아야 함.
• '결코, 전혀, 별로'와 같은 낱말은 '−지 않다, −지 못하다'와 같은 ❺(   )적인 서술어 또는 '안', '못'이 꾸며 주는 서술어와 호응해야 알맞음.

목표(目 눈 목, 標 표 표) 어떤 목적을 이루려고 지향하는 실제적 대상으로 삼음.
성취(成 이룰 성, 就 나아갈 취) 목적한 바를 이룸.

---

13 문장 **가**~**다**가 잘못된 문장인 까닭을 찾아 ○표 하시오.

(1) 주어와 서술어가 어울리지 않아서   (   )

(2) 높임의 대상을 나타내는 말과 서술어가 어울리지 않아서   (   )

(3) '결코, 전혀, 별로'와 같은 낱말과 서술어가 어울리지 않아서   (   )

14 문장 **가**~**다**를 바른 문장이 되도록 고쳐 쓰시오.

(1) 나는 친구가 거짓말을 한 것이 결코 바른 행동이라고 생각한다.
➡ 나는 친구가 거짓말을 한 것이 결코 바른 _____

(2) 선생님 말씀은 전혀 들어 본 내용이었다.
➡ 선생님 말씀은 전혀 _____ 내용이었다.

(3) 나는 책 읽기를 별로 좋아하는 편이다.
➡ 나는 책 읽기를 별로 _____ 편이다.

서술형
15 ㉠을 아래와 같이 고친 까닭은 무엇일지 쓰시오.

> 소중하다는 것이다

_____

_____

16 ㉡~㉣을 알맞게 고친 것을 두 가지 고르시오.
(   )

① ㉡: 생각하지 않았다
② ㉡: 생각했었다
③ ㉢: 전혀 쉬웠어서
④ ㉢: 전혀 쉽지 않아서
⑤ ㉣: 별로 읽는다

[1~2] 다음 글을 읽고, 물음에 답하시오.

> "누나야, 문 열어 봐."
> "싫어."
> 나는 앞으로 용준이와 놀아 주지 않겠다고 다짐했다. 한참 있다가 어머니께서 오셨다. 문을 열어 보라고 하시는데 어머니의 목소리가 별로 좋아 보이지 않았다. 나는 혼이 날까 봐 살짝 문을 열었다.
> "윤서야, 너 좋아하는 연속극 해."
> "일기 쓸래요."
> ㉠그때 안방에서 아버지가 불렀다.
> "윤서야, 이리 와 봐."
> 나는 입을 쭉 내밀고 절대 앉기 싫다는 표정으로 아버지 옆에 앉았다.
> "왜 울었어?"
> "잘못은 용준이가 했는데 저만 야단맞아서요."
> "서러웠니?"
> "예."
> "윤서가 다 컸다고 아빠가 쉽게 생각했어. 미안하구나."

1 이 글에 나오는 윤서의 마음은 어떠합니까?
( )

① 기쁘다.
② 서럽다.
③ 반갑다.
④ 뿌듯하다.
⑤ 후회스럽다.

2 ㉠을 호응 관계에 알맞게 고친 문장을 찾아 ○표 하시오.

(1) 그때 안방에서 아버지가 부르셨다. ( )

(2) 그때 안방에서 아버지께서 불렀다. ( )

(3) 그때 안방에서 아버지께서 부르셨다. ( )

3 다음 빈칸에 들어갈 서술어로 알맞은 것은 무엇입니까? ( )

> 내일 우리 가족은 함께 동네 공원으로 산책을 ⬚.

① 나왔다
② 나오다
③ 나갔다
④ 나가셨다
⑤ 나갈 것이다

[4~5] 다음 문장을 읽고, 물음에 답하시오.

> ㉮ 나는 친구가 거짓말을 한 것이 결코 바른 행동이라고 생각한다.
>
> ㉯ 선생님 말씀은 전혀 들어 본 내용이었다.
>
> ㉰ 나는 책 읽기를 별로 좋아하는 편이다.

4 ㉮~㉰의 문장이 잘못된 까닭은 무엇인지 빈칸에 알맞은 말을 쓰시오.

> '결코, ⬚, 별로'와 같은 낱말과 서술어가 어울리지 않기 때문이다.

( )

5 ㉮~㉰를 바른 문장이 되도록 고쳐 쓴 것입니다. 알맞게 고치지 <u>못한</u> 문장의 기호를 쓰시오.

> ㉮ 나는 친구가 거짓말을 한 것이 결코 바른 행동이 아니라고 생각한다.
> ㉯ 선생님 말씀은 전혀 들어 보지 못한 내용이었다.
> ㉰ 나는 책 읽기를 별로 좋아하는 것이라고 생각한다.

( )

6 다음 글머리를 시작한 방법으로 알맞은 것을 찾아 선으로 이으시오.

(1) 키가 작고 눈이 동그란 그 친구는 항상 웃는 아이였다.	㉮ 날씨 표현으로 시작하기
(2) 꼼지락꼼지락, 희조는 이불 속에서 나올 생각을 안 한다.	㉯ 인물 설명으로 시작하기
(3) 하늘에서 물을 바가지로 퍼붓는 듯 비가 내리는 날이었다.	㉰ 의성어나 의태어로 시작하기

[7~8] 다음 그림을 보고, 물음에 답하시오.

7 이 그림에서 친구들은 매체를 활용해 쓴 글을 읽고 어떤 문제가 있었는지 두 가지 고르시오.

( )

① 글의 내용이 정확하지 않다.
② 문장의 내용을 이해하기 어렵다.
③ 글 내용이 다른 책 내용과 비슷하다.
④ 누가 쓴 글인지 이름을 밝히지 않았다.
⑤ 글자 크기가 작고 줄 간격이 좁아 읽기가 어렵다.

8 이 그림에서 짐작할 수 있는, 매체를 활용해 글을 쓰거나 의견을 나눌 때 주의할 점이 <u>아닌</u> 것은 무엇입니까? ( )

① 예의를 갖추어 글을 쓴다.
② 누가 쓴 글인지 이름을 밝힌다.
③ 다른 사람의 글을 그대로 베껴 쓴다.
④ 읽기 쉽도록 글자 크기와 글 간격을 조절한다.
⑤ 친구의 의견에서 잘한 점을 칭찬하고 고칠 부분을 말해 준다.

문법
9 다음 중 문장 성분의 호응 관계가 알맞지 <u>않은</u> 문장은 무엇입니까? ( )

① 날씨가 그다지 덥지 않다.
② 내 동생은 전혀 내 기분을 알지 못한다.
③ 나는 지호의 생각을 도저히 이해할 수 있다.
④ 나는 결코 친구에게 나쁜 말을 하지 않았다.
⑤ 그 숙제를 해내는 일은 여간 어려운 일이 아니다.

문법
10 다음 빈칸에 들어갈 서술어로 알맞은 것은 무엇입니까? ( )

나는 몸이 아파도 결코 달리기를 ☐

① 포기했다.
② 포기하겠다.
③ 포기할 것이다.
④ 포기하지 않겠다.
⑤ 포기할지 고민이다.

[1~4] 다음 글을 읽고, 물음에 답하시오.

> 가 "아함! 졸려."
> ㉠어제저녁에 방에서 컴퓨터를 하는데 졸음이 밀려온다. 안방으로 가서 가만히 누워 있는데 내 동생 용준이가 나를 툭툭 치며 장난을 걸어왔다. 나는 용준이가 또 덤빌까 봐 용준이 손을 잡고 안 놓아주었다. 그러다가 그만 내 눈에 쇳덩어리(용준이 머리)가 '쿵' 하고 부딪쳤다.
> "아야!"
> 나는 너무 아파서 눈물을 글썽였다. 그랬더니 용준이가 혼날까 봐 따라 울려고 그랬다. 나는 결코 용준이를 아프게 한 적이 없는데도 말이다.
> "야, 네가 왜 울어?"
> 그때였다. 아버지께서 눈을 크게 뜨시며
> "진윤서, 너 왜 동생 울려?"
> 하고 큰소리를 내셨다. 나한테만 뭐라고 하시는 아버지를 이해할 수 없었다. 나는 화가 나서 울며 내 방으로 들어가 침대에 누웠다.
> '쳇, 나한테만 뭐라고 하고……'
> 용준이가 문을 똑똑 두드렸다.
> "누나야, 문 열어 봐." / "싫어."
> 나는 앞으로 용준이와 놀아 주지 않겠다고 다짐했다. 한참 있다가 어머니께서 오셨다. 문을 열어 보라고 하시는데 ㉡어머니의 목소리가 별로 좋아 보였다.
> 나 그때 안방에서 ㉢아버지가 불렀다.
> "윤서야, 이리 와 봐."
> 나는 입을 쭉 내밀고 절대 앉기 싫다는 표정으로 아버지 옆에 앉았다.
> "왜 울었어?"
> "잘못은 용준이가 했는데 저만 야단맞아서요."
> "서러웠니?" / "예."
> 다 "용준이 너 이리 와."
> 아버지의 호령에 용준이가 똥 마려운 아이처럼 쭈뼛쭈뼛 다가왔다.
> "누나……, 미안."
> 용준이가 씩 웃으며 나를 쳐다보았다. 웃음이 나오려는 것을 참고 아버지 쪽으로 얼굴을 돌렸는데 아버지께서 손으로 하트 모양을 만들고 계셨다. ㉣그만 웃음이 피식 웃어 버렸다. 아버지께서도 웃으셨다.

1 다음 중 윤서가 운 까닭으로 알맞은 것은 무엇입니까? ( )

① 어머니께서 집에 늦게 오셔서
② 동생이 같이 놀아 주지 않아서
③ 동생과 장난을 치다가 넘어져서
④ 동생이 사과는 하지 않고 자꾸 웃어서
⑤ 동생이 잘못한 일인데 아버지께서 자신만 혼내셔서

서술형

2 ㉠을 문장 성분의 호응이 이루어지도록 고쳐 쓰시오.

_____

_____

3 ㉡을 문장 성분의 호응이 이루어지도록 고친 것으로 알맞은 것에 ○표 하시오.

(1) 어머니의 목소리가 별로 좋았다.   (   )
(2) 어머니의 목소리가 별로 좋아 보이지 않았다.
                                       (   )

4 ㉢과 ㉣은 어떤 문장 성분의 호응이 잘못된 것인지 알맞은 것을 찾아 각각 선으로 이으시오.

(1) ㉢ •   • ㉮ 서술어에 대한 주어가 잘못되었음.

(2) ㉣ •   • ㉯ 높임의 대상을 나타내는 말과 서술어가 어울리지 않음.

5 문장 성분의 호응이 이루어지도록 글을 써야 하는 까닭을 알맞게 말한 친구의 이름을 쓰시오.

> 홍희: 문장을 더 길게 쓸 수 있기 때문이야.
> 경화: 문장의 뜻을 바르게 이해할 수 있기 때문이야.

(   )

[6~7] 다음 표를 보고, 물음에 답하시오.

계획하기	글 쓸 준비를 하는 단계
↓	
내용 생성하기	쓸 내용을 떠올리는 단계
↓	
내용 조직하기	㉠
↓	
표현하기	직접 글을 쓰는 단계
↓	
㉡	글을 고치는 단계

6 이 표는 경험이 드러나는 글을 쓰기 위한 과정입니다. ㉠에 들어갈 내용으로 알맞은 것을 찾아 기호를 쓰시오.

> ㉮ 쓸 내용을 나누는 단계
> ㉯ 쓴 내용을 검토하는 단계

(   )

7 ㉡에 들어갈 알맞은 말을 네 글자로 쓰시오.

(   )

8 다음은 윤서가 자신이 겪은 일을 글로 쓰면서 한 생각입니다. 어떤 단계에서 생각한 것인지 알맞은 것에 ○표 하시오.

(1) 직접 글을 쓰는 단계   (   )

(2) 쓸 내용을 떠올리는 단계   (   )

[9~10] 다음 문장을 읽고, 물음에 답하시오.

> ㉮ 우리가 환경을 보호해야 하는 까닭은 환경 파괴의 피해가 결국 우리에게 돌아오는 것이라고 생각한다.

> ㉯ 할아버지는 얼른 밥을 다 먹고 또 일하러 나가셨다.

> ㉰ 어제저녁 우리 가족은 함께 동네 공원으로 산책을 나간다.

9 문장 ㉮와 ㉯에 대한 설명으로 알맞지 <u>않은</u> 것은 무엇입니까? (   )

① 문장 ㉮는 주어와 서술어가 어울리지 않는다.
② 문장 ㉯는 높임의 대상을 나타내는 말과 서술어가 어울리지 않는다.
③ 문장 ㉯의 '할아버지는'은 '할아버지께서는'이라고 고쳐 써야 한다.
④ 문장 ㉯의 '밥을 다 먹고'는 '진지를 다 잡수시고'라고 고쳐 써야 한다.
⑤ 문장 ㉮의 '환경을 보호해야 하는 까닭은'을 '환경을 보호해야 하기 때문에'로 고쳐 써야 한다.

서술형
10 문장 ㉰를 바른 문장이 되도록 고쳐 쓰시오.

_____

_____

11 다음 중 문장 성분의 호응 관계가 바른 문장을 모두 고르시오. (   )

① 나는 그림책은 평소에 별로 읽는 편이다.
② 거짓말을 하는 것은 결코 바른 행동이다.
③ 내 짝꿍은 여간 자신감이 넘치는 것이 아니다.
④ 선생님께서는 우리에게 항상 협동을 강조하신다.
⑤ 나는 내일 가족과 함께 놀이공원에 놀러 갈 것이다.

[12~13] 다음 문장을 읽고, 물음에 답하시오.

> 🐶 내가 이번 대회에 참가하면서 느낀 점은 어떤 일에 도전하고 그 목표를 성취하고자 노력하는 순간들도 소중하다는 것을 느꼈다.

> 🐱 평소 은주는 바른 말을 쓰고 친구들을 잘 이해하는 친구였기 때문에 나는 결코 그것이 은주가 한 행동이라고 생각했다.

> 🐰 선생님께서는 이번 시험 문제가 쉽다고 말씀하셨는데 전혀 쉬워서 친구들이 모두 놀랐다.

> 🐹 그림책은 어린아이들이나 읽는 것이라고 생각해서 평소에 ㉠별로 읽는 편이다. 하지만 부모님께서 권해 주신 그 책은 내 생각과 달랐다.

12 문장 🐶~🐰에 대해 알맞게 말한 친구의 이름을 모두 쓰시오.

> 범이: 문장 🐶에서 '느꼈다'는 '느낀 점'이라는 주어에 맞는 서술어가 아니야.
> 현중: 문장 🐱에서 '생각했다'를 '생각하지 않았다'라고 고쳐 써야 해.
> 혜리: 문장 🐰의 '전혀'는 긍정적인 서술어와 함께 어울려 써야 해.

(   )

13 ㉠을 바르게 고쳐 쓰고, 그렇게 고친 까닭을 쓰시오.

바르게 고쳐 쓰기	(1)
고친 까닭	(2)

14 다음 글머리를 시작한 방법이 무엇인지 보기 에서 찾아 각각 기호를 쓰시오.

> **보기**
> ㉮ 날씨 표현으로 시작하기
> ㉯ 상황 설명으로 시작하기
> ㉰ 속담이나 격언으로 시작하기

(1)	10월의 어느 날, 드디어 반 대항 축구 대회가 열리는 날이었다.

(   )

(2)	"가는 날이 장날"이라더니 해변은 축제 때문에 사람들로 가득했다.

(   )

15 다음 중 쓴 글을 고쳐 쓸 때, 글의 조직과 관련하여 생각할 점으로 알맞은 것을 두 가지 고르시오.

(   )

① 글의 주제가 잘 드러났는지 살펴본다.
② 제목이 글 내용과 어울리는지 확인한다.
③ 글의 구조가 분명하게 드러났는지 살펴본다.
④ 글의 내용 전개가 적절하며 글이 잘 마무리됐는지 살펴본다.
⑤ 낱말 사용이 적절하며 읽는 사람이 이해할 수 있는지 확인한다.

4. 겪은 일을 써요

수행평가

● 정답 및 풀이 11쪽

평가 주제	문장 성분의 호응 관계 알기
평가 목표	문장 성분의 호응 관계가 알맞지 않은 까닭을 알 수 있다.

가 　내가 이번 대회에 참가하면서 느낀 점은 어떤 일에 도전하고 그 목표를 성취하거나 노력하는 순간들도 소중하다는 것을 느꼈다.

→ ［　　　㉠　　　］

고친 까닭: '느낀 점은 ~ 느꼈다'가 되기 때문에 '느꼈다'는 '느낀 점'이라는 주어에 맞는 서술어가 아닙니다.

나 　평소 은주는 바른 말을 쓰고 친구들을 잘 이해하는 친구였기 때문에 나는 결코 그것이 은주가 한 행동이라고 생각했다.

→ 생각하지 않았다.

고친 까닭: ［　　　㉡　　　］

다 　선생님께서는 이번 시험 문제가 쉽다고 말씀하셨는데 전혀 쉬워서 친구들이 모두 놀랐다.

→ 전혀 쉽지 않아서

고친 까닭: ［　　　㉢　　　］

4
단원

1 ㉠에 들어갈 밑줄 그은 부분을 바르게 고친 말을 쓰시오.

[　　　　　　　　　　　　　　　　　　　　]

2 ㉡과 ㉢에 들어갈 밑줄 그은 부분을 고친 까닭을 쓰시오.

㉡	(1)
㉢	(2)

3 '결코'와 '전혀'를 넣어 짧은 글을 만들어 쓰시오.

조건
1. 문장 성분의 호응 관계에 알맞은 문장을 쓴다.
2. 각각 한 문장씩 두 문장을 쓴다.

[　　　　　　　　　　　　　　　　　　　　]

미로를 따라 길을 찾아보세요.

● 정답 및 풀이 11쪽

5 여러 가지 매체 자료

▶ 학습을 완료하면 V표를 하면서 학습 진도를 체크해요.

	학습 내용	백점 쪽수	확인
개념	매체 자료를 읽고 친구들과 이야기하기	72쪽	☐
어휘 + 문법	핵심 개념 어휘: 매체, 자료 작품 속 어휘: 반박, 의심, 모함, 우롱 문법: 높임 표현	73쪽	☐
독해	여러 가지 매체 자료 알기: 「여러 가지 매체 자료」	74쪽	☐
	매체 자료의 특성을 생각하며 알맞은 방법으로 읽기: 「허준」	75쪽	☐
	알맞은 방법으로 매체 자료를 읽고 주요 내용 정리하기 : 「영상 매체 자료를 보고 주요 내용 정리하기」	76쪽	☐
	매체 자료의 특성을 생각하며 이야기를 읽고 현실 세계와 비교하기 : 「마녀사냥」	77~81쪽	☐
평가	단원 평가 1회, 2회	82~86쪽	☐
	수행 평가	87쪽	☐

5 여러 가지 매체 자료

개념 강의

● 정답 및 풀이 11쪽

1 여러 가지 매체 자료 알기

└─ ● 내용을 전달하는 수단이 되는 것

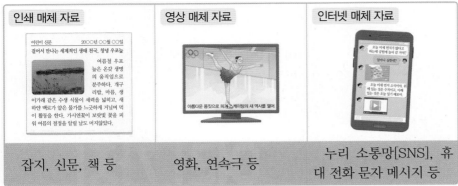

인쇄 매체 자료	영상 매체 자료	인터넷 매체 자료
잡지, 신문, 책 등	영화, 연속극 등	누리 소통망[SNS], 휴대 전화 문자 메시지 등

매체	정보 전달 방법
인쇄 매체 자료	글, 그림, 사진
영상 매체 자료	소리, 자막 등의 여러 가지 연출 방법
인터넷 매체 자료	인쇄 매체 자료와 영상 매체 자료에서 사용하는 방식을 모두 사용함.

2 매체 자료의 특성을 생각하며 알맞은 방법으로 읽기

인쇄 매체 자료	• 글과 그림과 사진이 주는 시각 정보를 잘 살펴봅니다. • 글로 표현한 내용을 머릿속으로 떠올리면서 내용을 꼼꼼히 확인하며 읽습니다.
영상 매체 자료	• 화면 구성을 잘 살피고 소리에 담긴 정보도 탐색합니다. • 여러 가지 표현 방법을 활용하기 때문에 표현에 활용한 요소들이 무엇을 나타내는지 생각하며 봅니다.
인터넷 매체 자료	• 글과 그림과 사진이 주는 시각 정보를 잘 살펴볼 뿐만 아니라 화면 구성과 소리에 담긴 정보도 탐색합니다.

3 매체 자료의 특성을 생각하며 이야기를 읽고 현실 세계와 비교하기

- 사건의 원인이 무엇인지 생각하며 이야기를 읽습니다.
- 이야기에 등장하는 인물들의 말과 행동에 대하여 생각해 봅니다.
- 이야기에 나오는 인물의 모습을 현실 세계 속 우리 모습과 비교해 봅니다.

> 예 인터넷 매체를 바르게 이용하는 방법
> – 적절한 정보를 어디에서 어떻게 찾을지를 정확히 아는 자세가 필요합니다.
> – 정보를 분별하는 능력이 있어야 합니다.
> – 다른 사람에게 예의를 갖추는 것이 반드시 필요합니다.

개념 확인 문제

1 여러 가지 매체 자료 알기

다음 중 매체 자료에 대한 설명으로 알맞은 것의 기호를 쓰시오.

> ㉠ 인쇄 매체 자료에는 책과 영화 등이 있다.
> ㉡ 영상 매체 자료는 소리, 자막 등의 여러 가지 연출 방법으로 정보를 전달한다.

( )

2 여러 가지 매체 자료 알기

다음은 어떤 매체 자료에 대한 설명인지 쓰시오.

> 인쇄 매체 자료와 영상 매체 자료에서 사용하는 방식을 모두 사용한다.

( ) 매체 자료

3 매체 자료의 특성을 생각하며 알맞은 방법으로 읽기

다음 중 인쇄 매체 자료를 읽는 방법으로 알맞은 것에 ◯표 하시오.

(1) 소리에 담긴 정보를 탐색한다.
( )

(2) 글과 그림 등의 시각 정보를 살펴본다.
( )

(3) 영상과 음향 등의 표현 요소를 살펴본다.
( )

4 매체 자료의 특성을 생각하며 이야기를 읽고 현실 세계와 비교하기

인터넷 매체를 바르게 이용하는 방법을 떠올려 빈칸에 알맞은 말을 쓰시오.

(1) 정보를 ( )하는 능력이 있어야 한다.

(2) 다른 사람에게 ( )을/를 갖추는 것이 반드시 필요하다.

5 여러 가지 매체 자료

● 정답 및 풀이 11쪽

어휘

1. 핵심 개념 어휘: 매체, 자료

媒 중매 매
體 몸 체
뜻 어떤 작용을 한 쪽에서 다른 쪽으로 전달하는 물체. 또는 그런 수단.

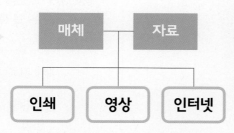

資 재물 자
料 헤아릴 료
뜻 연구나 조사 따위의 바탕이 되는 재료.

➡ 매체 자료에는 인쇄 매체 자료, 영상 매체 자료, 인터넷 매체 자료 등이 있습니다.

2. 작품 속 어휘

낱말	뜻	예시
반박(反駁) 反 돌이킬 반 駁 논박할 박	어떤 의견, 주장 따위에 반대하여 말함.	나는 상대편의 의견에 반박하기 위한 자료를 준비했습니다.
의심(疑心) 疑 의심할 의 心 마음 심	확실히 알 수 없어서 믿지 못하는 마음.	그는 의심이 많아서 이웃 사람을 잘 믿지 못합니다.
모함(謀陷) 謀 꾀할 모 陷 빠질 함	나쁜 꾀로 남을 어려운 처지에 빠지게 함.	아무 근거도 없이 다른 사람을 모함하면 안 됩니다.
우롱(愚弄) 愚 어리석을 우 弄 희롱할 롱	사람을 어리석게 보고 함부로 대하거나 웃음거리로 만듦.	광고와 다른 상품을 판매하는 것은 소비자를 우롱하는 태도입니다.

문법 높임 표현

할머니, 할아버지 안녕히 자요.

웃어른께는 '주무세요.' 라고 해야 해.

◆ 우리말에는 높임 표현이 있습니다. 높임 표현은 웃어른을 공경하는 마음을 담은 표현으로 누구를 높이느냐에 따라 '주체 높임법', '객체 높임법', '상대 높임법'으로 나뉩니다.

주체 높임법	문장의 주어를 높임.	예 아버지께서 진지를 잡수신다.
객체 높임법	문장의 목적어나 부사어가 지시하는 대상을 높임.	예 너는 선생님을 모시고 오렴.
상대 높임법	말하는 이가 듣는 이가 누구냐에 따라 말을 높이거나 낮춰 표현함.	예 안녕히 가십시오.(높일 때), 잘 가거라.(낮출 때)

어휘·문법 확인 문제

1 핵심 개념 어휘

다음 중 '매체'의 뜻으로 알맞은 것을 찾아 기호를 쓰시오.

㉮ 연구나 조사 따위의 바탕이 되는 재료.
㉯ 어떤 작용을 한쪽에서 다른 쪽으로 전달하는 물체. 또는 그런 수단.

( )

2 작품 속 어휘

다음 빈칸에 알맞은 낱말을 보기 에서 찾아 쓰시오.

보기
의심, 반박

(1) 성호는 상대편의 주장을 듣고 곧바로 ( )했다.
(2) 근거도 없이 사람을 ( )하는 것은 잘못된 행동이다.

3 작품 속 어휘

다음 중 '모함'이 '나쁜 꾀로 남을 어려운 처지에 빠지게 함.'이라는 뜻으로 쓰인 문장을 찾아 ○표 하시오.

(1) 항공 모함은 엄청난 공격력을 갖춘 군사 기지이다. ( )
(2) 선비는 간신배들의 모함을 받아 귀양을 가게 되었다. ( )

4 문법

다음 밑줄 그은 말을 높임 표현에 맞게 고쳐 쓰시오.

부모님께서는 할아버지를 데리고 병원에 가셨다.

( )

5단원

여러 가지 매체 자료

민준

○○어린이신문   20○○년 ○○월 ○○일

걸어서 만나는 세계적인 생태 천국, 창녕 우포늪

여름철 우포늪은 온갖 생명의 움직임으로 분주하다. 개구리밥, 마름, 생이가래 같은 수생 식물이 세력을 넓히고, 새하얀 백로가 얕은 물가를 느긋하게 거닐며 먹이 활동을 한다. 가시연꽃이 보랏빛 꽃을 피워 여름의 절정을 알릴 날도 머지않았다.

가

나

아름다운 몸짓으로 피겨 스케이팅의 새 역사를 열어

다

오늘 미세 먼지가 많다고 하는데 공원에 놀러 갈 거야?

얼마나 심한데?

오늘 미세 먼지 소식이야. 위에 있는 것은 수치이고, 아래 있는 것은 오늘 일기 예보야.

- **특징** 매체 자료에 따라 어떤 특성이 있는지 알고, 매체 자료를 읽는 방법을 알 수 있습니다.
- **활동 정리** 빈칸에 알맞은 말을 넣어 민준이가 읽거나 본 매체 자료의 특징 정리하기

가	매체 자료	❶( ) 매체
	정보 전달 방법	글, 그림, 사진
나	매체 자료	영상 매체
	특징	❷( ), 자막 등의 여러 가지 연출 방법
다	매체 자료	인터넷 매체
	특징	인쇄, 영상 매체 자료에서 사용하는 방식을 모두 사용함.

1 민준이가 읽은 매체 자료 ㉮는 무엇인지 쓰시오.

(   )

2 매체 자료 ㉯를 만든 사람이 그것을 보는 사람들의 관심을 끌려고 어떤 방법을 사용했을지 알맞은 것에 모두 ○표 하시오.

(1) 내용과 상관없는 만화를 넣어 재미를 느끼도록 했다.   (   )

(2) 화면에 특별한 연출을 하여 이야기의 재미를 느끼도록 했다.   (   )

(3) 장면에 어울리는 음악을 넣어서 재미나 감동을 느끼도록 했다.   (   )

3 매체 자료 ㉰의 내용을 잘 이해하려면 민준이가 집중해서 읽어야 할 부분으로 알맞은 것에 ○표 하시오.

(1) 글만 자세히 읽어 본다.   (   )

(2) 사진과 동영상을 함께 보며 읽는다.   (   )

(3) 자막과 영상, 소리의 관계를 파악한다. (   )

4 성격이 비슷한 매체 자료끼리 짝 지은 것을 두 가지 고르시오. (   )

① 책, 신문

② 잡지, 영화

③ 신문, 연속극

④ 만화책, 누리 소통망[SNS]

⑤ 누리 소통망[SNS], 휴대 전화 문자 메시지

허준

가

	인물이 처한 상황	장면
❶	주인공이 밤새도록 환자를 치료한다.	허준이 뜸이나 침을 이용해 마을 사람들을 치료하는 장면
❷	여기서 무너지면 안 된다고 다짐한다.	피곤해도 절대 무너지면 안 된다고 다짐하는 허준의 속마음을 혼잣말로 들려주는 장면

나

	장면	표현 방법
❶	유도지가 뇌물을 주는 장면	사건을 일으키는 인물을 카메라가 가까이 다가가 보여 준다.
❷	유도지의 뇌물을 받은 인물이 놀란 장면	인물이 놀라는 모습에 맞추어 긴장감이 느껴지는 음악을 들려준다.

• **특징** 영상 매체 자료를 감상하며 영상 매체 자료에서 주로 활용되는 표현 방법을 알고, 영상 매체 자료를 읽는 방법을 알 수 있습니다.

• **활동 정리** 빈칸에 알맞은 말을 넣어 영상 매체의 자료 읽기 방법 정리하기

내용을 전달하는 방법	• ❶( ) 연출 • 음악
읽기 방법	다양한 ❷( ) 방법에 주의를 기울이기

뇌물 공적인 책임이 있는 사람에게 자기를 이롭게 해 달라고 주는 돈이나 물건.

5 **가**의 장면 ❶에서 허준이 마을 사람들을 치료하는 장면에 어울리는 음악을 찾아 ○표 하시오.

(1) 비장한 느낌의 음악 ( )

(2) 빠르고 경쾌한 음악 ( )

(3) 짜증난 마음이 느껴지는 음악 ( )

6 **가**의 장면 ❷에서 인물이 처한 상황을 표현한 방법은 무엇입니까? ( )

① 허준의 손을 크게 보여 주었다.

② 허준이 쓰러지는 모습을 보여 주었다.

③ 허준이 환자에게 하는 말을 들려주었다.

④ 허준이 친구와 대화하는 것을 들려주었다.

⑤ 허준의 속마음을 혼잣말로 그대로 들려주었다.

어휘

7 다음 ( ) 안에 들어갈 알맞은 말에 ○표 하시오.

• 심판은 (주목, 뇌물)을 받고 한 팀에게만 유리한 판정을 내렸다.

서술형

8 **나**의 장면 ❶에서 카메라가 가까이 다가가면서 보여 준 인물은 누구인지 쓰고, 그 까닭이 무엇일지 생각하여 쓰시오.

보여 준 인물	(1)
까닭	(2)

9 **나**의 장면 ❷에서 긴장감이 느껴지는 배경 음악을 사용한 까닭은 무엇이겠습니까? ( )

① 밤이 된 것을 나타내기 위해서

② 유도지의 슬픈 마음을 표현하기 위해서

③ 유도지가 상상한 장면임을 나타내기 위해서

④ 뇌물을 받는 인물의 기쁜 마음을 표현하기 위해서

⑤ 뇌물을 주고받는 일이 옳지 못하다는 것을 나타내기 위해서

5 단원

영상 매체 자료를 보고 주요 내용 정리하기

가

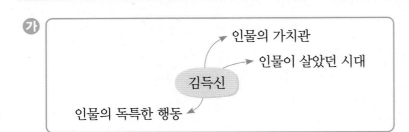

김득신 → 인물의 가치관
김득신 → 인물이 살았던 시대
김득신 ← 인물의 독특한 행동

나 김득신은 열 살에 처음 글을 배우기 시작했다. 김득신은 정삼품 부제학을 지낸 김치의 아들로 태어났다. 주변에서는 <u>우둔한</u> 김득신을 포기하라고 했다. 하지만 김득신의 아버지는 공부를 포기하지 않는 김득신을 대견스럽게 여겼다. 김득신은 스무 살에 처음으로 작문을 했다. 김득신의 아버지는 공부란 꼭 과거를 보기 위한 것만이 아니니 더욱 노력하라고 김득신을 격려했다. 김득신은 같은 책을 반복해서 여러 번 읽으며 공부했으나 하인도 외우는 내용을 기억하지 못하는 한계를 드러냈다. 김득신은 자신의 한계를 극복하기 위해 만 번 이상 읽은 책에 대한 기록을 남겼다. 김득신은 59세에 문과에 <u>급제</u>해 성균관에 입학했다. 김득신은 많은 책과 시를 읽었지만 자신만의 시어로 시를 썼다. 많은 사람이 김득신의 시를 높이 평가했다.

글을 지음. 또는 지은 글.

- **특징** 매체 자료에 따른 읽기 방법을 알고, 영상 매체 자료를 보며 주요 내용을 정리할 수 있습니다.

- **작품 정리** 빈칸에 알맞은 말을 넣어 인쇄 매체 자료와 영상 매체 자료를 대하는 자세 정리하기

인쇄 매체 자료	❶( )(으)로 표현한 내용을 머릿속으로 떠올리면서 내용을 꼼꼼히 확인하며 읽어야 함.
영상 매체 자료	여러 가지 표현 방법을 활용하기 때문에 ❷( )에 활용한 요소들이 무엇을 나타내는지 생각하며 봐야 함.

우둔한 어리석고 둔한.
급제 (옛날에) 시험에 합격하는 것.

---

10 **가**는 '인물 소개하기'를 하기 위해서 세운 탐구 계획입니다. 계획에서 더 조사하면 좋을 내용을 한 가지 쓰시오.

( )

11 김득신에 대한 설명으로 알맞지 <u>않은</u> 것은 무엇입니까? ( )

① 뛰어난 두뇌를 가졌다.
② 59세에 문과에 급제했다.
③ 자신만의 시어로 시를 썼다.
④ 스무 살에 처음으로 작문을 했다.
⑤ 열 살에 처음 글을 배우기 시작했다.

12 김득신에게서 본받을 점을 알맞게 이야기하지 <u>못한</u> 친구의 이름을 쓰시오.

> 수영: 꾸준히 노력해서 자신의 한계를 극복한 점을 본받고 싶어.
> 민기: 자신이 할 수 없는 일은 빠르게 포기하고 다른 일을 찾아본 점이 본받을 만해.
> 지아: 공부를 해도 이해를 잘하지 못했지만 실망하지 않고 계속 노력한 점이 본받을 만해.

( )

서술형

13 **나**의 처음 장면에 다음 음악을 사용하고자 합니다. 이 음악이 주는 효과는 무엇일지 쓰시오.

> • 잔잔하고 차분한 느낌의 음악
> • 아련한 느낌의 음악

_____

_____

마녀사냥

글: 이규희
그림: 한수진

앞부분 이야기

전학 온 서영이는 성격이 좋아 금세 친구들과 잘 어울렸다. 그런 서영이가 부러운 미라는 핑공 카페에 '흑설 공주'라는 계정으로 서영이와 관련한 거짓 글을 올린다. 아이들은 서영이가 거짓으로 부모님 이야기를 한다는 '흑설 공주'의 글을 읽고 수군대기 시작한다.

한편, 미라와 친해지고 싶었던 민주는 '흑설 공주'인 미라가 거짓말을 하고 있다는 것을 알았지만 서영이에게 그 사실을 알리지 못하고 망설인다.

❶ 민주는 날마다 핑공 카페를 들여다보았다. 혹시 서영이가 무슨 ㉠반박 글을 올리지 않을까 해서였다. 그러던 어느 날 민주는 눈이 휘둥그레졌다. 마침내 ㉡서영이가 자기 입장을 밝히는 글을 올린 것이다.

"서영이가 이제 모든 걸 다 알았구나. 어떻게 알았지? 누가 핑공에 들어가 보라고 일러 주었나?"

민주는 떨리는 마음으로 서영이가 올린 글을 읽어 보았다. 흑설 공주에 대한 분노, 엄마 아빠에 대한 자부심과 사랑과 함께 흑설 공주의 글이 모두 사실이 아니라는 걸 당당하게 밝혀 놓은 글이었다.

'역시 민서영이구나.'

중심 내용 | 흑설 공주가 핑공 카페에 민서영과 관련한 거짓 글을 올렸고, 민서영이 흑설 공주의 글에 대한 반박 글을 올렸습니다.

❷ 민주는 자기 생각을 당당하게 밝힐 줄 아는 서영이의 용기가 몹시 부러웠다. 하지만 핑공 카페에 들어와 서영이가 올린 글을 읽은 아이들은 저마다 자기 의견을 달아 놓았다. 그중에는 서영이를 두둔하는 선플도 있었지만, 흑설 공주를 비방하는 악플과 함께 여전히 흑설 공주 편을 드는 아이들도 있었다.

> 편들어 주는.
> 인터넷에서 다른 사람이 올린 글에 대하여 칭찬하는 등의 내용을 적은 댓글.
> 인터넷에서 다른 사람이 올린 글에 대하여 험담하는 내용을 적은 댓글.

입장(立 설 입, 場 마당 장) 지금 자기가 놓여 있는 상황.
비방(誹 헐뜯을 비, 謗 헐뜯을 방)하는 남을 비웃고 헐뜯어서 말하는.

5
단원

---

14 민주와 서영이를 비롯한 아이들이 이야기를 나누는 공간은 어디이겠습니까? ( )

① 놀이터
② 도서관
③ 민주네 집
④ 인터넷 카페
⑤ 학교 앞 카페

어휘

15 ㉠과 바꾸어 쓸 수 있는 말은 무엇입니까? ( )

① 합의
② 찬성
③ 반론
④ 참여
⑤ 동의

중요 독해

16 ㉡의 사건이 일어난 원인은 무엇입니까? ( )

① 민서영이 미라를 따돌린 것
② 민주가 핑공 카페에 가입한 것
③ 민서영이 부모님과 관련한 거짓말을 한 것
④ 흑설 공주가 미라였다는 것을 민서영이 알게 된 것
⑤ 흑설 공주가 핑공 카페에 민서영과 관련한 거짓 글을 올린 것

17 글 ❶에서 민서영이 올린 글의 내용은 무엇인지 빈칸에 알맞은 말을 쓰시오.

• (1)( )에 대한 분노, 엄마 아빠에 대한
 (2)( )와/과 사랑, 흑설 공주의 글이
모두 사실이 아니라는 내용

마녀사냥

〈 〉

사냥꾼: 도대체 누구 말이 진실인가?

빨간 풍선: 민서영이 흑설 공주에게 일방적으로 당한 것 같다. 지금이라도 민서영이 자기 입장을 밝혀 주어 속 시원하다.

은하수: 내가 보기에 흑설 공주가 너무 심하다. 본인이 사실이 아니라는데 왜 그런 거짓 글을 실었을까?

거지 왕자: 어쩌면 우리가 모르는 두 사람만의 갈등이 있는 건 아닐까?

하이디: 흑설 공주의 글을 보면 민서영에 대해서 잘 알고 있는 듯하다. 그러니 어쩌면 흑설 공주의 글이 사실이 아닐까?

기쁜 나무: 아무리 흑설 공주의 글이 사실이라고 해도 인터넷에 남의 **사생활**을 퍼뜨리는 건 나쁜 짓이다.

삐삐: 그럼 흑설 공주와 민서영, 둘 중 한 사람은 우릴 속이고 있는 거네?

허수아비: 맞다. 흑설 공주가 근거도 없이 **얼토당토않은** 글을 올리지는 않았을 것이다. 내가 보기에 민서영이 거짓말을 하고 있는 것 같다.

중심 내용 | 민서영이 올린 반박 글을 읽은 아이들은 서로 다른 의견을 달아 놓았습니다.

❸ 민주는 숨을 죽인 채 카페에 올라온 글들을 읽고 또 읽었다. 그리고 다음 날 민주는 또다시 자기 눈을 **의심** 하였다. 흑설 공주가 서영이를 공격하는 또 하나의 글이 올라와 있었기 때문이었다. 민주는 덜덜 떨리는 마음으로 흑설 공주가 올린 글을 읽기 시작하였다.

〈 〉

민서영, 내가 쓴 글이 사실이 아니라면 그걸 반박할 증거를 내놓아라. 그럴 용기가 없다면 내가 쓴 모든 글이 사실임을 인정해야 할 것이다.

중심 내용 | 흑설 공주가 다시 민서영의 글에 대한 반박 글을 올렸습니다.

사생활 개인의 사적인 일상생활.
얼토당토않은 조금도 옳은 데가 없는.
의심(疑 의심할 의, 心 마음 심) 확실히 알 수 없어서 믿지 못하는 마음.

중요 독해

18 은하수가 흑설 공주의 행동이 너무 심하다고 한 까닭은 무엇입니까? (　　　)

① 글을 너무 길게 썼기 때문이다.
② 자신의 이름을 밝히지 않았기 때문이다.
③ 민서영이 하는 말에 집중하지 않았기 때문이다.
④ 자신의 입장을 명확하게 밝히지 않았기 때문이다.
⑤ 민서영이 사실이 아니라는데 거짓 글을 실었기 때문이다.

19 다음 중 기쁜 나무가 나쁜 짓이라고 한 것은 무엇입니까? (　　　)

① 남의 흉을 보는 것
② 남의 물건을 훔치는 것
③ 인터넷을 너무 오래 하는 것
④ 인터넷에 자신의 사진을 올리는 것
⑤ 인터넷에 남의 사생활을 퍼뜨리는 것

서술형

20 허수아비는 흑설 공주와 민서영 중 거짓말을 하고 있는 사람이 누구라고 생각하는지 쓰고, 그렇게 생각한 까닭을 쓰시오.

⑴ 거짓말을 하고 있는 사람: (　　　　　　　)

⑵ 그렇게 생각한 까닭: ＿＿＿＿＿＿＿＿＿

＿＿＿＿＿＿＿＿＿＿＿＿＿＿＿＿＿＿＿

21 민서영이 올린 글을 읽고 아이들의 의견이 서로 달랐던 까닭으로 알맞은 것에 ◯표 하시오.

⑴ 민서영에게 관심이 많기 때문이다. (　　　)

⑵ 진실에 대해 알지 못하기 때문이다. (　　　)

⑶ 흑설 공주의 글을 읽지 않았기 때문이다.
(　　　)

마녀사냥

❹ 민주는 어이가 없어서 저절로 욕이 튀어나올 지경이었다. 이걸 보고 놀랄 서영이를 생각하니 딱하기만 했다. 아무것도 아닌 일에 휘말려 마치 그물 속의 물고기처럼 허우적거리고 있는 서영이가 생각할수록 **가여웠다**. 하지만 이번에는 서영이도 **반격**을 늦추지 않았다. 지난번처럼 **잠자코** 있으면 아이들이 흑설 공주의 주장이 사실이라고 받아들일까 봐 두려운 듯 보였다. 민주는 이번에는 더욱더 ㉠숨을 죽인 채 서영이가 올린 글을 읽어 나갔다.

> 흑설 공주의 글이 사실이 아니라는 증거 두 가지
>
> 여러분, 저는 흑설 공주에게 **모함**을 받고 있는 민서영입니다.
>
> 여러분 중에서도 흑설 공주의 글을 읽고 여전히 제가 거짓말쟁이라고 의심하는 분들이 있다는 걸 알고 매우 슬펐습니다. 만약 아직도 저에 대한 의심과 오해를 풀지 못한 분이 있다면 아래에 있는 사진을 참조해 주시기 바랍니다.

첫 번째는 우리 아빠가 아프리카 탄자니아 은좀베에서 의료 봉사를 하고 있는 병원의 모습을 찍은 사진입니다. 진찰실에서 청진기를 들고 아프리카 아이를 진찰하고 있는 분이 바로 우리 아빠입니다. 정말 자랑스러운 우리 아빠 말이지요.

두 번째는 디자이너인 우리 엄마가 지난봄에 연 패션쇼 모습을 찍은 사진입니다. 엄마가 디자인한 옷을 입은 모델들이 패션쇼를 하고 있는 모습이 보이지요?

가여웠다 마음이 아플 만큼 딱했다.
반격(反 돌이킬 반, 擊 부딪칠 격) 되받아 공격함.
잠자코 아무 말 없이 가만히.
모함(謀 꾀할 모, 陷 빠질 함) 나쁜 꾀로 남을 어려운 처지에 빠지게 함. ⑩ 아무 근거도 없이 남을 모함하면 안됩니다.

---

22 글 ❹에서 알 수 있는 민서영에 대한 민주의 마음으로 알맞은 것을 두 가지 고르시오. (   )

① 얄밉다. ② 고맙다.
③ 안타깝다. ④ 불쌍하다.
⑤ 자랑스럽다.

[어휘]

23 ㉠과 바꾸어 쓸 수 있는 말은 무엇입니까? (   )

① 일어나서
② 눈을 감은 채
③ 몹시 감격에 겨워
④ 긴장하여 집중한 채
⑤ 너무 흥분하여 침착한 태도를 잃은 채

24 다음 중 글 ❹에서 민서영이 올린 글에 담긴 내용으로 알맞은 것을 찾아 ○표 하시오.

(1) 흑설 공주의 글이 사실이 아니라는 내용의 글과 사진   (   )

(2) 흑설 공주의 글이 사실이라는 것을 뒷받침하는 내용의 글   (   )

25 이 글에 등장하는 인물과 비슷한 경험을 말한 친구의 이름을 쓰시오.

> 지연: 친구들과 인터넷 게임을 한 적이 있어.
> 영호: 인터넷에서 필요한 정보를 찾은 적이 있어.
> 동욱: 인터넷 대화방에서 누군가를 비난하는 것을 본 적이 있어.

(   )

마녀사냥

이처럼 뚜렷한 증거를 올렸으니 여러분은 이제 제가 거짓말쟁이가 아니라는 걸 믿으시겠지요?

추신: 이제 증거를 밝혔으니 흑설 공주는 터무니없는 글로 나와 우리 엄마, 아빠를 모함하는 일을 그만두기 바란다.

중심 내용 | 민서영은 증거 두 가지를 들어 흑설 공주의 글이 사실이 아니라는 내용의 반박 글을 올렸습니다.

❺ 서영이가 핑공 카페에 아빠가 은좀베 마을에서 의료 봉사를 하는 모습과 엄마가 디자인한 옷을 입고 모델들이 패션쇼를 하는 사진을 올리자, 이번에는 서영이를 응원하는 댓글과 흑설 공주를 비난하는 댓글이 수없이 올라와 있었다.

< >

허수아비: 아무리 얼굴과 이름을 숨기고 자기 생각을 마음대로 실을 수 있는 인터넷 세상이지만, 최소한의 예의는 지켜야 한다. 그런데도 거짓 정보를 올린 흑설 공주는 당장 사과해라!

어린 왕자: 흑설 공주가 대체 누구인가? 이런 사람은 카페에 들어올 자격이 없다.

매운 고추: 민서영, 잠시라도 널 의심해서 미안하다. 네 용기에 박수를 보낸다.

하이디: 글은 자기의 얼굴과 마찬가지이다. 거짓 글로 민서영에게 상처를 준 흑설 공주는 카페에 글을 쓸 자격이 없다. 마녀사냥은 민서영이 아니라 흑설 공주에게 해야 한다.

삐삐: 핑공 카페지기는 당장 흑설 공주의 신상 털기를 해라!

중심 내용 | 민서영이 올린 반박 글을 읽은 핑공 카페 가입자들이 흑설 공주를 비난했습니다.

❻ 민주는 마치 자기 일처럼 고소하기 짝이 없었다. 하지만 웬걸, 싸움은 그게 끝이 아니었다. 흑설 공주가 곧바로 서영이의 글을 읽고 또 다른 공격을 해 온 것이다.

비난(非 아닐 비, 難 어려울 난)하는 남의 잘못이나 허물을 들추어내어 나쁘게 말하는.
최소한 일정한 조건에서 더 이상 줄이기 어려운 가장 작은 한도.
신상(身 몸 신, 上 위 상) 한 사람의 개인적인 사정이나 형편.

26 흑설 공주에게서 계속 공격받은 민서영의 기분은 어떠하겠습니까? (   )

① 기쁘다.   ② 뭉클하다.
③ 속상하다.   ④ 지루하다.
⑤ 미안하다.

27 글 ❺에서 민서영이 올린 글을 읽은 사람들의 댓글 내용이 <u>아닌</u> 것에 ×표 하시오.

(1) 서영을 응원하는 댓글   (   )

(2) 흑설 공주를 비난하는 댓글   (   )

(3) 민서영과 흑설 공주가 화해할 것을 요구하는 댓글
(   )

28 인터넷 세상에 대한 허수아비의 생각으로 알맞은 것은 무엇입니까? (   )

① 사진을 올리면 안 된다.
② 거짓 정보를 올려도 된다.
③ 자기 생각을 말하면 안 된다.
④ 최소한의 예의는 지켜야 한다.
⑤ 얼굴과 이름을 공개해야 한다.

29 이 글에 나오는 인물의 모습을 현실 세계 속 우리 모습과 알맞게 비교한 친구의 이름을 쓰시오.

유나: 책을 읽고 내용을 오래 기억하려고 독서 감상문을 쓰고 있어.
주민: 정보를 확인하지 않고 사실인 것처럼 퍼뜨려서 다른 사람을 곤란하게 하는 일이 있어.

(   )

마녀사냥

< >

민서영의 두 번째 거짓말!

여러분, 민서영은 또 한 번 여러분을 ㉠우롱하고 있습니다. 민서영이 내놓은 사진들을 살펴보면 단박에 그걸 알 수 있습니다.

민서영 아빠가 의료 봉사를 하고 있는 사진은 인터넷 여기저기에서 얼마든지 퍼 올 수 있는 사진들입니다. 사진 속 의사가 민서영 아빠라는 걸 누가 증명해 줄까요?

또 패션쇼 사진도 마찬가지입니다. 민서영이 마음만 먹으면 다른 디자이너의 패션쇼 사진을 얼마든지 퍼 올 수 있는 게 아닙니까?

민서영은 교묘한 잔꾀로 우리 모두를 속여 넘기려는 것입니다.

흑설 공주는 마치 먹이를 문 사자처럼 좀처럼 서영이를 잡고 놓아주지 않았다. 그러자 핑공 카페는 점점 더 흑설 공주와 민서영의 싸움을 구경하려는 구경꾼들로

가득 찼다.

중심 내용 | 흑설 공주가 다시 민서영의 글에 반박 글을 올려 흑설 공주와 민서영의 진실 싸움으로 바뀌었습니다.

· **글의 종류** 이야기

· **글의 특징** 이야기 속 인물의 모습을 현실 세계와 비교하며 인터넷 매체를 바르게 이용하는 방법을 알 수 있습니다.

· **작품 정리** 빈칸에 알맞은 말을 넣어 글의 내용 정리하기

> 흑설 공주가 핑공 카페에 민서영과 관련한 거짓 글을 올리자 민서영이 ❶( ) 글을 올림.

↓

> ❷( ) 카페의 가입자들이 저마다 의견을 달자, 흑설 공주는 다시 반박 글을 올렸고, 민서영도 빠르게 증거 사진과 함께 글을 올림.

↓

> 증거를 본 카페 가입자들이 흑설 공주를 ❸( ) 하자 흑설 공주가 다시 반박 글을 올림.

교묘한 솜씨나 재주 따위가 남이 미처 생각할 수 없이 뛰어나고 놀라운. 예 그 선수는 교묘한 반칙으로 점수를 얻었습니다.
잔꾀 당장의 어려움을 벗어나려고 별로 깊이 생각하지 않고 내는 꾀. 예 그는 잔꾀를 부려 이득을 얻으려고 하였습니다.

어휘

30 다음 중 ㉠의 뜻으로 알맞은 것을 찾아 기호를 쓰시오.

> ㉮ 억지로 또는 강제로 요구함.
> ㉯ 잘 안될 일을 무리하게 기어이 해내려고 함.
> ㉰ 사람을 어리석게 보고 함부로 대하거나 웃음거리로 만듦.

( )

중요 독해

31 흑설 공주가 민서영이 올린 글에 대해 쓴 내용으로 알맞은 것을 두 가지 고르시오. ( )

① 민서영과 직접 만나서 이야기를 듣고 싶다.
② 민서영이 거짓말을 한 것은 이번이 처음이다.
③ 민서영의 아빠는 의료 봉사를 하는 의사가 맞다.
④ 민서영은 교묘한 잔꾀로 모두를 속이려 하고 있다.
⑤ 민서영이 올린 사진이 민서영의 아빠, 엄마라는 것을 증명할 수 없다.

32 이 글에서 민서영을 잡고 놓아주지 않는 흑설 공주를 무엇에 빗대어 표현하였는지 찾아 쓰시오.

( )

서술형

33 다음은 이 글의 제목입니다. 제목이 다음과 같은 까닭은 무엇일지 생각하여 쓰시오.

> 마녀사냥

_____

_____

_____

[1~2] 다음 그림을 보고, 물음에 답하시오.

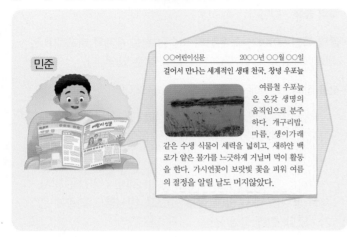

1 민준이가 보는 매체 자료는 전하려는 내용을 무엇으로 표현하는지 두 가지 고르시오. (   )

① 글
② 영상
③ 소리
④ 자막
⑤ 사진

2 민준이가 보는 매체 자료와 성격이 비슷한 것은 무엇입니까? (   )

① 영화
② 잡지
③ 연속극
④ 누리 소통망[SNS]
⑤ 휴대 전화 문자 메시지

3 다음은 어떤 매체 자료를 읽는 방법인지 알맞은 것에 ○표 하시오.

> 글과 그림, 사진이 주는 시각 정보를 잘 살펴볼 뿐만 아니라 화면 구성과 소리에 담긴 정보도 탐색해야 한다.

(1) 인쇄 매체 자료 (   )
(2) 영상 매체 자료 (   )
(3) 인터넷 매체 자료 (   )

[4~5] 다음 표를 보고, 물음에 답하시오.

	인물이 처한 상황	장면
❶	주인공이 밤새도록 환자를 치료한다.	허준이 뜸이나 침을 이용해 마을 사람들을 치료하는 장면
❷	여기서 무너지면 안 된다고 다짐한다.	피곤해도 절대 무너지면 안 된다고 다짐하는 허준의 속마음을 혼잣말로 들려주는 장면

4 허준의 직업은 무엇이겠습니까? (   )

① 훈장   ② 의원
③ 화가   ④ 선비
⑤ 농부

5 장면 ❶을 영상으로 표현하는 방법으로 알맞지 <u>않은</u> 것의 기호를 쓰시오.

> ㉮ 비장한 느낌을 주는 음악을 사용한다.
> ㉯ 마을 사람들을 치료하는 장면을 연달아 보여 준다.
> ㉰ 기뻐하며 활짝 웃고 있는 주인공의 얼굴을 가까이 보여 준다.

(   )

[6~8] 다음 글을 읽고, 물음에 답하시오.

민주는 자기 생각을 당당하게 밝힐 줄 아는 서영이의 용기가 몹시 부러웠다. 하지만 핑공 카페에 들어와 서영이가 올린 글을 읽은 아이들은 저마다 자기 의견을 달아 놓았다. 그중에는 서영이를 두둔하는 선플도 있었지만, 흑설 공주를 비방하는 악플과 함께 여전히 흑설 공주 편을 드는 아이들도 있었다.

< >

사냥꾼: 도대체 누구 말이 진실인가?

빨간 풍선: 민서영이 흑설 공주에게 일방적으로 당한 것 같다. 지금이라도 민서영이 자기 입장을 밝혀 주어 속 시원하다.

은하수: 내가 보기에 흑설 공주가 너무 심하다. 본인이 사실이 아니라는데 왜 그런 거짓 글을 실었을까?

거짓 왕자: 어쩌면 우리가 모르는 두 사람만의 갈등이 있는 건 아닐까?

하이디: 흑설 공주의 글을 보면 민서영에 대해서 잘 알고 있는 듯하다. 그러니 어쩌면 흑설 공주의 글이 사실이 아닐까?

기쁜 나무: 아무리 흑설 공주의 글이 사실이라고 해도 인터넷에 남의 사생활을 퍼뜨리는 건 나쁜 짓이다.

삐삐: 그럼 흑설 공주와 민서영, 둘 중 한 사람은 우릴 속이고 있는 거네?

허수아비: 맞다. 흑설 공주가 근거도 없이 얼토당토않은 글을 올리지는 않았을 것이다. 내가 보기에 민서영이 거짓말을 하고 있는 것 같다.

솔로몬: 이 사실을 밝힐 수 있는 명탐정은 누구인가?

6 서영이가 핑공 카페에 올린 글을 읽고 아이들은 어떻게 하였습니까? (   )

① 서영이를 직접 만나 진실을 밝혔다.
② 더이상 아무 반응을 보이지 않았다.
③ 핑공 카페에 글을 쓰지 않기로 했다.
④ 저마다 자기 의견을 댓글로 달아 놓았다.
⑤ 사실을 밝힐 수 있는 사람을 뽑기로 했다.

7 인터넷에 남의 사생활을 퍼뜨리는 건 나쁜 일이라는 의견을 말한 아이는 누구입니까? (   )

① 하이디   ② 은하수
③ 솔로몬   ④ 허수아비
⑤ 기쁜 나무

8 이 글에서 짐작할 수 있는 인터넷 매체를 바르게 이용하는 방법을 두 가지 고르시오. (   )

① 혼자서만 의견을 길게 말한다.
② 다른 사람에게 예의를 갖춘다.
③ 정보를 분별하는 능력이 필요하다.
④ 다른 사람을 비방하는 악플을 쓴다.
⑤ 다른 사람의 말이 끝나기 전에 끼어들어 말한다.

문법

9 다음 문장의 밑줄 그은 부분을 알맞은 높임 표현으로 고쳐 쓰시오.

선생님께서는 우리에게 복도에서 뛰지 말라고 말하였다.

(   )

문법

10 다음 중 높임 표현이 알맞지 <u>않은</u> 문장은 무엇입니까? (   )

① 할머니, 생신 축하드려요.
② 너는 아버지를 모시고 오렴.
③ 어머니께서 안방에서 주무신다.
④ 선생님께서 4시에 오신다고 말씀하셨어.
⑤ 나는 할아버지께 밥을 먹었는지 여쭈어 보았다.

[1~4] 다음 그림을 보고, 물음에 답하시오.

1 이 그림에서 민준이가 읽거나 본 매체 자료가 <u>아닌</u> 것을 두 가지 고르시오. ( )

① 잡지
② 신문
③ 학교 누리집
④ 텔레비전 영상물
⑤ 휴대 전화 문자 메시지

2 ⑦~⑭ 중 다음 설명에 해당하는 매체 자료의 기호를 쓰시오.

> • 친구와 연락을 주고받는다.
> • 사진과 동영상을 함께 보며 읽어야 한다.

( )

서술형

3 매체 자료 ⑦를 만든 사람이 우포늪 사진을 글과 함께 제시한 까닭은 무엇일지 쓰시오.

_____

_____

4 ⑦~⑭와 성격이 비슷한 매체 자료를 각각 한 가지씩 쓰시오.

(1) ⑦: ( )

(2) ⑭: ( )

(3) ⑭: ( )

5 여러 가지 매체 자료를 읽는 방법을 바르게 말하지 <u>못한</u> 친구의 이름을 쓰시오.

> 성호: 영상 매체 자료는 화면 구성을 잘 살피고 소리에 담긴 정보도 탐색해야 해.
> 지민: 인쇄 매체 자료는 글과 그림, 사진으로 나타낸 시각 정보와 함께 누리 소통망도 잘 살펴봐야 해.
> 수현: 인터넷 매체 자료는 시각 정보를 잘 살펴볼 뿐만 아니라 화면 구성과 소리에 담긴 정보도 탐색해야 해.

( )

[6~8] 다음 표를 보고, 물음에 답하시오.

	장면	표현 방법
1	유도지가 뇌물을 주는 장면	사건을 일으키는 인물을 카메라가 가까이 다가가 보여 준다.
2	유도지의 뇌물을 받은 인물이 놀란 장면	인물이 놀라는 모습에 맞추어 긴장감이 느껴지는 음악을 들려준다.

6 장면 **1**에서 카메라가 뇌물을 주는 유도지 쪽으로 가까이 다가갔다면 그 까닭으로 알맞은 것에 ○표 하시오.

(1) 뇌물을 가리기 위해서 ( )

(2) 유도지가 카메라에게 손짓을 해서 ( )

(3) 유도지가 사건을 일으키는 인물이라는 것을 나타내기 위해서 ( )

서술형

7 장면 **2**에서 긴장감이 느껴지는 배경 음악을 사용한 까닭은 무엇일지 쓰시오.

_____

_____

8 이와 같이 영상 매체 자료를 볼 때 표현 방법을 알아야 하는 까닭으로 알맞은 것의 기호를 쓰시오.

> ㉮ 표현 방법을 모르면 영상을 전혀 볼 수 없기 때문이다.
> ㉯ 표현 방법을 알면 똑같은 동영상을 만들 수 있기 때문이다.
> ㉰ 표현 방법에 주의를 기울이며 매체 자료를 감상하면 내용을 더 깊이 있게 이해할 수 있기 때문이다.

( )

[9~10] 다음 글을 읽고, 물음에 답하시오.

> 김득신은 열 살에 처음 글을 배우기 시작했다. 김득신은 정삼품 부제학을 지낸 김치의 아들로 태어났다. 주변에서는 우둔한 김득신을 포기하라고 했다. 하지만 김득신의 아버지는 공부를 포기하지 않는 김득신을 대견스럽게 여겼다. 김득신은 스무 살에 처음으로 작문을 했다. 김득신의 아버지는 공부란 꼭 과거를 보기 위한 것만이 아니니 더욱 노력하라고 김득신을 격려했다. 김득신은 같은 책을 반복해서 여러 번 읽으며 공부했으나 하인도 외우는 내용을 기억하지 못하는 한계를 드러냈다. 김득신은 자신의 한계를 극복하기 위해 만 번 이상 읽은 책에 대한 기록을 남겼다. 김득신은 59세에 문과에 급제해 성균관에 입학했다. 김득신은 많은 책과 시를 읽었지만 자신만의 시어로 시를 썼다. 많은 사람이 김득신의 시를 높이 평가했다.

9 다음 중 김득신이 했을 생각으로 알맞은 것은 무엇입니까? ( )

① 한계는 절대 극복할 수 없다.
② 모든 것은 힘쓰는 데에 달렸다.
③ 재주가 많아야 성공할 수 있다.
④ 노력해도 이룰 수 없는 것이 있다.
⑤ 포기하는 것은 부끄러운 일이 아니다.

10 이 글의 마무리 장면에 음악을 사용할 때, 다음과 같은 효과를 주기에 알맞지 않은 것을 찾아 ×표 하시오.

> 꾸준히 노력해서 자신의 한계를 극복한 김득신의 삶을 돌아보는 느낌을 준다.

(1) 슬픈 느낌의 음악 ( )

(2) 고요한 느낌의 음악 ( )

(3) 평화로운 느낌의 음악 ( )

[11~15] 다음 글을 읽고, 물음에 답하시오.

⑦ 민주는 날마다 핑공 카페를 들여다보았다. 혹시 서영이가 무슨 반박 글을 올리지 않을까 해서였다. 그러던 어느 날 민주는 눈이 휘둥그레졌다. 마침내 서영이가 자기 입장을 밝히는 글을 올린 것이다.

"서영이가 이제 모든 걸 다 알았구나. 어떻게 알았지? 누가 핑공에 들어가 보라고 일러 주었나?"

민주는 떨리는 마음으로 서영이가 올린 글을 읽어 보았다. 흑설 공주에 대한 분노, 엄마 아빠에 대한 자부심과 사랑과 함께 흑설 공주의 글이 모두 사실이 아니라는 걸 당당하게 밝혀 놓은 글이었다.

⑭ 다음 날 민주는 또다시 자기 눈을 의심하였다. 흑설 공주가 서영이를 공격하는 또 하나의 글이 올라와 있었기 때문이었다. 민주는 덜덜 떨리는 마음으로 흑설 공주가 올린 글을 읽기 시작하였다.

< >

민서영, 내가 쓴 글이 사실이 아니라면 그걸 반박할 증거를 내놓아라. 그럴 용기가 없다면 내가 쓴 모든 글이 사실임을 인정해야 할 것이다.

< >

⑭ 흑설 공주의 글이 사실이 아니라는 증거 두 가지

여러분, 저는 흑설 공주에게 모함을 받고 있는 민서영입니다.

여러분 중에서도 흑설 공주의 글을 읽고 여전히 제가 거짓말쟁이라고 의심하는 분들이 있다는 걸 알고 매우 슬펐습니다. 만약 아직도 저에 대한 의심과 오해를 풀지 못한 분이 있다면 아래에 있는 사진을 참조해 주시기 바랍니다.

11 글 ⑦에서 민주가 날마다 핑공 카페를 들여다본 까닭으로 알맞은 것에 ○표 하시오.

(1) 카페 회원들의 반응이 궁금해서 ( )

(2) 흑설 공주의 댓글을 읽고 싶어서 ( )

(3) 서영이의 반박 글이 올라왔는지 궁금해서 ( )

12 글 ⑦에서 서영이가 올린 글의 내용으로 알맞은 것을 모두 고르시오. ( )

① 흑설 공주에 대한 분노

② 엄마 아빠에 대한 자부심

③ 흑설 공주를 용서하겠다는 것

④ 흑설 공주의 글이 모두 사실이 아니라는 것

⑤ 앞으로 핑공 카페에 글을 열심히 올리겠다는 것

13 글 ⑭에서 흑설 공주가 올린 글의 내용을 원인으로 하여 글 ⑭에서 일어난 일은 무엇입니까? ( )

① 민서영이 증거 자료를 올렸다.

② 민주가 흑설 공주를 모함했다.

③ 민서영이 반 친구들을 비난했다.

④ 흑설 공주가 민서영에게 사과했다.

⑤ 흑설 공주가 핑공 카페에서 쫓겨났다.

14 이 글에 나타난 인터넷 문화의 문제점을 알맞게 말한 것을 찾아 기호를 쓰시오.

㉮ 어린이는 인터넷 게시판에 글을 쓸 수 없다.

㉯ 싫어하는 사람을 괴롭히기 위해 사실이 아닌 내용을 퍼뜨릴 수 있다.

㉰ 글을 쓰는 사람이 누구인지 밝혀야 해서 솔직하게 글을 쓰기 힘들다.

( )

서술형

15 이 글의 주제는 무엇인지 쓰시오.

_____

_____

5. 여러 가지 매체 자료

수행평가

● 정답 및 풀이 14쪽

평가 주제	현실 세계와 작품 세계 비교하기
평가 목표	이야기에 등장하는 인물들의 말과 행동에 대하여 생각할 수 있다.

가 서영이가 핑공 카페에 아빠가 은좀비 마을에서 의료 봉사를 하는 모습과 엄마가 디자인한 옷을 입고 모델들이 패션쇼를 하는 사진을 올리자, 이번에는 서영이를 응원하는 댓글과 흑설 공주를 비난하는 댓글이 수없이 올라와 있었다.

< >

허수아비: 아무리 얼굴과 이름을 숨기고 자기 생각을 마음대로 실을 수 있는 인터넷 세상이지만, 최소한의 예의는 지켜야 한다. 그런데도 거짓 정보를 올린 흑설 공주는 당장 사과해라!

어린 왕자: 흑설 공주가 대체 누구인가? 이런 사람은 카페에 들어올 자격이 없다.

매운 고추: 민서영, 잠시라도 널 의심해서 미안하다. 네 용기에 박수를 보낸다.

하이디: 글은 자기의 얼굴과 마찬가지이다. 거짓 글로 민서영에게 상처를 준 흑설 공주는 카페에 글을 쓸 자격이 없다. 마녀사냥은 민서영이 아니라 흑설 공주에게 해야 한다.

삐삐: 핑공 카페지기는 당장 흑설 공주의 신상 털기를 해라!

나 핑공 카페는 점점 더 흑설 공주와 민서영의 싸움을 구경하려는 구경꾼들로 가득 찼다. 흑설 공주와 민서영이 올린 글의 조회 수는 점점 더 올라가고, 모두들 민서영이 어떤 반격을 해 올지 기다리는 눈치였다.

1 서영이가 핑공 카페에 아빠, 엄마의 사진을 올리자 일어난 일은 무엇인지 쓰시오.

2 핑공 카페가 점점 더 구경꾼들로 가득 찬 까닭은 무엇인지 쓰시오.

3 이 글에 등장하는 핑공 카페 가입자들에 대해 어떻게 생각하는지 쓰시오.

> **조건**
> 1. 그렇게 생각한 까닭을 쓴다.
> 2. 인물들에게 바라는 점을 쓴다.

숨은 그림을 찾아보세요.

● 정답 및 풀이 14쪽

6 타당성을 생각하며 토론해요

▶ 학습을 완료하면 V표를 하면서 학습 진도를 체크해요.

	학습 내용	백점 쪽수	확인
개념	토론 방법과 규칙을 알고 주제를 정하여 토론하기	90쪽	☐
어휘 + 문법	핵심 개념 어휘: 토론, 근거, 타당성 작품 속 어휘: 임원, 반론, 대안, 거스름돈 문법: 부정 표현	91쪽	☐
독해	토론이 필요한 경우 알기: 「일상생활에서 토론이 필요한 경우」	92쪽	☐
	글을 읽고 근거 자료의 타당성 평가하기 : 「유행에 따라 희망 직업을 바꾼다면」	93쪽	☐
	토론 절차와 방법 알기: 「민재네 반에서 한 토론」	94~96쪽	☐
	글을 읽고 독서 토론 하기: 「기계를 더 믿어요」	97쪽	☐
평가	단원 평가 1회, 2회	98~102쪽	☐
	수행 평가	103쪽	☐

6 타당성을 생각하며 토론해요

개념 강의

● 정답 및 풀이 15쪽

1 토론의 뜻과 필요성

● '토론'과 구분되는 '토의'는 어떤 문제에 대해 여러 사람이 다양한 의견이나 생각 등을 서로 나누면서 최선의 해결 방법을 찾는 것임.

토론의 뜻	어떤 문제에 대하여 찬성편과 반대편으로 나뉘어 각각 자기 쪽의 의견을 받아들이도록 상대를 설득하는 것입니다.
일상생활에서 토론이 필요한 경우 말하기 ⑨	• 쓰레기통 주변이 오히려 더 지저분해져 쓰레기통을 없애자고 토론했습니다. • 우리 학교는 두 시간을 연달아 수업할 때 쉬는 시간이 없어서 힘들었기 때문에 한 시간을 마치면 반드시 쉬는 시간이 필요하다는 주제로 토론한 적이 있습니다.

2 글을 읽고 근거 자료의 타당성 평가하기

면담 자료를 평가하는 기준	• 자료가 주장을 잘 뒷받침하는지 살펴봅니다. • 해당 분야 전문가를 면담한 것인지 따져 봅니다.
설문 조사 자료를 평가하는 기준	• 자료의 출처가 정확한지 살펴봅니다. • 조사 대상과 범위가 적절한지 살펴봅니다. • 주장을 뒷받침하기에 적절한 자료인지 생각합니다.

⑨ 「유행에 따라 희망 직업을 바꾼다면」에서 사용한 근거 자료 평가하기

조사 범위가 좁아서 모든 학생의 희망 직업을 대표한다고 보기 어려워.

3 토론 절차와 방법

토론 절차	토론 방법
주장 펼치기	• 근거를 들어 주장을 펼칩니다. • 근거와 관련해 구체적인 자료를 제시합니다.
▼	
반론하기	• 상대편의 주장을 요약합니다. • 상대편의 주장이 타당하지 않다는 것을 밝히기 위한 질문을 합니다. • 주장에 대한 근거나 그에 대한 자료가 타당하지 않다는 것을 밝힙니다.
▼	
주장 다지기	• 자기편의 주장을 요약합니다. • 상대편에서 제기한 반론이 타당하지 않음을 지적합니다. • 자기편 주장의 장점을 정리합니다.

개념 확인 문제

1 토론의 뜻과 필요성

다음 중 토론이 필요한 경우로 알맞은 것에 ○표 하시오.

(1) 교실을 청소하는 당번을 정할 때
( )

(2) 교실 쓰레기통을 없애자는 주제로 이야기할 때
( )

2 글을 읽고 근거 자료의 타당성 평가하기

근거 자료로 제시된 설문 조사 자료를 평가하기 위한 질문으로 알맞은 것의 기호를 모두 쓰시오.

> ㉮ 조사 범위가 적절한가?
> ㉯ 자료의 출처가 정확한가?
> ㉰ 믿을 만한 전문가를 면담한 자료인가?
> ㉱ 주장을 뒷받침하기에 적절한 자료인가?

( )

3 토론 절차와 방법

토론 절차 중 찬성편과 반대편이 주장과 근거를 제시하는 단계는 무엇인지 쓰시오.

( )

4 토론 절차와 방법

다음은 토론 절차 중 어떤 단계의 토론 방법인지 찾아 기호를 쓰시오.

> • 자기편의 주장 요약하기
> • 상대편에서 제기한 반론이 타당하지 않음을 지적하기
> • 자기편 주장의 장점 정리하기

> ㉮ 반론하기   ㉯ 주장 다지기
> ㉰ 주장 펼치기

( )

6 타당성을 생각하며 토론해요

어휘·문법

● 정답 및 풀이 15쪽

어휘

1. 핵심 개념 어휘: 토론, 근거, 타당성

```
토론  ←  근거  ←  타당성
```

토론	근거	타당성
討 칠 토, 論 논의할 론	根 뿌리 근, 據 근거 거	妥 온당할 타, 當 마땅할 당, 性 성품 성
뜻 어떤 문제에 대하여 여러 사람이 각각 의견을 말하며 논의함.	뜻 어떤 주장이나 의견이 옳음을 뒷받침하는 까닭.	뜻 사물의 이치에 맞는 옳은 성질.

➡ 근거의 타당성을 생각하며 토론을 해야 합니다.

2. 작품 속 어휘

낱말	뜻	예시
임원(任員) 任 맡길 임 員 인원 원	어떤 단체에 소속하여 그 단체의 중요한 일을 맡아보는 사람.	나는 매년 학급 임원 선거에 후보자로 나갔습니다.
반론(反論) 反 돌이킬 반 論 논의할 론	남의 의견에 반대하여 다른 주장을 펴는 것.	지각한 사람이 화장실 청소를 하자는 의견에 반론을 제기한 친구는 없습니다.
대안(對案) 對 대답할 대 案 책상 안	어떤 일에 대처할 방안.	태풍이 오기 전에 피해를 줄일 수 있는 대안을 마련해야 합니다.
거스름돈	거슬러 주거나 받는 돈.	물건을 사고 거스름돈을 받는 것을 잊어버렸습니다.

문법　부정 표현

◆ 부정 표현은 '안'과 '못' 등을 사용해 '그렇지 않음'을 나타내는 표현입니다.

부정 표현	사용하는 상황	예
'안'	단순한 부정이나 주어의 의지에 의한 부정을 나타낼 때	나는 우유를 안 마셨다.
'못'	주어의 능력 부족이나 다른 원인에 의한 부정을 나타낼 때	나는 우유를 못 마셨다.
'-지 말-'	청유문과 명령문에서 부정을 나타낼 때	• 운동장에 쓰레기를 버리지 말자. • 운동장에 쓰레기를 버리지 말아라.

1 핵심 개념 어휘

다음 뜻에 알맞은 낱말을 쓰시오.

> 어떤 주장이나 의견이 옳음을 뒷받침하는 까닭.

(　　　　　)

2 작품 속 어휘

다음 보기 에서 알맞은 낱말을 골라 문장을 완성하시오.

> 보기
>
> 반론, 　대안

⑴ 나의 의견이 잘못되었다는 반대편의 주장에 두 가지 (　　)을 제기했다.

⑵ 이 문제를 해결할 (　　)이 떠올랐다.

3 작품 속 어휘

다음 밑줄 그은 낱말과 비슷한 뜻을 가진 낱말에 ○표 하시오.

> 거스름돈이 없어서 오만 원짜리 지폐를 주었다.

⑴ 현금 　　　　　 (　　)

⑵ 수표 　　　　　 (　　)

⑶ 잔돈 　　　　　 (　　)

4 문법

다음 문장에 어울리는 부정 표현을 찾아 ○표 하시오.

> 그 신발은 나의 취향과 달라서 (안, 못) 샀다.

6
단원

준비 토론이 필요한 경우 알기

● 국어 212~214쪽 / 정답 및 풀이 15쪽

일상생활에서 토론이 필요한 경우

가

학교 앞에 불법 주차를 한 차가 많아. 또 차가 너무 빨리 달려서 위험해.

그래, 불법 주차를 하지 못하도록 단속 카메라를 달면 좋겠어.

단속 카메라를 단다고 해서 이 문제가 완전히 해결되지는 않을 것 같아.

나

착한 사람이 되겠습니다.

민규

세연

나는 우리 학교 인사말이 좀 어색해. 우리가 지금은 착한 사람이 아닌 것 같거든. 또 "안녕하세요?"와 같은 전통적인 인사말을 우리가 지켜야 하는 것이 아닐까 하는 생각도 들어.

- **글의 특징** 주변의 모습을 보고 토론이 필요한 경우를 찾고, 토론할 때 주의할 점을 알 수 있습니다.

- **활동 정리** 빈칸에 알맞은 말을 넣어 토론이 필요한 경우와 토론할 때 주의할 점 정리하기

토론이 필요한 경우	우리 주변에 있는 ❶( )을/를 해결하기 위해 의견을 나눌 때입니다.
토론할 때 주의할 점	자신이 무조건 옳다고 우기기보다 타당한 ❷( )을/를 들어 의견을 말해야 함.

불법(不 아닐 불, 法 법도 법) 법에 어긋남.
주차(駐 머무를 주, 車 수레 차) 자동차를 일정한 곳에 세워 둠.

중요 독해

1 그림 ㉮에서 친구들이 이야기하는 문제를 두 가지 고르시오. ( )

① 학교 앞에 횡단보도가 없는 문제
② 많은 친구들이 무단 횡단을 하는 문제
③ 학교 앞에서 차가 너무 빨리 달리는 문제
④ 학교 앞에 불법 주차를 한 차가 많은 문제
⑤ 어린이 보호 구역에서 사고가 많이 나는 문제

2 그림 ㉮와 같이 일상생활에서 토론이 필요한 경우를 알맞게 말한 친구의 이름을 쓰시오.

> 연석: 학교 안에서 스마트폰을 사용하는 것에 대해 토론을 한 적이 있어.
> 수호: 가족들과 주말에 소풍을 갈 장소를 정하려고 인터넷으로 검색한 적이 있어.

( )

3 그림 ㉯의 민규가 자신의 의견을 세연이에게 이해시키기 위해 사용한 방법을 각각 찾아 선으로 이으시오.

나는 형식적으로 하는 인사말보다 새롭고 좋은 뜻이 있는 인사말이 더 뜻깊다고 생각해.

넌 왜 그렇게 항상 불만이 많니? 어휴, 투덜이 같아.

(1) 그림 ❶ •

(2) 그림 ❷ •

• ㉮ 알맞은 근거를 들어 자신의 의견을 말했다.

• ㉯ 자신의 의견을 주장하려고 상대의 기분을 상하게 했다.

유행에 따라 희망 직업을 바꾼다면

❶ 직업은 생활 수단이자 자신의 능력을 발휘하고 꿈을 실현할 수 있는 기회이기도 하다. 그런데 자신이 희망하는 직업을 유행에 따라 결정하는 일이 과연 옳은 것일까?

중심 내용 | 직업을 유행에 따라 결정하는 것이 옳은지 생각해야 합니다.

❷ 자신의 꿈이 '연예인'으로 바뀌었다고 하는 한 학생을 면담한 결과, "요즘에는 연예인이 대세이다."라면서도 "사실은 한 해에도 여러 번 바뀌는 희망 직업 때문에 고민이 많다. 무엇을 준비해야 할지 모르겠다."라고 털어놓았다. 직업의 선택은 유행이 아니라 자신의 적성이나 흥미, 특기를 고려해 이루어져야 한다. 정작 자신이 무엇을 원하는지보다 다른 많은 사람이 원하는 것에 이끌려 인생의 중요한 결정을 내린다면 결국 후회만 남을 것이다. 또 이것저것 유행에 휘둘리다 보면 자신의 능력을 집중적으로 개발하는 시간도 빼앗길 것이다.

중심 내용 | 유행에 이끌려 희망 직업을 정하면 후회만 남거나 자신의 능력을 개발하는 시간도 빼앗길 수 있습니다.

❸ 이와 같은 현실과 관련해 직업 평론가 ○○○ 씨와 면담한 결과, 그는 "자신이 원하는 일이 무엇인지 모르며 사회에 어떤 다양한 직업이 있는지 알아보려고 하지

않는 사실이 문제"라며 우려를 나타냈다. 직업은 미래에 자기 삶을 유지해 줄 수 있는 수단 가운데 하나이다. 직업으로 사람들은 소득을 얻기도 하고, 행복과 보람을 느끼기도 한다. 그러므로 유행보다는 자신의 흥미와 적성, 특기를 알고, 이것을 바탕으로 하여 직업을 고르려고 노력해야 한다.

직업을 통해 사람들이 얻을 수 있는 것

중심 내용 | 유행보다는 자신의 흥미와 적성, 특기를 바탕으로 하여 직업을 골라야 합니다.

- **글의 종류** 주장하는 글
- **글의 특징** 직업을 선택하는 기준에 대한 글쓴이의 주장이 나타난 글입니다.
- **글의 구조** 빈칸에 알맞은 말을 넣어 글의 내용 정리하기

처음	직업을 ❶( )에 따라 결정하는 것이 옳은지 생각해야 함.
가운데	유행에 따라 직업을 정하면 후회하거나 자신의 능력을 개발할 시간을 빼앗길 수 있음.
끝	자신의 흥미와 ❷( ), 특기를 바탕으로 직업을 골라야 함.

평론가(評 평할 평, 論 논의할 론, 家 집 가) 예술 창작이나 문화적 활동의 질이나 가치 등을 논하는 것을 전문으로 하는 사람.

---

4 글쓴이의 주장으로 알맞은 것에 ○표 하시오.

(1) 다양한 직업을 경험해야 한다. (   )

(2) 유행에 따라 직업을 결정해야 한다. (   )

(3) 직업의 선택은 자신의 적성이나 흥미, 특기를 고려해서 이루어져야 한다. (   )

5 글쓴이가 자신의 주장을 뒷받침하려고 사용한 근거 자료는 무엇입니까? (   )

① 백과사전　　② 사진 자료
③ 면담 자료　　④ 신문 자료
⑤ 동영상 자료

어휘

6 이 글에 나오는 다음 뜻을 가진 낱말은 무엇입니까?
(   )

> 어떤 일을 이루거나 얻고자 하는 마음.

① 기회　　② 희망　　③ 현실
④ 후회　　⑤ 적성

서술형

7 글 ❷와 ❸에서 활용한 근거 자료 중 더 믿을 만한 근거 자료가 쓰인 글의 기호를 쓰고, 그렇게 생각한 까닭을 쓰시오.

(1) 더 믿을 만한 근거 자료가 쓰인 글: 글 (   )

(2) 그렇게 생각한 까닭: _____

_____

기본 토론 절차와 방법 알기

민재네 반에서 한 토론

❶ 사회자: 지금부터 "학급 임원은 반드시 필요하다."라는 주제로 토론을 시작하겠습니다. 저는 토론의 사회를 맡은 구민재입니다. 먼저 찬성편이 주장을 펼치겠습니다.

찬성편: 저희 찬성편은 두 가지 까닭에서 "학급 임원은 반드시 필요하다."라는 주제에 찬성합니다.

첫째, 실제로 학생 대표가 학교생활에 많은 역할을 합니다. 많은 학생들이 함께 생활하다 보니 학교에는 여러 가지 문제나 불편한 점이 생길 수 있습니다. 이러한 것에 대한 해결은 전교 학생회 회의에서 이루어지는데 학급 임원은 여기에 참여해 우리 반 학생들의 의견을 전달하는 역할을 합니다. 저희가 설문 조사를 한 결과에 따르면 우리 지역의 초등학교 가운데에서 95퍼센트가 넘는 학교가 학급 임원을 뽑고 있다고 합니다. 이렇게 많은 학교가 학급 임원을 뽑는다는 것은 실제로 학급 임원이 필요하기 때문이 아니겠습니까? 학급 임원이 없다면 누가 선생님을 돕고, 누가 전교 학생회 회의에 참여해 우리의 뜻을 전하겠습니까?

중심 내용 | "학급 임원은 반드시 필요하다."라는 주제의 토론에서 찬성편 토론자가 주장을 펼칩니다.

❷ 반대편: 학급 임원 제도는 반드시 필요하다고 할 수 없습니다. 저희는 다음과 같은 까닭으로 "학급 임원은 반드시 필요하다."라는 주제에 반대합니다.

첫째, 학급 임원을 뽑는 기준이 올바르다고 보기 어렵습니다. 한 매체에서 설문 조사를 한 결과에 따르면 70퍼센트 정도의 학생들이 "후보들의 능력보다 친분을 우선으로 투표한 적이 있다."라고 응답했습니다. 이 조사는 정말 우리가 우리를 대표할 수 있는 사람을 학급 임원으로 뽑았는지에 대한 의문을 가지게 합니다. 특히 1학기에는 서로 잘 알지도 못한 채로 학급 임원 선거가 이루어지는 경우도 있습니다. 이와 같은 학급 임원 선출은 인기투표와 다르지 않습니다.

중심 내용 | "학급 임원은 반드시 필요하다."라는 주제의 토론에서 반대편 토론자가 주장을 펼쳤습니다.

임원(任 맡길 임, 員 인원 원) 어떤 단체에 소속하여 그 단체의 중요한 일을 맡아보는 사람.
기준(基 터 기, 準 법도 준) 기본이 되는 표준.
친분 아주 가깝고 두터운 정분.

---

8 찬성편과 반대편에서 주장을 뒷받침하려고 제시한 근거는 무엇인지 찾아 기호를 쓰시오.

> ㉮ 학급 임원을 뽑는 기준이 올바르다고 보기 어렵다.
> ㉯ 실제로 학생 대표가 학교생활에 많은 역할을 한다.

(1) 찬성편: (   )　　(2) 반대편: (   )

9 반대편이 근거를 뒷받침하는 자료로 제시한 것은 무엇입니까? (   )

① 국어사전　　　　② 선생님의 의견
③ 설문 조사 결과　　④ 전문가의 면담 자료
⑤ 인터넷에서 검색한 자료

서술형

10 이 토론 주제에 대한 자신의 주장과 근거를 생각하여 쓰시오.

(1) 주장: _____

(2) 근거: _____

_____

11 다음은 토론에서 주장을 펼치는 방법을 정리한 것입니다. [   ] 안에 공통으로 들어갈 말을 쓰시오.

> • [   ]을/를 들어 주장을 펼친다.
> • [   ]와/과 관련해 구체적인 자료를 제시한다.

(   )

민재네 반에서 한 토론

❸ 사회자: 이번에는 상대편이 펼친 주장에서 잘못된 점이나 궁금한 점을 지적하고 이에 답하는 **반론**하기 시간입니다. 먼저 반대편이 반론과 질문을 하고 이에 대해 찬성편이 답변하도록 하겠습니다. 시간은 2분입니다. 시작해 주십시오.

반대편: 찬성편에서는 학급을 위해 **봉사**하고, 학생 대표가 되어 우리의 뜻을 학교에 전하는 역할을 할 학급 임원이 필요하다고 했습니다. 하지만 학급을 위해 봉사하는 것은 몇 명의 학생이 아니라 전체 학생이 다 할 수 있는 일입니다. 또 요즘은 기술이 발달해서 여러 사람이 동시에 회의에 참여할 수 있습니다. 굳이 학생 대표 한두 명만 회의에 참여하도록 할 필요가 없습니다. 따라서 찬성편의 근거는 학급 임원이 반드시 필요하다는 주장을 뒷받침하는 근거라고 보기 어렵습니다. ㉠오히려 모든 학생이 학급 임원을 경험할 수 있도록 돌아가며 하는 게 좋지 않을까요?

찬성편: 네, 반대편의 반론 잘 들었습니다. 모두가 돌아가면서 학급 임원을 한 번씩 경험해 볼 수도 있습니다. 그러나 말씀드렸다시피 학급 임원은 학급 학생 전체를 대표하는 자리입니다. 학생 대표는 [㉡] 이면서 봉사 정신이 뛰어난 학생이 스스로 참여해야 한다고 생각합니다. 반대편의 반론처럼 모든 학생이 돌아가면서 학급 임원을 맡는다면 그 가운데에는 하고 싶은 마음이 없는 학생이 대표가 될 수 있습니다. 그러면 그 학생에게도 **부담**이 되는 일입니다.

중심 내용 | 반대편의 반론과 질문에 이어 찬성편이 반박과 답변을 했습니다.

반론(反 돌이킬 반, 論 논의할 론) 남의 의견에 반대하여 다른 주장을 펴는 것.
봉사(奉 받들 봉, 仕 벼슬할 사) 국가나 사회 또는 남을 위하여 자신을 돌보지 아니하고 힘을 바쳐 애씀.
부담(負 짐질 부, 擔 멜 담) 어떠한 의무나 책임을 짐.

6 단원

12 글 ❸은 토론 절차 중 무엇에 해당하는지 찾아 기호를 쓰시오.

> ㉮ 주장 펼치기
> ㉯ 반론하기
> ㉰ 주장 다지기

( )

중요 독해

13 반대편이 찬성편에게 한 반론을 두 가지 고르시오.

( )

① 학급 회의는 누구나 열 수 있다.
② 누구나 학급을 위해 봉사할 수 있다.
③ 학생들의 뜻을 전해 줄 대표가 필요하다.
④ 학생 대표는 모범적인 사람만 할 수 있다.
⑤ 요즘은 기술이 발달해서 여러 사람이 동시에 회의에 참여할 수 있다.

14 반대편이 찬성편에게 ㉠과 같은 질문을 한 까닭으로 알맞은 것에 ○표 하시오.

⑴ 찬성편이 주장에 대한 근거를 말하지 않아서

( )

⑵ 찬성편의 주장에 대한 근거가 무엇인지 궁금해서

( )

⑶ 찬성편이 제시한 근거가 타당하지 않음을 지적하기 위해서

( )

어휘

15 ㉡에 들어갈, 다음 뜻을 가진 낱말은 무엇입니까?

( )

> 본받아 배울 만한 것.

① 적극적　　　　　② 전문적
③ 모범적　　　　　④ 소극적
⑤ 직접적

민재네 반에서 한 토론

❹ 사회자: 이제 토론의 마지막 단계인 주장 다지기입니다. 먼저 찬성편이 발언해 주시기 바랍니다.

찬성편: 학급 임원은 반드시 필요합니다. <u>공정한</u> 선거로 학생 대표를 뽑고, 그 대표를 도와 학교생활이 잘 이루어지도록 하는 경험을 해 보는 것은 큰 의미가 있습니다. 학급 임원을 뽑는 기준에 문제가 있다면 그 문제를 해결하면 됩니다. 반대편의 <u>대안</u>처럼 할 경우 원하지 않는 학생이 학생 대표를 맡게 되는 또 다른 문제가 발생할 수 있습니다. 공정한 경쟁과 올바른 선택을 거쳐 학급 임원을 뽑는다면 문제를 원만히 해결할 수 있을 것이라고 생각합니다.
〔찬성편의 주장〕

반대편: 찬성편은 학급에 대표가 필요하고, 학급 임원을 뽑는 과정에서 선거를 경험할 수 있기 때문에 학급 임원이 필요하다고 주장했습니다. 그러나 저희 반대편은 <u>학급 임원이 반드시 필요하지는 않다고 생각합니다.</u> 학급 임원을 뽑는 기준에 문제가 있고, 학생들 간 동등한 관계에 부정적인 영향을 끼친다면 반드시 학급 임원 제도를 유지해야 할 필요가 있을까요? 물론 학급
〔반대편의 주장〕

대표가 필요한 경우도 있습니다. 그러나 그렇다고 해서 꼭 한두 사람이 학급 임원이 될 필요는 없습니다. 오히려 여러 학생이 한 번씩 돌아가면서 봉사하고 학급을 대표하는 경험을 쌓는다면 좀 더 많은 학생이 지도력과 책임감을 키울 수 있다고 생각합니다.

중심 내용 | 찬성편과 반대편이 각각 자신의 주장을 요약하고, 상대편의 반론이 타당하지 않음을 밝혔습니다.

- **글의 특징** "학급 임원은 반드시 필요하다."라는 주제로 토론한 내용으로, 토론의 절차와 방법을 알 수 있습니다.

- **활동 정리** 빈칸에 알맞은 말을 넣어 토론의 방법 정리하기

주장 펼치기	근거를 들어 자신의 ❶( )을/를 말함.
반론 하기	상대편이 제시한 근거에 대해 반론 및 질문을 하고, 그 질문에 대한 답을 함.
주장 다지기	자기편의 주장을 ❷( )하고, 상대편에서 제기한 반론이 타당하지 않음을 지적함.

공정한 어느 한쪽에게 이익이나 손해가 치우치지 않고 올바른.
대안(對 대답할 대, 案 책상 안) 어떤 일에 대처할 방안.

16 찬성편이 자신의 주장을 다지려고 덧붙인 설명을 두 가지 찾아 기호를 쓰시오.

> ㉮ 학급 임원을 뽑는 기준에 문제가 있다면 그 문제를 해결하면 된다.
> ㉯ 원하지 않는 학생이 학생 대표를 맡게 되는 또 다른 문제가 발생할 수 있다.
> ㉰ 여러 학생이 한 번씩 돌아가면서 봉사하고 학급을 대표하는 경험을 쌓는다면 좀 더 많은 학생이 지도력과 책임감을 키울 수 있다.

(   )

어휘

17 (   )에 들어갈 알맞은 말에 ○표 하시오.

> 나는 두 친구의 이야기를 모두 듣고 (공정한, 예정한) 판단을 하려고 노력했다.

서술형

18 반대편의 근거를 뒷받침하는 설명이 반대편의 주장과 근거의 타당성을 높여 주는지 판단하여 쓰시오.

_____

_____

19 토론에서 주장을 다지는 방법으로 알맞지 <u>않은</u> 것의 기호를 쓰시오.

> ㉮ 자기편의 주장을 요약한다.
> ㉯ 자기편 주장의 장점을 정리한다.
> ㉰ 토론의 주제를 다시 한번 강조한다.
> ㉱ 상대편에서 제기한 반론이 타당하지 않음을 지적한다.

(   )

기계를 더 믿어요

한상순

❶ 시장에 간 우리 고모
물건 사고 아주머니가 돌려주는
거스름돈,
꼭 세어 보아요

❷ 은행에 간 고모
현금 지급기가
'달깍' 내미는 돈
세어 보지도 않고
지갑에 얼른 넣는 거 있죠?

❸ 고모도 참

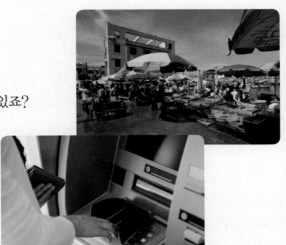

- **글의 종류** 시(3연 10행)
- **글의 특징** 사람보다 기계를 더 믿는 고모의 행동을 나타낸 시입니다.
- **작품 정리** 빈칸에 알맞은 말을 넣어 시의 내용 정리하기

1연	고모는 시장에서 아주머니가 돌려주는 ❶(　　　)은/는 꼭 세어 봅니다.
2연	고모는 ❷(　　　) 지급기가 내미는 돈은 세어 보지도 않습니다.
3연	'나'는 고모의 행동이 문제라고 생각합니다.

> 거스름돈 거슬러 주거나 받는 돈.
> 현금 지급기(現 나타날 현, 金 쇠 금, 支 지탱할 지, 給 줄 급, 機 틀 기) 현금 카드로 예금된 돈을 즉시 현금으로 찾을 수 있게 하는 기계.

6 단원

---

20 말하는 이는 고모의 행동을 어떻게 생각하는지 알맞은 말에 ○표 하시오.

> (긍정적, 부정적)으로 생각한다.

중요 독해
21 이 시의 주제는 무엇입니까? (　　　)

① 기계가 일을 하는 세상
② 친구를 믿지 못하는 세상
③ 사람보다 기계를 더 믿는 세상
④ 사람이 일을 하지 않아도 되는 세상
⑤ 기계 때문에 사람의 일자리가 줄어드는 세상

22 이 시를 읽고 친구들과 토론을 할 때 토론 주제로 알맞은 것에 ○표 하시오.

⑴ 새로운 기계를 더 개발해야 한다. (　　　)
⑵ 기계의 가격을 낮추는 방법은 무엇일까? (　　　)
⑶ 인공 지능 시대에 사람의 가치는 낮아질 것인가?
(　　　)

서술형
23 이 시를 읽고 독서 토론을 할 때 오른쪽 여자아이와 같이 말하면 토론이 이루어질 수 없습니다. 그 까닭은 무엇일지 쓰시오.

> 나는 외삼촌께서 용돈을 주시면 돈을 세어 보지 않고 그냥 지갑에 넣어.

_____

_____

6. 타당성을 생각하며 토론해요

● 정답 및 풀이 16쪽

1 설문 조사 자료의 타당성을 평가하기 위해 살펴볼 내용으로 알맞지 않은 것은 무엇입니까? (　　)

① 출처가 정확한지 확인해야 한다.
② 믿을 만한 자료인지 확인해야 한다.
③ 조사 범위가 적절한지 살펴보아야 한다.
④ 읽는 사람이 좋아할 만한 자료인지 살펴보아야 한다.
⑤ 주장을 뒷받침하기에 적절한 자료인지 살펴보아야 한다.

3 다음 자료를 글 ㉑의 근거 자료로 사용할 수 없는 까닭으로 알맞은 것에 ○표 하시오.

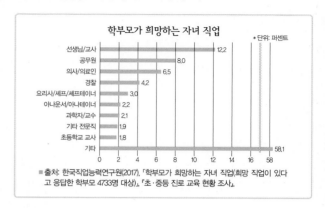

학부모가 희망하는 자녀 직업

＊단위: 퍼센트

직업	퍼센트
선생님/교사	12.2
공무원	8.0
의사/의료인	6.5
경찰	4.2
요리사/셰프/셰프테이너	3.0
아나운서/아나테이너	2.2
과학자/교수	2.1
기타 전문직	1.9
초등학교 교사	1.8
기타	58.1

■ 출처: 한국직업능력연구원(2017), 「학부모가 희망하는 자녀 직업(희망 직업이 있다고 응답한 학부모 4733명 대상)」, 「초·중등 진로 교육 현황 조사」.

(1) 자료의 출처가 없어서　　　　　　　　(　　　)

(2) 글의 주제와 관련이 없어서　　　　　　(　　　)

(3) 조사 대상을 정확히 알 수 없어서　　　(　　　)

[2~3] 다음 글을 읽고, 물음에 답하시오.

㉑ 최근 한 매체에서 '연예인'이 초등학생들의 장래 희망 직업 1위를 차지했다는 결과를 발표했다. 초등학생들 사이에서 번진 아이돌 열풍 때문이다. 몇 년 전에는 꿈이 '요리사'인 초등학생이 많았는데, 그 당시에는 요리를 주제로 한 텔레비전 프로그램이 유행했기 때문이다. 게임 산업의 발전에 따라 '프로 게이머'를 희망 직업으로 뽑은 학생이 대다수였을 때도 있었다.

㉯ 실제로 자신의 꿈이 '연예인'으로 바뀌었다고 하는 한 학생을 면담한 결과, "요즘에는 연예인이 대세이다." 라면서도 "사실은 한 해에도 여러 번 바뀌는 희망 직업 때문에 고민이 많다. 무엇을 준비해야 할지 모르겠다." 라고 털어놓았다. 직업의 선택은 유행이 아니라 자신의 적성이나 흥미, 특기를 고려해 이루어져야 한다.

[4~6] 다음 글을 읽고, 물음에 답하시오.

㉑ 찬성편: ㉠학급 임원은 반드시 필요합니다. ㉡공정한 선거로 학생 대표를 뽑고, 그 대표를 도와 학교생활이 잘 이루어지도록 하는 경험을 해 보는 것은 큰 의미가 있습니다. ㉢학급 임원을 뽑는 기준에 문제가 있다면 그 문제를 해결하면 됩니다. 반대편의 대안처럼 할 경우 원하지 않는 학생이 학생 대표를 맡게 되는 또 다른 문제가 발생할 수 있습니다.

㉯ 반대편: 저희 반대편은 학급 임원이 반드시 필요하지는 않다고 생각합니다. 학급 임원을 뽑는 기준에 문제가 있고, 학생들 간 동등한 관계에 부정적인 영향을 끼친다면 반드시 학급 임원 제도를 유지해야 할 필요가 있을까요? 물론 학급 대표가 필요한 경우도 있습니다. 그러나 그렇다고 해서 꼭 한두 사람이 학급 임원이 될 필요는 없습니다.

㉰ 사회자: 모두 수고하셨습니다. 지금까지 "학급 임원은 반드시 필요하다."라는 주제를 놓고 토론을 진행해 보았습니다. 찬성편과 반대편의 토론으로 학급 임원의 필요성에 대해 깊이 생각해 볼 수 있었습니다. 토론자 여러분, 감사합니다. 그럼 여기서 토론을 마치겠습니다.

2 글쓴이는 직업을 선택할 때 무엇을 고려해야 한다고 하였는지 모두 고르시오. (　　　　)

① 유행　　　　② 적성
③ 흥미　　　　④ 열풍
⑤ 특기

4 이 토론의 주제는 무엇입니까? (   )

① 토론 규칙을 지키자.
② 학급 임원은 투표로 뽑자.
③ 학급 회의는 반드시 필요하다.
④ 학급 임원은 반드시 필요하다.
⑤ 학급 임원은 세 명으로 구성하자.

5 ㉠~㉢에서 찬성편이 제시한 내용으로 알맞은 것을 찾아 선으로 이으시오.

(1) ㉠ •   • ㉮   근거

(2) ㉡ •   • ㉯   주장

(3) ㉢ •   • ㉰   설명이나 뒷받침 자료

6 이 글은 토론의 절차 중 무엇에 해당하는지 찾아 ○표 하시오.

(1) 반론하기   (   )
(2) 주장 펼치기   (   )
(3) 주장 다지기   (   )

[7~8] 다음 시를 읽고, 물음에 답하시오.

> 시장에 간 우리 고모
> 물건 사고 아주머니가 돌려주는
> 거스름돈,
> 꼭 세어 보아요
>
> 은행에 간 고모
> 현금 지급기가
> '달깍' 내미는 돈
> 세어 보지도 않고
> 지갑에 얼른 넣는 거 있죠?
>
> 고모도 참

7 이 시에서 고모의 행동으로 알맞은 것은 무엇입니까? (   )

① 시장에 가지 않는다.
② 현금 지급기를 이용하지 않는다.
③ 시장에 갈 때 지갑을 가지고 가지 않는다.
④ 현금 지급기가 내미는 돈은 세어 보지 않는다.
⑤ 시장에서 아주머니가 돌려주는 거스름돈은 받지 않는다.

8 이 시와 비슷한 경험을 알맞게 말한 친구의 이름을 모두 쓰시오.

> 수연: 엄마와 시장에 갔다가 돈을 잃어버린 적이 있어.
> 영호: 우리 아버지께서 아시던 길보다 자동차 길 도우미의 안내를 더 믿으셨던 적이 있어.
> 진수: 휴대 전화에 너무 많이 의존해 휴대 전화가 손에 없으면 불안해하는 일이 많다는 기사를 읽은 적이 있어.

(   )

문법
9 다음 빈칸에 '안'과 '못' 중 알맞은 부정 표현을 쓰시오.

(1) 나는 그 책을 이미 읽었기 때문에 다시 (   ) 읽었다.
(2) 옷은 마음에 들었지만 돈이 없었기 때문에 옷을 (   ) 샀다.

문법
10 다음 문장을 알맞은 부정 표현을 사용하여 바르게 고쳐 쓰시오.

> 친구와 다투지 않아라.

(   )

[1~2] 다음 그림을 보고, 물음에 답하시오.

1 이 그림에서 문제 상황은 무엇입니까? (   )

① 학교에 운동장이 없어서 운동을 할 수 없다.
② 학교 운동장에서 놀다가 다치는 친구들이 많다.
③ 학교 운동장을 외부인에게 개방해서 쓰레기가 많아졌다.
④ 학교 운동장에 쓰레기통이 없어서 운동장이 더러워졌다.
⑤ 학교 운동장을 외부인이 사용해서 학생들이 사용할 수 없다.

서술형
2 이 그림에 어울리는 토론 주제를 떠올려 쓰시오.

_____

_____

3 주변의 문제에 대해 찬성편과 반대편으로 나뉘어 상대를 설득하기 위해 말하는 것을 무엇이라고 합니까? (   )

① 상담   ② 토의   ③ 토론
④ 주장   ⑤ 반성

[4~5] 다음 그림을 보고, 물음에 답하시오.

4 세연이가 어색해하는 인사말은 무엇인지 그림에서 찾아 쓰시오.

(   )

5 민규가 그림 ㉮와 같이 대답했을 때 이어질 대화의 모습으로 알맞은 것을 두 가지 고르시오.

(   )

① 서로 다툴 것이다.
② 더 이상 대화가 이루어지지 않을 것이다.
③ 서로 근거를 대며 자신의 의견을 나누게 될 것이다.
④ 서로 기분을 상하게 하면서 자신이 옳다고 우기기만 할 것이다.
⑤ 상대의 주장과 그 근거가 옳은지 따져 가며 문제 해결 방법을 찾아볼 수 있게 될 것이다.

[6~10] 다음 글을 읽고, 물음에 답하시오.

> **가** 최근 한 매체에서 '연예인'이 초등학생들의 장래 희망 직업 1위를 차지했다는 결과를 발표했다. 초등학생들 사이에서 번진 아이돌 열풍 때문이다. 몇 년 전에는 꿈이 '요리사'인 초등학생이 많았는데, 그 당시에는 요리를 주제로 한 텔레비전 프로그램이 유행했기 때문이다. 게임 산업의 발전에 따라 '프로 게이머'를 희망 직업으로 뽑은 학생이 대다수였을 때도 있었다. 직업은 생활 수단이자 자신의 능력을 발휘하고 꿈을 실현할 수 있는 기회이기도 하다. 그런데 자신이 희망하는 직업을 유행에 따라 결정하는 일이 과연 옳은 것일까?
>
>
>
> **나** 이와 같은 현실과 관련해 직업 평론가 ○○○ 씨와 면담한 결과, 그는 "자신이 원하는 일이 무엇인지 모르며 사회에 어떤 다양한 직업이 있는지 알아보려고 하지 않는 사실이 문제"라며 우려를 나타냈다. 직업은 미래에 자기 삶을 유지해 줄 수 있는 수단 가운데 하나이다. 직업으로 사람들은 소득을 얻기도 하고, 행복과 보람을 느끼기도 한다. 그러므로 유행보다는 자신의 흥미와 적성, 특기를 알고, 이것을 바탕으로 하여 직업을 고르려고 노력해야 한다.

6 글쓴이의 반 친구들이 희망하는 직업으로 가장 많이 고른 항목은 무엇인지 쓰시오.

(   )

7 글 **가**에 제시된 설문 조사 자료에서 부족한 점은 무엇입니까? (   )

① 조사 범위가 좁다.
② 자료의 양이 너무 많다.
③ 선생님의 의견이 나타나 있지 않다.
④ 부모님이 조사한 내용이어서 믿을 수 없다.
⑤ 연예인을 희망하는 학생이 몇 명인지 알 수 없다.

서술형
8 다음 자료를 이 글의 근거 자료로 활용할 수 있을지 생각하여 그 까닭과 함께 쓰시오.

_____

_____

9 다음은 글 **나**에서 사용한 면담 자료를 정리한 것입니다. 빈칸에 알맞은 말을 쓰시오.

면담한 사람	(1)( ) ○○○ 씨
면담의 주요 내용	자신이 원하는 일이 무엇인지 모르며 사회에 어떤 다양한 (2)( )이/가 있는지 알아보려고 하지 않는 사실이 문제라는 내용

10 글 **나**에서 사용한 면담 자료를 평가하기 위해 살펴볼 내용으로 알맞은 것을 두 가지 고르시오.

(   )

① 자료의 종류가 다양한지 따져 본다.
② 텔레비전에서 본 적이 있는지 살펴본다.
③ 자료가 주장을 잘 뒷받침하는지 살펴본다.
④ 해당 분야 전문가를 면담한 것인지 따져 본다.
⑤ 모든 사람이 동의할 내용의 자료인지 살펴본다.

[11~15] 다음 글을 읽고, 물음에 답하시오.

> ㉮ 반대편: 학급 임원 제도는 반드시 필요하다고 할 수 없습니다. 저희는 다음과 같은 까닭으로 "학급 임원은 반드시 필요하다."라는 주제에 반대합니다.
> 　첫째, 학급 임원을 뽑는 기준이 올바르다고 보기 어렵습니다. 한 매체에서 설문 조사를 한 결과에 따르면 70퍼센트 정도의 학생들이 "후보들의 능력보다 친분을 우선으로 투표한 적이 있다."라고 응답했습니다. 이 조사는 정말 우리가 우리를 대표할 수 있는 사람을 학급 임원으로 뽑았는지에 대한 의문을 가지게 합니다.
> ㉯ 찬성편: 반대편은 학급 임원을 뽑는 기준이 올바르지 않은 까닭을 근거로 들었습니다. 하지만 반대편에서 첫 번째 자료로 제시한 설문 조사 결과는 다른 학교를 조사한 것입니다. 따라서 우리 학교의 상황과 설문 조사 결과가 반드시 같다고는 볼 수 없습니다. 우리 학교 사정을 고려해서 근거를 말씀해 주셔야 하지 않을까요?
> ㉰ 반대편: 네, 저희가 다른 학교에서 조사한 결과를 활용한 것은 맞습니다. 그러나 그 자료는 학급 임원을 뽑는 기준에 문제가 있다고 생각하는 학생이 많다는 점을 보여 드리려는 자료입니다. 여기 우리 학교 선생님을 면담한 결과를 보여 드리겠습니다. 그 선생님께서는 "봉사 정신이 뛰어나거나 모범적인 행동을 보이는 학생보다는 인기가 많은 학생이 학급 임원이 되는 경우가 종종 있다."라고 말씀하셨습니다.

서술형

11 이 토론에서 반대편의 주장은 무엇인지 쓰시오.

(　　　　　　　　　　　　　　)

12 반대편이 주장을 펼친 방법으로 알맞지 <u>않은</u> 것에 × 표 하시오.

⑴ 근거를 들어 주장을 펼쳤다. 　　　　　　(　　)

⑵ 선생님의 동영상 자료를 제시했다. 　　　(　　)

⑶ 근거와 관련해 설문 조사 결과 자료를 제시했다.
　　　　　　　　　　　　　　　　　　　　(　　)

13 찬성편이 반대편의 주장에 대해 반론한 내용으로 알맞은 것의 기호를 쓰시오.

> ㉮ 반대편에서 제시한 설문 조사 자료에는 정확한 수치가 드러나 있지 않다.
> ㉯ 반대편에서 제시한 설문 조사 자료는 출처가 나와 있지 않아 믿을 수 있는 자료라고 보기 어렵다.
> ㉰ 반대편에서 제시한 설문 조사 결과는 다른 학교에서 조사한 결과로, 우리 학교의 상황과 반드시 같다고 볼 수 없다.

(　　　　　　　　　　　　　　)

14 찬성편이 제기한 반론을 반박하려고 반대편이 제시한 답변은 무엇입니까? (　　)

① 새로운 주장을 하겠다.
② 전문가의 강의 자료를 보여 주겠다.
③ 우리 학교 선생님을 면담한 결과를 보여 주겠다.
④ 우리 학교 학생을 설문 조사한 결과를 보여 주겠다.
⑤ 학급 임원을 한 경험이 있는 학생의 면담 자료를 보여 주겠다.

15 다음은 토론 절차 중 글 ㉯의 단계를 설명한 것입니다. ☐ 안에 들어갈 말을 **보기** 에서 찾아 쓰시오.

> • 상대편의 주장을 요약하고, 그 주장이 타당하지 않다는 것을 밝히기 위한 ☐⑴☐ 을/를 한다.
> • 상대편의 주장에 대한 근거나 그에 대한 ☐⑵☐ 이/가 타당하지 않다는 것을 밝힌다.

보기

　　　　자료, 　　　질문

⑴ (　　　　　　　　　　)

⑵ (　　　　　　　　　　)

6. 타당성을 생각하며 토론해요

 수행평가

● 정답 및 풀이 17쪽

평가 주제	글을 읽고 토론 하기
평가 목표	글을 읽고 주제를 정해 토론을 할 수 있다.

기계를 더 믿어요

시장에 간 우리 고모
물건 사고 아주머니가 돌려주는
거스름돈,
꼭 세어 보아요

은행에 간 고모
현금 지급기가
'달깍' 내미는 돈
세어 보지도 않고
지갑에 얼른 넣는 거 있죠?

고모도 참

1 고모가 현금 지급기가 내미는 돈은 세어 보지도 않는 이유는 무엇일지 짐작하여 쓰시오.

2 이 시의 내용과 관련하여 친구들과 토론하고 싶은 주제를 정해 쓰시오.

3 문제 **2**번에서 답한 토론 주제에 대한 자신의 주장을 조건 에 맞게 쓰시오.

> 조건
> 1. 토론 주제에 대한 자신의 주장을 정확히 밝힌다.
> 2. 자신의 주장에 대한 타당한 근거를 쓴다.

다른 그림을 찾아보세요.

● 정답 및 풀이 17쪽

다른 곳이 15군데 있어요.

7 중요한 내용을 요약해요

▶ 학습을 완료하면 V표를 하면서 학습 진도를 체크해요.

7 중요한 내용을 요약해요

개념 강의

● 정답 및 풀이 18쪽

1 낱말의 뜻을 짐작하며 글을 읽어야 하는 까닭

- 낱말의 뜻을 제대로 이해하지 못하면 글을 제대로 이해할 수 없기 때문입니다.
- 글을 읽으면서 모르는 낱말이 나올 때마다 사전을 찾아볼 수 없기 때문입니다.

예 「내 귀는 건강한가요」에서 민찬이와 같이 글을 읽을 때 생길 수 있는 문제

민찬

귀가 어둡다는 말은 무슨 뜻일까? 귀 색깔이 검은색이라는 뜻이겠지. 그냥 대충 읽어야겠다.

→ 낱말의 뜻을 제대로 짐작하지 못해서 글의 내용을 잘 이해할 수 없습니다.

2 낱말의 뜻을 짐작하는 방법

- 뜻을 잘 모르는 낱말의 앞뒤 상황을 살펴봅니다.
- 해당 낱말의 뜻과 비슷하거나 반대인 낱말을 대신 넣어 봅니다.
- 낱말을 사용한 예를 떠올려 봅니다.

예 「존경합니다, 선생님」을 읽으며 '마른침'의 뜻 짐작하기

'마른침'이라는 말이 나온 앞부분의 상황을 보면 '긴장했을 때 삼키는 침'이라는 뜻인 것 같습니다. 켈러 선생님께서 내일까지 숙제를 해 오라고 호통을 치시는 긴장되는 상황이었기 때문입니다.

3 글의 구조에 따라 요약하기

┌─● 글을 읽고 중요한 정보를 간추리는 것

- 글의 구조를 파악하며 읽습니다.
- 문단의 중심 내용을 간추립니다.
- 글의 구조에 알맞은 틀을 그려 내용을 정리합니다.

순서 구조	시간이나 공간의 순서에 따라 설명하는 글의 구조
문제와 해결 구조	해결할 문제와 문제의 해결 방법을 제시하는 글의 구조
나열 구조	하나의 주제에 대해 몇 가지 특징을 늘어놓는 글의 구조
비교와 대조 구조	두 대상의 공통점과 차이점을 중심으로 설명하는 글의 구조

- 정리한 내용은 중요한 내용이 잘 드러나도록 간결한 문장으로 씁니다.

개념 확인 문제

1 낱말의 뜻을 짐작하며 글을 읽어야 하는 까닭

낱말의 뜻을 짐작하며 글을 읽으면 좋은 점을 찾아 기호를 쓰시오.

> ㉮ 글을 제대로 이해할 수 있다.
> ㉯ 한자어를 많이 외울 수 있다.
> ㉰ 책을 다 읽지 않아도 내용을 알 수 있다.

( )

2 낱말의 뜻을 짐작하는 방법

다음 중 글을 읽다가 뜻을 잘 모르는 낱말의 뜻을 짐작하는 방법으로 알맞은 것을 모두 찾아 ○표 하시오.

(1) 해당 낱말이 몇 글자인지 확인한다. ( )

(2) 해당 낱말의 앞뒤 상황을 살펴본다. ( )

(3) 해당 낱말의 뜻과 비슷하거나 반대인 낱말을 대신 넣어 본다. ( )

3 글의 구조에 따라 요약하기

다음 보기 에서 빈칸에 들어갈 알맞은 말을 찾아 쓰시오.

> 보기
> 나열, 순서

(1) ( ) 구조는 시간이나 공간의 순서에 따라 설명하는 글의 구조이다.

(2) ( ) 구조는 하나의 주제에 대해 몇 가지 특징을 늘어놓는 글의 구조이다.

7 중요한 내용을 요약해요

● 정답 및 풀이 18쪽

어휘

1. 핵심 개념 어휘: 구조, 파악, 요약

要 중요할 요
約 맺을 약
뜻 말이나 글에서 중요한 내용만을 뽑아 간추림.

構 얽을 구, 造 지을 조
뜻 부분이나 요소가 어떤 전체를 짜 이룸.

把 잡을 파, 握 쥘 악
뜻 어떤 대상의 내용이나 본질을 확실하게 이해하여 앎.

➡ 글의 구조를 파악하여 중요한 내용을 요약해 봅시다.

2. 작품 속 어휘

낱말	뜻	예시
걸림돌	일을 해 나가는 데에 걸리거나 막히는 장애물을 비유적으로 이르는 말.	음악 소리는 공부에 집중할 때 걸림돌이 됩니다.
상심(傷心) 傷 상처 상 心 마음 심	마음이 아프거나 슬픈 것. 아픈 마음.	아끼던 목걸이를 잃어버려 상심이 컸습니다.
평행(平行)하다 平 평평할 평 行 다닐 행	늘어선 모습이 나란하다.	식탁 위에 젓가락이 평행하게 놓여 있습니다.
판판하다	물건의 표면이 높낮이가 없이 평평하고 너르다.	나는 매일 아침 이불을 판판하게 정리합니다.

문법 유의어와 반의어

◆ 유의어: 소리는 서로 다르지만 뜻이 거의 같거나 비슷한 말입니다. 유의 관계인 낱말끼리는 문장에서 서로 바꾸어 쓸 수 있습니다.
  예 '책방 – 서점', '메아리 – 산울림'
◆ 반의어: 뜻이 서로 반대되는 관계에 있는 말입니다. 반의 관계인 두 낱말 사이에는 공통점이 있으면서 동시에 서로 다른 하나의 차이점이 있습니다.
  예 '할아버지 – 할머니', '높다 – 낮다'

어휘·문법 확인 문제

1 [핵심 개념 어휘]
다음 뜻에 알맞은 낱말을 보기 에서 찾아 쓰시오.

말이나 글에서 중요한 내용만을 뽑아 간추림.

보기
구조,   파악,   요약

(   )

2 [작품 속 어휘]
다음 뜻에 해당하는 말을 찾아 ○표 하시오.

늘어선 모습이 나란하다.

(1) 납작하다 (   )
(2) 평행하다 (   )
(3) 교차하다 (   )

3 [작품 속 어휘]
다음 보기 에서 빈칸에 알맞은 낱말을 찾아 쓰시오.

보기
상심,   걸림돌

(1) 무리한 운동은 건강을 지키는 생활에 (   )이 되었다.
(2) 성적이 나쁘다고 너무 (   )할 필요가 없다.

4 [문법]
다음 밑줄 그은 낱말의 유의어와 반의어를 한 가지씩 쓰시오.

내 동생은 예쁘다.

(1) 유의어: (   )
(2) 반의어: (   )

내 귀는 건강한가요

① ㉠귀가 어두워 무슨 말을 해도 제대로 알아듣지 못하는 만화 주인공 '사오정'을 아시나요? 만화 주인공 사오정과 비슷한 사람이 우리 주변에 많이 생겨나고 있습니다. 사오정이 ㉡뜬금없는 말로 우리에게 재미와 웃음을 주지만 요즘에 사오정들은 귀 건강을 위협받는 아주 위험한 상황에 놓여 있습니다.

말을 제대로 알아듣지 못하는 사람

중심 내용 | 요즘 귀 건강을 위협받는 사람들이 늘고 있습니다.

② 우리 귀 건강에 가장 큰 걸림돌은 '이어폰'입니다. 사람들 대부분이 이어폰으로 음악을 들으면 집중을 잘하기 때문에 학습하는 데 큰 힘이 될 것이라고 생각합니다. 하지만 이는 사실과 다릅니다. 양쪽 귀 바로 위쪽 부위에는 언어 중추가 있는 뇌 측두엽이 존재하는데 측두엽과 가까운 귀에 이어폰을 꽂으면 언어 중추가 음악 소리에 자극을 받기 때문에 학습 내용이 기억에 잘 남지 않습니다. 왜냐하면 측두엽은 기억력과 청각을 담당하기 때문입니다. 다시 말해 노래를 들으며 공부를 하면 뇌는 이 두 가지를 한꺼번에 처리해야 하기 때문에 어려움을 겪습니다. 그래서 일반적으로 뇌 과학자들은 음악 듣기는 고난도 학습이나 업무를 하는 데 도움을 주지 않

(방해물)
(도움)

는다고 설명합니다.

귀를 건강하게 하려면 이어폰 같은 음향 기기를 하루 2시간 이내로 사용해야 하고, 사용할 때에는 소리 크기를 60퍼센트로 유지해야 합니다. 또 귀를 건조하게 유지하고 깨끗한 이어폰을 사용하는 방법도 좋습니다.

중심 내용 | 귀 건강에 가장 큰 걸림돌은 '이어폰'이며, 귀를 건강하게 하려면 음향 기기를 바르게 사용해야 합니다.

- **글의 종류** 기사문
- **글의 특징** 글을 읽을 때 낱말의 뜻을 제대로 알지 못해서 생긴 문제점을 통해 낱말의 뜻을 짐작하며 글을 읽어야 하는 까닭을 알 수 있습니다.
- **글의 구조** 빈칸에 알맞은 말을 넣어 글의 내용 정리하기

귀를 건강하게 유지하는 방법	❶( ) 기기를 하루 2시간 이내로 사용하고, 소리 크기를 60퍼센트로 유지한다.
	귀를 ❷( )하게 유지한다.
	깨끗한 이어폰을 사용한다.

걸림돌 일을 해 나가는 데에 걸리거나 막히는 장애물을 비유적으로 이르는 말.
자극 어떠한 작용을 주어 감각이나 마음에 반응이 일어나게 함. 또는 그런 작용을 하는 사물.
고난도 어려움의 정도가 매우 큼. 또는 그런 것.

---

1 귀를 건강하게 하는 방법으로 알맞은 것을 모두 고르시오. (   )

① 귀를 자주 후빈다.
② 귀를 건조하게 한다.
③ 깨끗한 이어폰을 사용한다.
④ 음향 기기를 하루 2시간 이내로 사용한다.
⑤ 음향 기기 소리 크기를 100퍼센트로 유지한다.

2 ㉠의 뜻을 알맞게 짐작한 것을 찾아 ○표 하시오.

(1) 귀가 보이지 않아   (   )
(2) 귀 색깔이 어두워서   (   )
(3) 귀가 잘 들리지 않아   (   )

어휘

3 ㉡과 바꾸어 쓸 수 있는 낱말을 한 가지 쓰시오.

(   )

4 다음 민찬이와 같이 했을 때 생길 수 있는 문제로 알맞은 것은 무엇입니까? (   )

귀가 어둡다는 말은 무슨 뜻일까? 귀 색깔이 검은색이라는 뜻이겠지. 그냥 대충 읽어야겠다.

민찬

① 글을 외울 수 없다.
② 글을 길게 쓸 수 없다.
③ 글을 대충 읽을 수 없다.
④ 글의 내용을 바꿀 수 없다.
⑤ 글의 내용을 잘 이해할 수 없다.

존경합니다, 선생님 퍼트리샤 폴라코

❶ "첫 번째 과제는 수필이다. 내가 놀라 까무러칠 정도로 재미있는 글을 써 오도록. 내가 너희의 반짝이는 생각에 홀딱 빠질 만큼 대단한 작품을 써 보란 말이다. 너희가 이 수업을 들을 만한 자격이 있는지를 알아보려는 거니까! 주제는? 가족이나, 집에서 일어나는 일상생활에 대한 이야기라면 뭐든지 괜찮아."

우리는 허둥지둥 종이를 꺼내 끼적이기 시작했다.

"아니, 아니! 여기서 말고!"

켈러 선생님의 호통에 우리는 바로 연필을 놓았다.

"숙제란 말이다, 숙제! 세 쪽 가득 채워 오도록. **기한**은 내일까지!"

나는 **마른침**을 꿀꺽 삼켰다.

집으로 돌아오는 내내, 나는 줄곧 숙제 생각만 했다.

진짜 잘 써야 하는데!

중심 내용 | 퍼트리샤는 켈러 선생님의 글쓰기 수업에서 수필을 써 오라는 첫 번째 과제를 받았습니다.

❷ 나는 우리 가족과 내 일상에 대해 쓴 '**걸작**'을 읽어 내려갔다. 내가 우리 가족 모두를 얼마나 사랑하는지 알

면 켈러 선생님도 무척 감동하겠지?

하지만 내 예상과는 달리, 켈러 선생님의 숨소리가 점점 거칠어졌다.

"퍼트리샤, 넌 지금 '사랑'이라는 낱말을 고양이에게도, 치마에도, 이웃에게도, 팬케이크에도……, 심지어 엄마에게도 사용하고 있어. 엄마에게 느끼는 감정과 팬케이크에 느끼는 감정이 똑같다는 말이니? 낱말은 감정을 전해 주지. 하지만 낱말 하나하나가 가진 차이를 이해해야 해! 자, 다들 주목. 지금 당장 종이에 '사랑'을 나타내는 낱말을 쭉 써 봐. 단, '사랑'이라는 낱말은 빼고."
<small>켈러 선생님의 가르침</small>

우리는 모두 끙끙대며 머리를 짜냈지만 **고작** 몇 개밖에 쓰지 못했다.
<small>온 힘을 다하여 어떤 생각이 나오게 했지만.</small>

중심 내용 | 켈러 선생님은 퍼트리샤의 글을 보고 글을 쓸 때는 낱말 하나하나가 가진 차이를 이해해야 한다고 말했습니다.

기한 주로, 돈을 주거나 일을 하기로 한 미리 정해 놓은 때.
마른침 애가 타거나 긴장했을 때 입안이 말라 무의식중에 힘들게 삼키는 아주 적은 양의 침.
걸작(傑 뛰어날 걸, 作 지을 작) 매우 훌륭한 작품.
고작 기껏 따져 보거나 헤아려 보아야.

7
단원

5 켈러 선생님 수업의 첫 번째 과제는 무엇을 써 오는 것입니까? ( )

① 시
② 동화
③ 수필
④ 기사문
⑤ 논설문

서술형

6 보기 와 같이 '사랑'이라는 낱말은 쓰지 않고, 사랑의 뜻을 설명하는 문장을 쓰시오.

> 보기
> 나를 세상에서 가장 예뻐해 주시는 우리 어머니의 마음입니다.

_____

_____

7 켈러 선생님의 첫 번째 과제를 대하는 퍼트리샤의 마음은 어떠합니까? ( )

① 귀찮다.
② 정말 잘하고 싶다.
③ 글을 쓸 시간이 없다.
④ 자신이 가장 잘할 수 있다.
⑤ 어려운 과제를 내 준 선생님이 밉다.

중요 독해

8 퍼트리샤가 첫 번째 글을 발표한 뒤에 켈러 선생님의 반응으로 알맞은 것은 무엇입니까? ( )

① 걸작을 썼다고 칭찬하셨다.
② 숨소리가 거칠어지며 나무라셨다.
③ 다시 크게 읽어 보라고 말씀하셨다.
④ 멋진 작가가 될 것이라고 평가하셨다.
⑤ '사랑'의 뜻을 다양하게 쓴 점을 칭찬하셨다.

존경합니다, 선생님

❸ 슐로스 할아버지가 쿠키 반죽을 넓적하게 밀면서 기억을 더듬듯 천천히 입을 열었다.

"너희 모두 켈러 선생님이 그저 학생들을 괴롭히는 깐깐한 선생님이라고만 알고 있겠지. 하지만 말이다, 그리 오래전 일도 아니지. 예전에 글재주가 뛰어나서 훌륭한 작가로 성장할 만한 학생이 켈러 선생님 눈에 들어왔단다. 켈러 선생님은 그 학생이 쓴 글의 문제점을 모조리 지적해서 계속 다시 쓰게 했지. 완벽한 글이 될 때까지 몇 번이고 말이야. 단연코 그 학생은 태어나서 그토록 엄하고 힘든 선생님은 만난 적이 없었어."

"그래서 그 학생은 어떻게 됐어요?"

스튜어트가 물었다.

"물론 글 쓰는 사람이 되었지. 시카고에서 가장 큰 신문사에 들어갔단다! 나중에는 워싱턴에서 제일 큰 신문사로 옮겼고, 남아메리카에서 중동, 소련에 이르기까지 두루두루 다니며 기사를 썼지. 그러다가 미국 최고의 권위를 자랑하는 보도 부문 퓰리처상까지 받았단다."

"어쩌면 그 학생은 켈러 선생님이 아니었더라도 훌륭한 글을 쓰는 사람이 되지 않았을까요?"

"꼭 그렇지만은 않단다, 퍼트리샤. 그 학생의 집은 아이를 대학교에 보낼 여유가 없었지. 켈러 선생님은 그 학생에게 글쓰기를 가르쳤을 뿐만 아니라, 학비까지 ㉠손수 마련해서 대학교에 다닐 수 있도록 주선해 주었어. 켈러 선생님이 아니었다면 그 학생은 평생 아버지의 빵집에서 일할 수밖에 없었을 거야."

슐로스 할아버지는 장난스럽게 눈을 찡긋했다.

"그래, 맞아. 그 학생이 바로 우리 아들이란다. 그러니까, 그 사실 하나만으로도, 나는 기 세고 고집 센 켈러 선생님에게 감사하지 않을 수 없지. 마녀 켈러라지만, 켈러 선생님이 없었다면 어떻게 되었을지……."

중심 내용 | 슐로스 할아버지는 켈러 선생님 덕분에 훌륭한 기자로 성장한 아들에 관한 이야기를 해 주셨습니다.

모조리 하나도 빠짐없이 모두.
권위(權 권세 권, 威 위엄 위) (어떤 분야에서) 남이 떠받들 만한 뛰어난 지식 · 기술, 또는 실력.
학비(學 배울 학, 費 쓸 비) 공부하며 학문을 닦는 데 드는 비용.
주선해 일이 잘되도록 여러 가지 방법으로 힘써.

---

9 슐로스 할아버지의 아들에 대한 설명으로 알맞은 것은 무엇입니까? (   )

① 워싱턴에서만 기사를 썼다.
② 보도 부문 퓰리처상을 받았다.
③ 켈러 선생님께 영어를 배웠다.
④ 대학교에서 글쓰기를 가르쳤다.
⑤ 도쿄에서 가장 큰 신문사에서 일했다.

[어휘]

10 ㉠과 바꾸어 쓸 수 있는 낱말은 무엇입니까?
(   )

① 직접   ② 대충
③ 슬쩍   ④ 쉽게
⑤ 우연히

11 슐로스 할아버지가 켈러 선생님께 감사한 마음이 든 까닭으로 알맞은 것을 두 가지 고르시오. (   )

① 빵집에서 일을 해 주었기 때문이다.
② 아들에게 항상 칭찬만 해 주었기 때문이다.
③ 아들에게 일자리를 소개해 주었기 때문이다.
④ 아들에게 글쓰기를 가르쳐 주었기 때문이다.
⑤ 아들의 학비를 마련해서 대학교에 다닐 수 있도록 해 주었기 때문이다.

[서술형]

12 글 ❸의 내용을 바탕으로 하여 켈러 선생님의 성격을 짐작해 쓰시오.

_____

_____

존경합니다, 선생님

④ 엄마는 아침에 슐로스 할아버지가 돌아가셨다고 했다, 갑작스러운 심장 마비로.

엄마와 내가 차고에 들어서자, 슐로스 할아버지의 두 아들이 보였다. 두 사람 다 상심한 얼굴이 말이 아니었다. 나는 마지막으로 한 번만 슐로스 할아버지 집을 구석구석 살펴보고 싶었다. 다행히 허락을 받아, 나는 모든 방을 천천히 둘러보았다. 슐로스 할아버지의 침대에 놓인 베개도 만져 보고, 슐로스 할아버지가 가장 아끼던 의자의 등받이도 쓰다듬었다. 그러다 우리가 함께 쿠키를 만들 때 슐로스 할아버지가 입었던 요리복을 발견했다. 나는 요리복을 덥석 움켜잡았다. 북받쳐 오르는 눈물을 그칠 수가 없었다. 이제는 하늘도 ㉠꼴 보기 싫었다. 슐로스 할아버지 같은 사람이 돌아가셨는데, 어째서 세상은 이리도 멀쩡히 잘 돌아가고 있을까!

감정이나 힘 따위가 속에서 세차게 치밀어 올라.

중심 내용 | 퍼트리샤는 돌아가신 슐로스 할아버지의 집을 둘러보며 매우 슬퍼했습니다.

⑤ 그 순간, 나는 깜짝 놀랐다. 켈러 선생님이 나를 꼭 끌어안은 것이다.

'마녀 켈러'가 나를 안아 주다니! 그러면서 켈러 선생님은 나직이 속삭였다.

"퍼트리샤, 슐로스 할아버지에게 바치는 글은 정말 놀라웠다. 자신이 겪은 일 쓰기의 모범으로 삼아도 좋을 만큼 말이다."

반으로 접힌 기말 과제 종이를 손에 꼭 쥐고 집으로 달려가는 내내, 나는 기대에 ㉡들떠 가슴이 부풀어 올랐다.

언덕길에서는 잠깐 멈추어 서서 슐로스 할아버지의 집을 올려다보았다.

"슐로스 할아버지! 지금은 사랑하는 아내와 함께 계시겠지요?"

나는 거의 속삭이듯 물었다. 이런 생각만으로도 가슴이 따뜻해졌다.

중심 내용 | 켈러 선생님은 퍼트리샤의 과제를 보고 칭찬하였습니다.

상심(傷 상처 상, 心 마음 심) 마음이 아프거나 슬픈 것. 아픈 마음. 예 시험에서 떨어진 오빠는 상심이 큽니다.
모범(模 본뜰 모, 範 법 범) 남이 본받고 따라 배울 만한 행동, 또는 그런 행동을 하는 사람.

7 단원

중요 독해

13 글 ④에서 일어난 일은 무엇입니까? ( )
① 켈러 선생님이 병에 걸리셨다.
② 슐로스 할아버지가 돌아가셨다.
③ 퍼트리샤는 엄마와 함께 학교를 방문했다.
④ 슐로스 할아버지의 두 아들이 외국으로 떠났다.
⑤ 퍼트리샤는 글쓰기 숙제를 하기 위해 슐로스 할아버지를 만났다.

14 글 ④에서 퍼트리샤의 마음은 어떠합니까? ( )
① 귀찮다.　　② 설렌다.
③ 슬프다.　　④ 지루하다.
⑤ 신기하다.

어휘

15 ㉠의 뜻을 알맞게 짐작한 것은 무엇입니까? ( )
① 눈물을 흘리는 모습.
② 하늘처럼 우러러 보는 존재.
③ 눈, 코, 입이 있는 머리의 앞면.
④ 자리에서 쉬지 않고 움직이는 모습.
⑤ 사물의 모양 또는 사람의 모양새를 낮잡아 이르는 말.

16 다음 밑줄 그은 말이 ㉡과 같은 뜻으로 사용된 것을 찾아 ○표 하시오.
(1) 비가 새서 벽지가 들떴다. ( )
(2) 친구가 감기로 며칠 아프더니 얼굴이 들떴다. ( )
(3) 내일 소풍을 갈 생각에 들떠 잠을 제대로 자지 못했다. ( )

존경합니다, 선생님

❻ 나는 드디어 기말 과제 종이를 펼쳤다. 맨 위쪽 빈 공간에 빨간색 글씨가 가득했다.

'퍼트리샤, 맞춤법은 아직 손보아야 할 곳이 많지만, 낱말에 날개가 달려 있구나. 채점 기준만 고집할 수 없을 정도로. 그래서…… 네게 글쓰기반 최초로 에이 (A) 점수를 주마.'

중심 내용 | 켈러 선생님은 퍼트리샤에게 글쓰기반 최초로 에이(A) 점수를 주셨습니다.

❼ 훗날, 켈러 선생님은 내가 슐로스 할아버지에게 받은 ㉠유의어 사전을 가지고 기말 과제를 썼다는 사실에 굉장히 감동했다고 말했다. 나는 슐로스 할아버지가 유의어 사전 가장자리에 직접 적어 놓은 글들을 여전히 기억한다. 그 글들을 읽을 때마다 슐로스 할아버지가 내 곁에 있는 것만 같았다.

나는 분명히 '사랑'이라는 낱말을 썼지만, 그 낱말이 빚어낼 수 있는 모든 형태를 마지막 과제에 담았다. 지금도 슐로스 할아버지와 켈러 선생님을 생각하면 가슴이 벅찰 만큼 갖가지 낱말이 떠오른다. 왜냐하면 내가 늘 '존경하고 사랑해 마지않는' 두 분이니까.

중심 내용 | 퍼트리샤는 지금도 슐로스 할아버지와 켈러 선생님을 생각하면 가슴이 벅찹니다.

- **글의 종류** 이야기
- **글의 특징** 퍼트리샤가 무섭기로 유명한 켈러 선생님께 글쓰기를 배우며 성장해 나가는 이야기입니다.
- **작품 정리** 빈칸에 알맞은 말을 넣어 글의 내용 정리하기

글쓰기를 좋아하는 아이인 퍼트리샤가 무섭고 괴팍하다고 알려진 켈러 선생님께 ❶(   ) 수업을 받게 됨.

↓

퍼트리샤는 켈러 선생님만의 독특하고 까다로운 글쓰기 수업 방식을 힘겨워하면서 옆집에 사는 마음씨 따뜻한 ❷(   ) 할아버지에게 의지함.

↓

퍼트리샤는 슐로스 할아버지 덕분에 힘을 얻어 켈러 선생님의 글쓰기 수업을 따라가며 성장하고, 글쓰기반 최초로 에이(A) 점수를 받음.

기준(基 터 기, 準 준할 준) 종류를 나누거나 비교를 하거나 정도를 구별하기 위하여 따르는 일정한 원칙.
마지않는 앞말이 뜻하는 행동을 진심으로 함을 강조하여 나타내는 말. **예** 경호는 불 끄는 소방관을 존경해 마지않는 눈길로 바라보았습니다.

중요 독해

17 퍼트리샤의 기말 과제에 대한 켈러 선생님의 평가로 알맞은 것은 무엇입니까? (   )

① 주제를 다시 잡아야 한다.
② 낱말에 날개가 달려 있다.
③ 맞춤법은 고칠 곳 없이 완벽하다.
④ 어려운 낱말을 더 많이 써야 한다.
⑤ 진실한 감정을 드러내는 낱말이 없다.

18 켈러 선생님은 퍼트리샤의 기말 과제에 어떤 점수를 주셨는지 쓰시오.

(   ) 점수

어휘

19 ㉠의 뜻으로 알맞은 것은 무엇입니까? (   )

① 소리는 같으나 뜻이 다른 말.
② 두 가지 이상의 뜻을 가진 말.
③ 뜻이 서로 반대되는 관계에 있는 말.
④ 어떤 말보다 구체적이고 자세한 뜻이 있는 말.
⑤ 소리는 서로 다르지만 뜻이 거의 같거나 비슷한 말.

서술형

20 퍼트리샤에게 켈러 선생님과 슐로스 할아버지는 어떤 존재일지 자신의 생각을 쓰시오.

_____

_____

식물의 잎차례 장 앙리 파브르

❶ 식물이 특별한 기술을 바탕으로 잎을 피우는 이유는 햇빛과 그림자 문제 때문입니다. 위의 잎이 바로 아래 잎과 겹치면 위에 있는 잎의 그림자 때문에 아래 잎은 햇빛을 받지 못합니다. 식물은 햇빛을 보지 못하면 살 수가 없지요. 그래서 어떻게 잎을 펼쳐야 햇빛을 잘 끌어모을까 고민합니다.

중심 내용 | 식물이 특별한 기술을 바탕으로 잎을 피우는 이유는 햇빛과 그림자 문제 때문입니다.

❷ 그럼 식물이 줄기에 어떤 모양으로 잎을 붙여 나가는지, 그 기술을 알아보기로 할까요? 줄기에 차례대로 잎을 붙여 나가는 모양을 '잎차례'라고 합니다.

먼저, 줄기 마디마다 잎을 한 장씩 피우되 서로 어긋나게 피우는 방법이 있습니다. 이것을 '어긋나기'라 합니다. 국수나무처럼 평행하게 어긋나기만 하는 식물이 있는가 하면, 해바라기처럼 소용돌이 모양으로 돌려나면서 어긋나는 식물도 있습니다.

㉠『이와는 달리 줄기 한 마디에 잎 두 장이 마주 보는 '마주나기'도 있습니다. 단풍나무나 화살나무는 잎 두 장이 사이좋게 마주 보고 있습니다. 그리고 마주난 잎들

이 마디마다 서로 어긋나지 않고 평행합니다.

그런가 하면 한 마디에 잎이 석 장 이상 돌려나는 잎차례가 있습니다. 이런 잎차례를 '돌려나기'라고 합니다. 갈퀴꼭두서니는 마디마다 잎이 여섯 장에서 여덟 장씩 돌려나기로 핍니다.』

중심 내용 | 잎차례에는 '어긋나기', '마주나기', '돌려나기' 등이 있습니다.

- **글의 종류** 설명하는 글
- **글의 특징** 식물이 줄기에 차례대로 잎을 붙여 나가는 모양인 잎차례의 기술에 대해 설명하는 글입니다.
- **글의 구조** 빈칸에 알맞은 말을 넣어 글의 내용 정리하기

잎차례	어긋나기	줄기 마디마다 잎을 한 장씩 피우되 서로 ❶( ) 피우는 방법
	마주나기	줄기 한 마디에 잎 두 장이 마주 보는 방법
	돌려나기	줄기 한 마디에 잎이 석 장 이상 돌려나는 방법

끌어모을까 어떤 대상을 자신이 원하는 목적을 이루기 위해 한곳에 모을까.
어긋나게 식물의 잎이 마디마디 방향을 달리하여 하나씩 나게.
평행(平 평평할 평, 行 다닐 행)하게 늘어선 모습이 나란하게.
㉟ 평행하는 두 직선은 만날 수 없습니다.

7
단원

---

21 식물이 특별한 기술을 바탕으로 잎을 피우는 이유를 두 가지 고르시오. (   )

① 물   ② 눈   ③ 바람
④ 햇빛   ⑤ 그림자

22 다음은 식물의 잎차례 중 무엇에 대한 설명인지 쓰시오.

- 줄기 마디마다 잎을 한 장씩 피우되 서로 어긋나게 피우는 방법
- 국수나무, 해바라기 등이 잎을 피우는 방법

(   )

23 다음은 ㉠『   』부분을 생각 그물을 활용해 요약한 것입니다. 빈칸에 알맞은 말을 쓰시오.

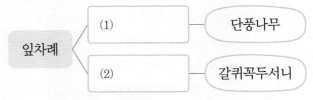

서술형

24 글의 내용을 생각 그물을 활용해 요약하면 좋은 점은 무엇인지 쓰시오.

_____

_____

한지돌이

이종철

❶ 나는 종이 가운데 으뜸인 한국 종이, 한지야! 옛날 중국에서 최고로 친 고려지도, 일본에서 최고로 친 조선종이도 모두 나야. 그런데 내가 어떻게 만들어지는지 아니?

중심 내용 | '나'는 종이 가운데 으뜸인 한국 종이, 한지입니다.

❷ 제일 먼저 닥나무를 베어다 푹푹 찐 뒤, 나무껍질을 훌러덩훌러덩 벗겨서 물에 불려. 그러고는 다시 거칠거칠한 겉껍질을 닥칼로 긁어내고 보들보들 하얀 속껍질만 모아.

이렇게 모은 속껍질은 삶아서 더 보드랍게, 더 하얗게 만들어야 해. 먼저 닥솥에 물을 붓고 속껍질을 담가. 그리고 콩대를 태워 만든 잿물을 붓고 보글보글 부글부글 삶아. 푹 삶은 다음에는 건져 내서 찰찰찰 흐르는 맑은 물에 깨끗이 씻어.

콩을 떨어내고 남은, 잎을 제외한 나머지 부분.

이제 보드랍고 하얗게 바랜 속껍질을 나무판 위에 올려놓고 닥 방망이로 찧어 가닥가닥 곱게 풀어야 해. 쿵쿵 쾅쾅! 솜처럼 풀어진 속껍질은 다시 물에 넣고 잘 풀어지라고 휘휘 저어. 그런 다음 닥풀을 넣고 다시 잘 엉겨 붙으라고 휘휘 저어 주지.

아, 한지를 물들이려면 지금 준비해야 해. 잇꽃으로 물들이면 붉은 한지 되고 치자로 물들이면 노랑, 쪽물은 파랑, 먹으로 물들이면 검은 한지 되지.

국화과의 두해살이풀.

쪽에서 얻은 짙푸른 물감.

이번에는 엉겨 붙은 속껍질을 물에서 떠내야 해. 촘촘한 대나무 발을 외줄에 걸어서 앞뒤로 찰방, 좌우로 찰방찰방 건져 올리면 물은 주룩주룩 빠지고 발 위에는 하얀 막만 남아. 젖은 종이처럼 말이야. 이렇게 한 장 한 장 떠서 차곡차곡 쌓은 다음 무거운 돌로 하루 정도 눌러서 남은 물기를 빼.

마지막으로 차곡차곡 눌러둔 걸 한 장 한 장 떼어서 판판하게 말려야 해. 따뜻한 온돌 방바닥이나 판판한 벽에 쫙쫙 펴서 말리면 드디어 숨 쉬는 종이, 한지 완성!

중심 내용 | '나'는 닥나무의 속껍질을 이용해 여러 과정을 거쳐 만들어집니다.

닥나무 뽕나뭇과의 낙엽 활엽 관목. 높이는 3미터 정도이며 어린잎은 먹을 것으로 쓰고, 껍질은 한지를 만드는 데 씀.

엉겨 끈적끈적하게 변하면서 한데 뭉치거나 한 덩어리가 되며 굳어져.

외줄 단 한 가닥의 줄.

판판하게 물건의 표면이 높낮이가 없이 평평하고 너르게.

---

25 글 ❷에서 설명하는 내용은 무엇입니까? ( )

① 한지의 종류
② 한지의 쓰임새
③ 한지의 발달 과정
④ 한지가 만들어진 까닭
⑤ 한지가 만들어지는 과정

26 한지를 만드는 첫 번째 과정은 무엇인지 생각하여 빈칸에 알맞은 말을 쓰시오.

• (1) ( )을/를 베어다 푹푹 찌고,
(2) ( )을/를 긁어내고 보드라운 하얀 (3) ( )만 모은다.

27 한지를 잇꽃으로 물들이면 어떤 색이 되는지 쓰시오.

( )

28 글 ❷의 내용을 요약하기에 적당한 틀을 찾아 ○표 하시오.

(1)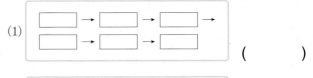
( )

(2)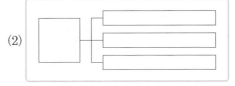
( )

한지돌이

3 보기 좋게 글씨를 쓰고, 아름다운 그림을 그리는 데는 내가 제일이야! 가볍고 부드러우면서도 질겨서 천년이 가도 변하지 않거든.

나는 숨을 쉬니까 집 단장에도 좋아. 더운 날에는 찬 공기 들여 시원하게 하고, 추운 날에는 더운 공기 잡아 따뜻하게 하지. 또 습한 날은 젖은 공기 머금어 방 안을 보송보송하게 하고, 건조한 날은 젖은 공기 내놓아 방 안을 상쾌하게 하지. 따가운 햇볕을 은은하게 걸러 주는 건 기본이고말고.

낡은 옷장에 나를 겹겹이 붙이면 새 옷장이 되고, 요리조리 모양 잡으면 안경집, 벼룻집, 갓집이 되지. 바늘, 실, 골무 같은 바느질 도구 넣는 ㉠반짇고리도 될 수 있어. 옷 만들 때는 옷본, 버선 만들 때는 버선본이 되고말고. 한겨울 옷 속에 나를 넣어 꿰매면 얼마나 따뜻하다고.

중심 내용 | '나'는 글씨를 쓰고 그림을 그릴 수 있거나 집 단장에 좋은 역할을 하는 등 쓰임새가 많습니다.

4 나는 흥겨운 놀이에도 빠지지 않아. 방패연, 가오리연이 되어 하늘을 훨훨 날 수도 있고, 제기가 되어 이

리 펄쩍 저리 펄쩍 뛰기도 해. 풍물패 고깔 위에 알록달록 핀 예쁜 꽃도 바로 나야. 나는야 못 하는 게 없는 재주꾼, 한지돌이!

나는 지금도 너희 곁에 있어.

내가 어디에 있는지 알아맞혀 볼래?

중심 내용 | 놀이용품 등 여러 가지 물건을 만들 수 있는 한지는 지금도 우리 곁에 있습니다.

- **글의 종류** 설명하는 글
- **글의 특징** 한지가 말하듯이 한지를 만드는 과정과 한지의 쓰임새에 대해 재미있게 나타낸 글입니다.
- **글의 구조** 빈칸에 알맞은 말을 넣어 글의 내용과 설명 방법 정리하기

글의 내용	설명 방법
한지가 만들어지는 과정	시간의 ❶( )대로 소개함.
한지의 쓰임새	주제에 대한 특징을 ❷( )하는 방법으로 소개함.

질겨서 쉽게 끊어지지 않고 견디는 힘이 세서.
단장(丹 붉을 단, 粧 단장할 장) 매만져서 맵시 있게 꾸미는 것.
머금어 나무나 풀 따위가 빗물이나 이슬 같은 물기를 지녀.

[중요 독해]

29 한지가 글씨를 쓰고 그림을 그리기에 좋은 까닭을 두 가지 고르시오. (   )

① 물에 젖지 않기 때문이다.
② 불에 타지 않기 때문이다.
③ 가볍고 부드럽기 때문이다.
④ 쉽게 구할 수 있기 때문이다.
⑤ 오랜 시간이 지나도 변하지 않기 때문이다.

[어휘]

30 ㉠의 뜻을 알맞게 짐작한 친구의 이름을 쓰시오.

도현: '될 수 있다'라는 표현을 보고 '바느질을 잘 하는 사람'이라는 뜻으로 짐작했어.
나래: '바느질 도구 넣는'이라는 표현을 보고 '바느질 도구를 보관하는 상자'라는 뜻으로 짐작했어.

(   )

[서술형]

31 우리 주변에서 한지를 본 경험을 떠올려 쓰시오.

_____

_____

32 이 글의 내용을 요약한 것입니다. [보기]에서 빈칸에 알맞은 말을 찾아 쓰시오.

[보기]

생활용품,   놀이용품,   쓰임새

한지는 (1)(   )이/가 많다. 방 안 온도와 습도를 조절하는 데 사용하고, 안경집, 갓집, 반짇고리, 버선본 등의 (2)(   )(이)나 연, 제기, 고깔 장식 등의 (3)(   )을/를 만들 때도 쓰인다.

7 단원

1 다음 중 글을 읽으며 모르는 낱말의 뜻을 짐작하는 방법으로 알맞지 <u>않은</u> 것을 두 가지 고르시오.

( )

① 글의 종류를 알아본다.
② 뜻을 잘 모르는 낱말을 삭제한다.
③ 해당 낱말을 사용한 예를 떠올려 본다.
④ 뜻을 잘 모르는 낱말의 앞뒤 상황을 살핀다.
⑤ 해당 낱말의 뜻과 비슷하거나 반대인 낱말을 대신 넣어 본다.

[2~4] 다음 글을 읽고, 물음에 답하시오.

가 "이 수업을 만만하게 생각했다면 지금 당장 저 문으로 나가도록. 보잘것없이 짧은 너희의 인생 경험으로는 상상도 못 할 정도로 힘들 테니까. 아마 이 수업을 끝까지 따라오지 못하는 학생들도 나오겠지."
어쩐지 켈러 선생님이 유독 나만 노려보는 것 같았다.
켈러 선생님은 허리를 꼿꼿이 펴고 똑바로 서 있어서 실제 키보다 더 커 보였다. 특히 교탁에 기대설 때면, 마치 죽은 나뭇가지에 앉아 금방이라도 사냥감을 홱 낚아챌 듯 노려보는 매처럼 ㉠매서워 보였다.
나 "퍼트리샤, 음, 그러니까 일단 슐로스 할아버지의 아내를 주제로 삼은 점은 적절했단다. 하지만 이 글에서 진실한 감정을 드러내는 낱말이 어디에 있지?"
켈러 선생님은 나를 똑바로 보며 말을 이었다.
"글을 읽는 사람이 글쓴이의 '진짜' 감정을 느낄 수 있어야 해. 물론 평범한 방식으로는 절대 안 되지. 독자들이 전혀 예상하지 못한 방식으로, 깜짝 놀라도록. 한마디로 독창적이어야 한다는 말이야!"
어느 순간, 켈러 선생님은 내 눈을 뚫어져라 바라보고 있었다.
"퍼트리샤, 넌 이미 낱말을 아주 많이 알고 있어. 이제 그 낱말에 날개를 달아 줄 때란다."

2 글 **가**에서 퍼트리샤가 느낀 켈러 선생님의 첫인상은 어떠했습니까? ( )

① 인자해 보였다.
② 자신을 좋아하는 것 같았다.
③ 자신의 눈을 피하는 것 같았다.
④ 유독 자신만 노려보는 것 같았다.
⑤ 자신에 대해 잘 알고 있는 것 같았다.

3 ㉠'매서워'의 뜻을 알맞게 짐작한 친구의 이름을 쓰시오.

미주: 맵다는 뜻일 거야. 글자의 모양이 비슷하게 생겼거든.
수진: 날씨가 춥다는 뜻일 거야. 겨울에 종종 날씨가 매섭다는 말을 들은 적이 있어.
선호: 많이 무섭다는 뜻일 거야. 앞부분에서 사냥감을 낚아챌 듯 노려보는 매처럼 보였다고 했거든.

( )

4 켈러 선생님께서 글쓰기에서 강조하신 것은 무엇인지 빈칸에 알맞은 말을 쓰시오.

• 글을 읽는 사람이 글쓴이의 진짜 (1) 을/를 느낄 수 있어야 한다.
• 글을 읽는 사람이 예상하지 못한 (2) 인 방식으로 표현해야 한다.

(1) ( )

(2) ( )

[5~8] 다음 글을 읽고, 물음에 답하시오.

> 🄰 사람들은 좀 더 쓰기 쉽고 그리기 편한 것, 옮기기 쉽고 간직하기 좋은 것을 찾았어. 흙을 빚어 점토판을 만들기도 하고, 나무를 쪼개 엮거나 풀 줄기 안쪽을 얇게 벗겨 겹쳐서 쓰기도 했어. 옷감이나 얇게 편 가죽을 사용하기도 했지. 그러다가 종이를 발명한 거야. 쓰고 그리기 쉽고, 가볍고 간직하기 좋은 종이를 말이야.
>
> 나는 종이 가운데 으뜸인 한국 종이, 한지야!
>
> 🄱 나는 숨을 쉬니까 집 단장에도 좋아. 더운 날에는 찬 공기 들여 시원하게 하고, 추운 날에는 더운 공기 잡아 따뜻하게 하지. 또 습한 날은 젖은 공기 머금어 방 안을 보송보송하게 하고, 건조한 날은 젖은 공기 내놓아 방 안을 상쾌하게 하지. 따가운 햇볕을 은은하게 걸러 주는 건 기본이고말고.
>
> 낡은 옷장에 나를 겹겹이 붙이면 새 옷장이 되고, 요리조리 모양 잡으면 안경집, 벼룻집, 갓집이 되지. 바늘, 실, 골무 같은 바느질 도구 넣는 반짇고리도 될 수 있어. 옷 만들 때는 옷본, 버선 만들 때는 버선본이 되고말고. 한겨울 옷 속에 나를 넣어 꿰매면 얼마나 따뜻하다고.

5 사람들이 종이를 만든 까닭으로 알맞은 것에 ○표 하시오.

(1) 나무의 가격이 비싸기 때문이다. ( )

(2) 동굴 벽에 그림을 그리는 것이 금지되었기 때문이다. ( )

(3) 쓰기 쉽고 그리기 편하며, 옮기기 쉽고 간직하기 좋은 것이 필요했기 때문이다. ( )

6 이 글에서 '나'는 누구인지 쓰시오.

( )

7 다음 중 한지로 집을 단장하면 좋은 까닭이 아닌 것은 무엇입니까? ( )

① 햇볕이 전혀 들지 않게 하기 때문이다.

② 더운 날에는 찬 공기를 들여 시원하게 하기 때문이다.

③ 추운 날에는 더운 공기를 잡아 따뜻하게 하기 때문이다.

④ 건조한 날은 젖은 공기를 내놓아 방 안을 상쾌하게 하기 때문이다.

⑤ 습한 날은 젖은 공기를 머금어 방 안을 보송보송하게 하기 때문이다.

8 글 🄱의 내용을 요약하기에 적당한 틀을 찾아 기호를 쓰시오.

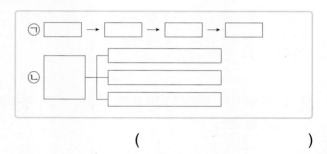

( )

문법

9 다음 낱말과 반의 관계의 낱말을 알맞게 선으로 이으시오.

문법

10 다음 중 짝 지어진 낱말의 의미 관계가 나머지와 다른 것은 무엇입니까? ( )

① 가족 – 식구   ② 교사 – 선생님

③ 주다 – 드리다   ④ 왼쪽 – 오른쪽

⑤ 뛰다 – 달리다

[1~2] 다음 글을 읽고, 물음에 답하시오.

우리 귀 건강에 가장 큰 ㉠걸림돌은 '이어폰'입니다. 사람들 대부분이 이어폰으로 음악을 들으면 집중을 잘 하기 때문에 학습하는 데 큰 힘이 될 것이라고 생각합니다. 하지만 이는 사실과 다릅니다. 양쪽 귀 바로 위쪽 부위에는 언어 중추가 있는 뇌 측두엽이 존재하는데 측두엽과 가까운 귀에 이어폰을 꽂으면 언어 중추가 음악 소리에 자극을 받기 때문에 학습 내용이 기억에 잘 남지 않습니다.

1 ㉠과 바꾸어 쓸 수 있는 낱말을 두 가지 고르시오.
( )

① 준비물 　② 방해물 　③ 조약돌
④ 장애물 　⑤ 바윗돌

2 이 글에서 설명한 내용으로 맞으면 ○표, 틀리면 ✕표 하시오.

(1) 이어폰은 귀 건강에 유익하다. ( )

(2) 이어폰으로 음악을 들으면 학습하는 데 도움이 된다. ( )

(3) 측두엽과 가까운 귀에 이어폰을 꽂으면 학습 내용이 기억에 잘 남지 않는다. ( )

3 다음 그림에서 밑줄 그은 낱말의 뜻을 짐작하여 쓰시오.

고려청자는 대한민국의 얼굴이라고 할 만한 대표 문화재입니다.

우리나라 리듬 체조계에 새 얼굴이 등장했습니다.

고려청자

(1) _____ (2) _____

[4~6] 다음 글을 읽고, 물음에 답하시오.

가 글쓰기반 수업 첫날, 켈러 선생님은 아무 ㉠기척도 없이 교실로 들어와 책상 사이를 왔다 갔다 하며 엄포부터 놓았다.

"오늘부터, 나는 너희 한 사람 한 사람을 완전히 훈련시켜서 진짜 멋진 작가로 만들어 줄 생각이다."

나 나는 우리 가족과 내 일상에 대해 쓴 '걸작'을 읽어 내려갔다. 내가 우리 가족 모두를 얼마나 사랑하는지 알면 켈러 선생님도 무척 감동하겠지?

하지만 내 예상과는 달리, 켈러 선생님의 숨소리가 점점 거칠어졌다.

"퍼트리샤, 넌 지금 '사랑'이라는 낱말을 고양이에게도, 치마에도, 이웃에게도, 팬케이크에도……, 심지어 엄마에게도 사용하고 있어. 엄마에게 느끼는 감정과 팬케이크에 느끼는 감정이 똑같다는 말이니? 낱말은 감정을 전해 주지. 하지만 낱말 하나하나가 가진 차이를 이해해야 해!"

4 켈러 선생님은 학생들에게 무엇을 가르치는지 쓰시오.

( )

서술형
5 ㉠'기척'의 뜻을 짐작하여 쓰고, 그렇게 짐작한 까닭을 쓰시오.

(1) 짐작한 뜻: _____

_____

(2) 그렇게 짐작한 까닭: _____

_____

6 글 **나**에서 켈러 선생님이 글을 쓸 때 사용하는 낱말에 대해 하신 말씀은 무엇입니까? ( )

① 어려운 낱말을 사용해야 한다.
② 최대한 많은 낱말을 사용해야 한다.
③ 우리 고유의 낱말을 사용해야 한다.
④ 같은 낱말을 여러 번 사용해야 한다.
⑤ 낱말 하나하나가 가진 차이를 이해해야 한다.

[7~9] 다음 글을 읽고, 물음에 답하시오.

가 어느 날, 켈러 선생님이 중요한 발표를 했다.

"오늘, 너희에게 무시무시한 기말 과제를 내 줄 거다. 그동안 너희는 수많은 글쓰기 형식을 배웠어. 대화 글 쓰기나 상황을 묘사하는 글 쓰기, 주장을 펼치는 글 쓰기, 자신이 겪은 일 쓰기 등등. 이 중에서 가장 자신 있는 형식 한 가지를 골라 글을 쓰는 것이 마지막 과제다. 아주 잘 골라야 할 거야. 이 기말 과제 점수로 합격이 결정되니까!"

나 켈러 선생님 책상 위에 내 기말 과제 종이가 반으로 접혀 있는 것이 눈에 들어왔다.

"점수는 다 매겼단다. 꼭 집에 가서 펼쳐 보도록 해. 알겠지?"

나는 가만히 고개를 끄덕였다.

그 순간, 나는 깜짝 놀랐다. 켈러 선생님이 나를 꽉 끌어안은 것이다.

'마녀 켈러'가 나를 안아 주다니! 그러면서 켈러 선생님은 나직이 속삭였다.

"퍼트리샤, 슐로스 할아버지에게 바치는 글은 정말 놀라웠다. 자신이 겪은 일 쓰기의 모범으로 ㉠삼아도 좋을 만큼 말이다."

7 글 **가**에서 켈러 선생님이 발표한 내용으로 알맞은 것에 모두 ○표 하시오.

(1) 기말 과제 점수로 합격이 결정된다. ( )

(2) 기말 과제를 다음 달 말까지 제출해야 한다.
( )

(3) 기말 과제는 가장 자신 있는 형식 한 가지를 골라 글을 쓰는 것이다. ( )

8 글 **나**에서 퍼트리샤의 기말 과제를 본 켈러 선생님이 퍼트리샤를 꽉 끌어안으면서 하신 말씀은 무엇인지 쓰시오.

_____

_____

9 ㉠의 뜻을 알맞게 짐작한 것의 기호를 쓰시오.

> ㉮ 어렵게 보여도
> ㉯ 대신 생각해도
> ㉰ 여러 겹으로 꼬아서 만들어도

( )

[10~11] 다음 글을 읽고, 물음에 답하시오.

식물이 줄기에 어떤 모양으로 잎을 붙여 나가는지 그 기술을 알아보기로 할까요? 줄기에 차례대로 잎을 붙여 나가는 모양을 '잎차례'라고 합니다.

먼저, 줄기 마디마다 잎을 한 장씩 피우되 서로 어긋나게 피우는 방법이 있습니다. 이것을 '어긋나기'라 합니다. 국수나무처럼 평행하게 어긋나기만 하는 식물이 있는가 하면, 해바라기처럼 소용돌이 모양으로 돌려나면서 어긋나는 식물도 있습니다.

이와는 달리 줄기 한 마디에 잎 두 장이 마주 보는 '마주나기'도 있습니다. 단풍나무나 화살나무는 잎 두 장이 사이좋게 마주 보고 있습니다. 그리고 마주난 잎들이 마디마다 서로 어긋나지 않고 평행합니다.

그런가 하면 한 마디에 잎이 석 장 이상 돌려나는 잎차례가 있습니다. 이런 잎차례를 '돌려나기'라고 합니다. 갈퀴꼭두서니는 마디마다 잎이 여섯 장에서 여덟 장씩 돌려나기로 핍니다.

10 식물이 줄기에 차례대로 잎을 붙여 나가는 모양을 무엇이라고 하는지 이 글에서 찾아 쓰시오.

( )

11 다음과 같은 기술로 잎을 붙여 나가는 식물을 찾아 선으로 이으시오.

(1) 어긋나기 • • ㉮ 단풍나무

(2) 마주나기 • • ㉯ 국수나무

(3) 돌려나기 • • ㉰ 갈퀴꼭두서니

12 다음 글을 요약해 두 문장으로 쓰시오.

> 사람들은 많은 물건을 한꺼번에 나르려고 바구니를 이용한다. 그렇다면 동물들은 한꺼번에 먹이를 나르려고 무엇을 이용할까?
>
> 다람쥐는 볼주머니를 이용한다. 볼주머니는 입안 좌우에 있는 큰 주머니를 말한다. 다람쥐는 먹이를 입에 넣은 다음 볼에 차곡차곡 담는데 밤처럼 너무 큰 먹이는 이빨로 잘라서 넣기도 한다. 다람쥐의 경우 도토리 같은 열매 열 개 이상을 볼주머니에 잠시 저장할 수 있다.

_____

_____

[13~15] 다음 글을 읽고, 물음에 답하시오.

> ㉮ 제일 먼저 닥나무를 베어다 푹푹 찐 뒤, 나무껍질을 훌러덩훌러덩 벗겨서 물에 불려. 그러고는 다시 거칠거칠한 겉껍질을 닥칼로 긁어내고 보들보들 하얀 속껍질만 모아.
>
> 이렇게 모은 속껍질은 삶아서 더 보드랍게, 더 하얗게 만들어야 해. 먼저 닥솥에 물을 붓고 속껍질을 담가. 그리고 콩대를 태워 만든 잿물을 붓고 보글보글 부글부글 삶아. 푹 삶은 다음에는 건져 내서 찰찰찰 흐르는 맑은 물에 깨끗이 씻어.
>
> 이제 보드랍고 하얗게 바랜 속껍질을 나무판 위에 올려놓고 닥 방망이로 찧어 가닥가닥 곱게 풀어야 해. 쿵쿵 쾅쾅! 솜처럼 풀어진 속껍질은 다시 물에 넣고 잘 풀어지라고 휘휘 저어. 그런 다음 닥풀을 넣고 다시 잘 엉겨 붙으라고 휘휘 저어 주지.
>
> ㉯ 이번에는 엉겨 붙은 속껍질을 물에서 떠내야 해. 촘촘한 대나무 발을 외줄에 걸어서 앞뒤로 찰방, 좌우로 찰방찰방 건져 올리면 물은 주룩주룩 빠지고 발 위에는 하얀 막만 남아. 젖은 종이처럼 말이야. 이렇게 한 장 한 장 떠서 차곡차곡 쌓은 다음 무거운 돌로 하루 정도 눌러서 남은 물기를 빼.
>
> 마지막으로 차곡차곡 눌러둔 걸 한 장 한 장 떼어서 판판하게 말려야 해. 따뜻한 온돌 방바닥이나 판판한 벽에 쫙쫙 펴서 말리면 드디어 숨 쉬는 종이, 한지 완성!

13 이 글은 무엇을 설명하고 있는지 다음 빈칸에 알맞은 말을 쓰시오.

• 한지를 만드는 (   )

14 이 글의 구조를 알 수 있는 말로 알맞지 <u>않은</u> 것은 무엇입니까? (   )

① 먼저   ② 삶아서
③ 그러고는   ④ 그런 다음
⑤ 마지막으로

15 다음은 이 글을 요약한 것입니다. 빈칸에 알맞은 말을 쓰시오.

> 닥나무를 푹 찌고, 겉껍질을 긁어내어 속껍질만 모은다.

▼

> 속껍질을 삶고 씻어서 더 보드랍고 하얗게 만든다.

▼

> 속껍질을 (1)(   ) 위에 올려놓고 찧는다.

▼

> 풀어진 속껍질을 다시 물에 넣어 젓고, 거기에 (2)(   )을/를 넣어 젓는다.

▼

> 엉겨 붙은 (3)(   )을/를 물에서 떠내 한 장씩 쌓고 돌로 눌러둔다.

▼

> 눌러둔 한지를 한 장씩 떼어서 말린다.

7. 중요한 내용을 요약해요

● 정답 및 풀이 21쪽

평가 주제	글의 구조에 따라 요약하기
평가 목표	글의 구조에 따라 중요한 내용을 요약할 수 있다.

❶ 나는 숨을 쉬니까 집 단장에도 좋아. 더운 날에는 찬 공기 들여 시원하게 하고, 추운 날에는 더운 공기 잡아 따뜻하게 하지. 또 습한 날은 젖은 공기 머금어 방 안을 보송보송하게 하고, 건조한 날은 젖은 공기 내놓아 방 안을 상쾌하게 하지. 따가운 햇볕을 은은하게 걸러 주는 건 기본이고말고.

❷ 여기 보이는 게 전부 나로 만든 물건이야. 나를 새끼줄처럼 배배 꼬아 종이 노끈으로 만들어 엮으면 신발부터 붓통, 베개, 방석, 망태기가 되지. 옻칠하고 기름 먹이면 물 안 새는 표주박, 항아리, 요강도 되고말고. 저기 보이는 찻상, 구절판, 그릇은 물론이고, 팔랑팔랑 시원한 부채도 돼.

❸ 나는 흥겨운 놀이에도 빠지지 않아. 방패연, 가오리연이 되어 하늘을 훨훨 날 수도 있고, 제기가 되어 이리 펄쩍 저리 펄쩍 뛰기도 해. 풍물패 고깔 위에 알록달록 핀 예쁜 꽃도 바로 나야. 나는야 못 하는 게 없는 재주꾼, 한지돌이!

1 이 글에서 '나'는 한지입니다. 이 글에서 한지에 대해 설명한 내용은 무엇인지 쓰시오.

2 다음 틀에 이 글을 나열 방식으로 요약하려고 합니다. 빈칸에 알맞은 말을 쓰시오.

한지의
쓰임새

(1)

붓통, 표주박, 찻상, 부채 등 생활용품 재료로 사용됩니다.

(2)

3 문제 **2**번에서 정리한 내용을 바탕으로 이 글의 내용을 조건 에 맞게 요약하시오.

> **조건**
> • '나'는 한지라고 표현한다.
> • 간결하게 한 문장으로 쓴다.

미로를 따라 길을 찾아보세요.

● 정답 및 풀이 21쪽

8 우리말 지킴이

▶ 학습을 완료하면 V표를 하면서 학습 진도를 체크해요.

	학습 내용	백점 쪽수	확인
개념	우리말 사용 실태를 조사해 여러 사람 앞에서 발표하기	124쪽	☐
어휘 + 문법	핵심 개념 어휘: 면담, 설문지, 관찰 작품 속 어휘: 우리말, 무분별하다, 출처, 과장되다 문법: 고유어, 한자어, 외래어	125쪽	☐
독해	발표 주제를 생각하며 자료를 조사하고 구성하기 : 「조사 주제를 정해서 자료를 조사하고 구성하기」	126～127쪽	☐
	여러 사람 앞에서 조사한 내용 발표하기 : 「여러 사람 앞에서 조사한 내용 발표하기」	128쪽	☐
	우리말 바르게 사용하기를 알리는 만화 그리기 : 「우리말 바르게 사용하기를 알리는 만화」	129쪽	☐
평가	단원 평가 1회, 2회	130～134쪽	☐
	수행 평가	135쪽	☐

8 우리말 지킴이

● 정답 및 풀이 21쪽

1 우리말을 바르게 사용하지 못하는 현상이 일어나는 까닭

- 영어를 사용하면 고급스러워 보인다는 편견 때문입니다. ┌● 공정하지 못하고 한쪽으로 치우친 생각.
- 줄임 말을 사용하면 간단하게 표현할 수 있기 때문입니다.
- 재미를 위해 인터넷에서 무분별하게 신조어를 사용하고 있기 때문입니다.

예 우리말을 바르게 사용하지 못한 부분을 찾아 고쳐 쓰기

「거북이」라는 영화 봤어?

응, 노잼이었어.

➡ 재미가 없었어

2 발표 주제를 생각하며 자료를 조사하고 구성하기

- 실제로 조사할 수 있는지, 조사 방법과 기간이 적절한지 주의하며 조사 주제를 정합니다.
- 조사 주제에 맞게 조사 대상을 정합니다.
- 조사 방법을 정합니다.

조사 방법	관찰법, 설문지법, 면담법, 책이나 글 연구법

- 조사 계획에 맞게 조사합니다.
- 조사한 결과를 정리하고 발표할 원고를 구성합니다.

시작하는 말	모둠 이름, 조사 주제, 발표 제목
전달하려는 내용	자료, 설명하는 말
끝맺는 말	발표한 내용, 모둠의 의견이나 전망

3 발표할 때 주의할 점

- 듣는 사람을 바라보며 바른 자세로 발표합니다.
- 알맞은 크기의 목소리와 빠르기로 말합니다.
- 자료는 모두가 볼 수 있도록 크게 마련합니다.
- 실물 자료는 뒷자리에 있는 친구들까지 볼 수 있도록 조금 높이 들어서 보여 줍니다.

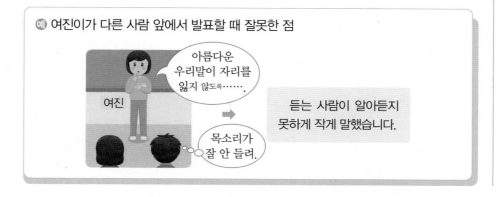

예 여진이가 다른 사람 앞에서 발표할 때 잘못한 점

아름다운 우리말이 자리를 잃지 않도록……

여진

목소리가 잘 안 들려.

➡ 듣는 사람이 알아듣지 못하게 작게 말했습니다.

개념 확인 문제

1 우리말을 바르게 사용하지 못하는 현상이 일어나는 까닭

다음 대화에서 우리말을 바르게 사용하지 못한 부분을 모두 찾아 ◯표 하시오.

> 미나: 수업 시간에 열공했더니 배고프다.
> 동욱: 나도 배고픈데 편의점에서 삼김 사 먹을까?

2 발표 주제를 생각하며 자료를 조사하고 구성하기

조사 주제를 정할 때 생각할 점으로 알맞은 것을 모두 고르시오.

( )

① 조사 기간이 적절한가?
② 조사 방법이 적절한가?
③ 실제로 조사할 수 있는가?
④ 모둠 이름이 불리기 쉬운가?
⑤ 조사 결과를 미리 알 수 있는가?

3 발표할 때 주의할 점

발표할 때 주의할 점으로 알맞은 것에 ◯표 하시오.

(1) 발표할 때 원고만 보며 말한다.

( )

(2) 알맞은 크기의 목소리와 빠르기로 말한다. ( )

(3) 자료는 모두가 볼 수 있도록 크게 제시한다. ( )

(4) 발표에 집중할 수 있도록 자료는 잠깐만 보여 준다. ( )

8 우리말 지킴이

어휘·문법

● 정답 및 풀이 21쪽

어휘

1. 핵심 개념 어휘: 면담, 설문지, 관찰

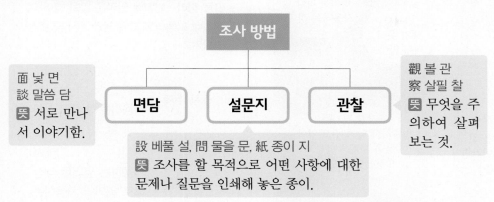

조사 방법
┌─────────┬─────────┐
면담   설문지   관찰

面 낯 면
談 말씀 담
뜻 서로 만나서 이야기함.

設 베풀 설, 問 물을 문, 紙 종이 지
뜻 조사를 할 목적으로 어떤 사항에 대한 문제나 질문을 인쇄해 놓은 종이.

觀 볼 관
察 살필 찰
뜻 무엇을 주의하여 살펴보는 것.

➡ 발표 자료를 조사하는 방법에는 면담법, 설문지법, 관찰법 등이 있습니다.

2. 작품 속 어휘

낱말	뜻	예시
우리말	우리나라 사람의 말.	아름다운 우리말을 바르게 사용해야 합니다.
무분별하다	옳은지 그른지 조금도 헤아리지 않다.	신조어를 무분별하게 사용하면 우리말이 훼손됩니다.
출처(出處) 出 날 출 處 곳 처	사물이나 소문 등이 처음 생겨난 곳.	자료를 보여 줄 때는 말이나 글로 출처를 밝혀야 합니다.
과장(誇張)되다 誇 자랑할 과 張 베풀 장	사실보다 지나치게 불려서 나타나다.	이 광고는 상품의 기능을 과장되게 표현했습니다.

문법 고유어, 한자어, 외래어

고유어	옛날부터 사용해 온 순수한 우리말이나 그것에 기초하여 새로 만들어진 말.	예 사랑, 꽃집, 아버지, 하늘, 아름답다
한자어	한자에 기초하여 만들어진 말.	예 세계(世界), 약국(藥局), 계란(鷄卵), 대화(對話), 연필(鉛筆)
외래어	외국에서 들어온 말로 우리말처럼 쓰이는 말.	예 오아시스, 카페, 라디오, 버스, 빵, 아이스크림

어휘·문법 확인 문제

1 핵심 개념 어휘

다음은 '설문지'의 뜻입니다. 빈칸에 들어갈 알맞은 낱말에 ○표 하시오.

조사를 할 목적으로 어떤 사항에 대한 문제나 ＿＿＿＿＿을/를 인쇄해 놓은 종이.

⑴ 평가 　　　　(　　　　)
⑵ 질문 　　　　(　　　　)

2 작품 속 어휘

다음 빈칸에 알맞은 낱말을 보기 에서 찾아 쓰시오.

보기
　무분별한,　　과장된

＿＿＿＿＿ 개발을 하면 자연이 훼손된다.

(　　　　　　　　)

3 작품 속 어휘

다음 중 '출처'의 뜻으로 알맞은 것에 ○표 하시오.

⑴ 사물이나 소문 등이 처음 생겨난 곳.
(　　　　)
⑵ 공식적으로 여러 사람에게 널리 알리는 것.
(　　　　)

4 문법

다음 문장에서 외래어를 모두 찾아 쓰시오.

아버지와 시장에 가서 과일과 빵을 사고, 집에 오는 길에 아이스크림을 사 먹었다.

(　　　　　　　　　　　)

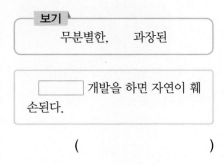

8
단원

기본 발표 주제를 생각하며 자료를 조사하고 구성하기

● 국어 279쪽 / 정답 및 풀이 21쪽

조사 주제를 정해서 자료를 조사하고 구성하기

❶ 여진: 우리 모둠은 '우리말이 있는데도 영어를 사용하는 예'를 조사하기로 했어. 영어를 무분별하게 사용하는 예로 무엇이 있을까?

❷ 영어를 새긴 옷이 너무 많아.

방송에서 영어를 가장 많이 사용하는 것 같아.

❸ 이 가운데에서 어떤 것을 조사해 볼까?

옷에 새긴 영어는 조사 대상으로 알맞지 않은 것 같아. 만약 옷이 수입된 것이라면 옷에 영어가 있는 것은 당연할지도 몰라.

그럼 방송을 조사해 보면 어떨까? 방송은 아이들에게 영향을 많이 주잖아.

❹ 조사한 결과를 방송사에 알려 주고 영어 사용을 자제해 달라고 요청할 수도 있어.

❺ 그럼 방송에서 영어를 얼마나 사용하는지 조사해 보자.

❻ 그래.

• **특징** 잘못된 우리말 사용 실태를 발표하기 위해 조사 주제를 정해 자료를 조사하고 원고를 구성할 수 있습니다.

• **활동 정리** 빈칸에 알맞은 말을 넣어 여진이네 모둠의 조사 주제와 조사 대상 정리하기

조사 주제	'우리말이 있는데도 ❶( )을/를 사용하는 예'를 조사하기로 함.
조사 대상	❷( )에서 사용하는 영어를 대상으로 얼마나 사용하는지 조사해 보기로 함.

무분별(無 없을 무, 分 나눌 분, 別 다를 별)**하게** 옳은지 그른지 조금도 헤아리지 않게.
자제해 자기의 감정이나 욕망을 스스로 억제해.

---

1 여진이네 모둠의 조사 주제는 무엇인지 쓰시오.

( )

2 여진이네 모둠이 조사 대상을 정한 방법으로 알맞은 것에 ○표 하시오.

(1) 주제에 맞지 않더라도 가능한 많은 사람을 조사 대상으로 정했다. ( )

(2) 주제에 맞는 조사 대상을 생각하고 아이들에게 영향을 많이 주는 것으로 범위를 좁혀 정했다. ( )

(3) 주제에 맞는 조사 대상을 생각하고 영어를 쓰는 외국인에게 영향을 많이 주는 것으로 범위를 좁혀 정했다. ( )

중요 독해

3 여진이네 모둠의 조사 대상은 무엇입니까? ( )

① 옷에 새긴 영어
② 간판에 쓰인 영어
③ 방송에서 사용하는 영어
④ 반 친구들이 사용하는 영어
⑤ 우리나라 사람들이 하루 동안 사용하는 영어

4 잘못된 우리말 사용 실태와 관련해 조사 주제를 정할 때 주의할 점을 두 가지 고르시오. ( )

① 실제로 조사할 수 있는지 생각한다.
② 친구들이 좋아하는 주제인지 생각한다.
③ 조사 방법과 기간이 적절한지 생각한다.
④ 유명한 사람을 면담할 수 있는지 생각한다.
⑤ 조사 결과가 쉽게 나오는 주제인지 생각한다.

조사 주제를 정해서 자료를 조사하고 구성하기

시작하는 말

우리 샛별 모둠에서는 영어를 지나치게 많이 사용하는 실태를 조사했습니다. **발표** 제목은 「영어가 아름다운 우리말을 사라지게 해요」입니다.
<small>모둠 이름</small>　　　<small>조사 주제</small>
<small>발표 제목</small>

전달하려는 내용

[자료] 방송 프로그램 가운데에서 영어를 지나치게 많이 사용하는 동영상 보여 주기 (출처: 샛별방송사 「다 같이 요리」 프로그램)

샛별방송사에서 방송한 「다 같이 요리」 프로그램을 짧게 보여 드리겠습니다. 이 동영상에서 "김○○ 셰프 출연"이라는 자막이 보입니다. '셰프'는 요리사를 뜻하는 영어입니다. 또 프로그램에 나오는 출연자가 '메인 디시'라는 영어를 지나치게 많이 사용하는데 그것을 편집하지 않고 그대로 방송했습니다.

끝맺는 말

지금까지 영어를 지나치게 많이 사용하는 실태를 발표했습니다. 아름다운 우리말을 보존할 수 있도록 우리말을 바르게 사용하는 습관을 기릅시다.

• **활동 정리** 빈칸에 알맞은 말을 넣어 발표 원고의 내용 정리하기

시작하는 말	모둠 이름, 조사 ❸( ), 발표 제목
전달하려는 내용	❹( ), 설명하는 말
끝맺는 말	발표한 내용, 모둠의 의견이나 전망

발표(發 필 발, 表 겉 표) (사실·생각·일의 결과 등을) 공식적으로 여러 사람에게 널리 알리는 것.
출처(出 날 출, 處 곳 처) 사물이나 소문 등이 처음 생겨난 곳.

---

5 샛별 모둠에서 활용한 자료로 알맞은 것에 ◯표 하시오.

(1) 영어 강사와의 면담 자료 ( )

(2) 한글날 관련 행사를 전하는 뉴스 영상 ( )

(3) 영어를 사용하는 까닭을 조사한 도표 자료 ( )

(4) 영어를 지나치게 많이 사용하는 프로그램 동영상 ( )

어휘

6 다음 빈칸에 알맞은 낱말을 보기 에서 찾아 쓰시오.

보기

발표,　출처

(1) ( )가 분명하지 않은 근거 자료는 사용할 수 없다.

(2) ( )를 할 때는 듣는 사람과 눈을 맞추어야 한다.

 서술형

7 샛별 모둠의 의견은 무엇인지 쓰시오.

_____

_____

8 발표할 원고를 점검할 때 확인해야 할 내용으로 알맞은 것을 모두 고르시오. ( )

① 영상 자료를 가장 많이 넣었는지 확인한다.

② 발표 내용에 알맞은 자료를 적절히 골랐는지 확인한다.

③ 사실이 아닌 내용이나 과장된 내용을 쓰지 않았는지 확인한다.

④ 발표 내용과 다소 관련이 없어도 재미있는 내용을 썼는지 확인한다.

⑤ 인터넷에서 찾은 글이나 사진 자료를 사용할 때 출처를 표시했는지 확인한다.

8 단원

여러 사람 앞에서 조사한 내용 발표하기

여진이가 발표 내용만 보며 발표하네.

여진

발표 주제가 무엇일까?

발표 내용이 주제와 관련 있나?

과장되거나 거짓인 내용은 없을까?

자료는 정확할까?

- **특징** 여진이가 다른 사람 앞에서 발표하는 모습을 보고 발표할 때와 발표를 들을 때 주의할 점을 알 수 있습니다.

- **활동 정리** 빈칸에 알맞은 말을 넣어 발표를 들을 때 주의할 점 정리하기

  - 발표 ❶(   )이/가 무엇인지 알고 들어야 함.
  - 발표 내용이 주제와 관련 있는지 판단하며 들어야 함.
  - ❷(   )되거나 거짓된 내용은 없는지 판단하며 들어야 함.
  - 자료가 정확한 것인지 판단하며 들어야 함.

과장(誇 자랑할 과, 張 베풀 장)되거나 사실보다 지나치게 불려서 나타나거나.

서술형

9 그림 ❶에서 여진이가 발표할 때 잘못한 점은 무엇인지 쓰시오.

_____

_____

10 발표를 들을 때 주의할 점으로 알맞지 <u>않은</u> 것은 무엇입니까? (   )

① 발표 주제가 무엇인지 알아야 한다.

② 자료가 정확한 것인지 판단하며 들어야 한다.

③ 궁금한 점이 있으면 언제든 편하게 질문을 한다.

④ 발표 내용이 주제와 관련 있는지 판단하며 들어야 한다.

⑤ 새롭게 알려 주는 내용이 무엇인지 집중하며 들어야 한다.

11 그림 ❷의 여진이가 발표할 때 주의할 점을 알맞게 말한 친구의 이름을 쓰시오.

> 은유: 동영상 자료만 보여 줘야 해.
> 진호: 자료는 빠르게 보여 주고 치워야 해.
> 수아: 필요한 때에 적당한 양의 자료를 모두가 잘 볼 수 있도록 크게 마련하여 보여 줘야 해.

(   )

12 다음 중 발표 자료를 제시하며 발표하는 모습으로 알맞은 것에 모두 ○표 하시오.

⑴ 자료를 보여 주는 화면과 설명하는 말이 어긋나지 않도록 한다. (   )

⑵ 자료를 보여 줄 때 깜짝 놀라는 표정을 지으며 발표 원고를 빠르게 읽는다. (   )

⑶ 실물 자료는 조금 높이 들어서 뒷자리에 있는 친구들까지 볼 수 있도록 한다. (   )

우리말 바르게 사용하기를 알리는 만화

- **특징** 만화 내용에 맞게 인물의 표정이나 몸짓을 표현하는 방법을 알고, 우리말 바르게 사용하기를 알리는 만화를 그릴 수 있습니다.

- **활동 정리** 빈칸에 알맞은 말을 넣어 만화에서 인물의 표정과 몸짓을 표현한 방법 정리하기

❶	대화하는 입 모양을 표현함.
❷	손으로 ❶( )을/를 가리키는 동작을 표현함.
❸	손가락으로 두 개를 표현함.
❹	❷( ) 사이를 찡그리는 표정을 표현함.
❺	이마 부분에 세로선과 뒷머리를 만지는 동작을 표현함.

편의점(便 편할 편, 宜 마땅할 의, 店 가게 점) 고객의 편의를 위하여 24시간 문을 여는 잡화점.

어휘

13 ㉠을 자연스러운 우리말 표현으로 고쳐 쓰시오.

(   )

중요 독해

14 그림 ❷에서 편의점을 발견한 은비의 몸짓을 어떻게 표현했습니까? (   )

① 머리 위로 물결선을 여러 개 그렸다.
② 손으로 얼굴을 가리는 동작을 그렸다.
③ 손으로 머리를 긁적이는 동작을 그렸다.
④ 손으로 편의점을 가리키는 동작을 그렸다.
⑤ 몸 옆에 물결선을 넣어 몸을 부르르 떠는 동작을 그렸다.

서술형

15 그림 ❺에서 자신이 줄임 말을 사용했다는 것을 느낀 현우의 표정과 몸짓을 어떻게 표현했는지 쓰시오.

_____

_____

16 만화에서 다음과 같은 장면을 그릴 때 어울리는 표정과 몸짓을 보기 에서 모두 찾아 기호를 쓰시오.

보기
㉮ 눈썹을 처지게 그린다.
㉯ 눈 밑에 주름을 그린다.
㉰ 눈과 입을 웃는 모양으로 그린다.
㉱ 콧노래를 부르며 입 주변에 음표를 그린다.

후회하는 장면	(1)
친구들과 재미있게 노는 장면	(2)

8 단원

8. 우리말 지킴이

● 정답 및 풀이 22쪽

[1~2] 다음 그림을 보고, 물음에 답하시오.

1 이 그림에서 우리말을 바르게 사용하지 못한 간판을 우리말로 바꾸어 쓴 것을 각각 찾아 선으로 이으시오.

(1) 펫아이템숍 • • ㉮ 한마음 꽃집

(2) 한마음플라워 • • ㉯ 북적북적 서점

(3) Book적 Book적 • • ㉰ 반려동물 용품 판매점

2 그림 속 인물들이 잘못된 우리말을 사용한 부분을 찾아 알맞게 말한 친구의 이름을 쓰시오.

> 영호: '삼김'은 말을 줄여서 사용한 부분이야.
> 지우: '배고프다'는 말을 너무 길게 늘려서 사용한 부분이야.
> 혜인: '열공했더니'는 같은 의미를 지닌 우리말이 있는데도 영어를 그대로 사용한 부분이야.

( )

[3~4] 다음 그림을 보고, 물음에 답하시오.

3 ㉠을 자연스러운 우리말 표현으로 고쳐 쓰시오.

( )

4 ㉡과 같은 표현이 문제가 되는 까닭은 무엇입니까?

( )

① 영어를 사용하지 않았기 때문이다.
② 높임 표현을 사용하지 않았기 때문이다.
③ 같은 의미의 말을 중복해서 사용했기 때문이다.
④ 사물을 높이는 표현은 우리말 규칙에 맞지 않기 때문이다.
⑤ 영어와 한글 줄임 말을 혼합해 만든 국적 불문의 말이기 때문이다.

5 자료를 조사하는 방법 중 설문지법의 장점과 단점으로 알맞은 것을 보기 에서 각각 찾아 기호를 쓰시오.

> **보기**
> ㉮ 오랫동안 관찰해야 한다.
> ㉯ 여러 사람을 한꺼번에 조사할 수 있다.
> ㉰ 원하는 인물과 면담을 하지 못할 수도 있다.
> ㉱ 답한 내용 외에는 자세한 내용을 알기 어렵다.

(1) 장점: ( )

(2) 단점: ( )

6 그림 ❶~❸에서 여진이가 발표할 때 잘못한 점을 각각 찾아 선으로 이으시오.

(1) 그림 ❶ • ⑦ 너무 빠른 속도로 발표하고 있다.

(2) 그림 ❷ • ⑭ 듣는 사람이 알아듣지 못하게 작게 말했다.

(3) 그림 ❸ • ⑮ 발표 내용만 보면서 읽듯이 발표하고 있다.

[7~8] 다음 그림을 보고, 물음에 답하시오.

7 이 그림에서 줄임 말을 들은 편의점 주인의 마음으로 알맞은 것은 무엇입니까? (   )

① 기쁘다.　　　　　② 외롭다.
③ 지루하다.　　　　④ 미안하다.
⑤ 당황스럽다.

8 문제 7에서 답한 편의점 주인의 마음을 만화에서 표현한 방법은 무엇입니까? (   )

① 눈 밑에 주름을 그렸다.
② 뒷머리를 만지는 동작을 그렸다.
③ 이마 부분에 세로선을 여러 개 그렸다.
④ 손으로 편의점을 가리키는 동작을 그렸다.
⑤ 딱딱한 표정으로 눈썹 사이를 찡그리는 모습을 그렸다.

문법

9 다음 낱말을 고유어와 외래어로 구분하여 쓰시오.

> 토마토, 지우개, 어머니, 주스

(1) 고유어: (　　　　　　　　　)
(2) 외래어: (　　　　　　　　　)

문법

10 다음 ㉠~㉣의 낱말 중 한자어를 모두 찾아 기호를 쓰시오.

> 아름다운 ㉠우리말을 ㉡보존할 수 있도록 우리말을 바르게 ㉢사용하는 ㉣습관을 기릅시다.

(　　　　　　　　　　　　　)

[1~2] 다음 그림을 보고, 물음에 답하시오.

1 이 그림에 쓰인 것과 같은 간판이 많아지면 생길 수 있는 문제로 알맞은 것은 무엇입니까? (   )

① 영어가 사라질 수 있다.
② 쓰레기가 늘어날 수 있다.
③ 우리말을 배우려는 사람이 많아질 수 있다.
④ 영어 사전을 사는 사람들이 줄어들 수 있다.
⑤ 영어를 모르는 사람은 가게를 잘 찾지 못할 수 있다.

2 ㉠과 ㉡을 자연스러운 우리말 표현으로 고쳐 쓰시오.

(1) ㉠: (   )

(2) ㉡: (   )

3 다음 그림 속 간판이 문제가 되는 까닭을 보기 에서 각각 찾아 기호를 쓰시오.

보기
㉮ 표기법에 맞지 않기 때문이다.
㉯ 같은 의미를 지닌 우리말이 있는데도 영어를 그대로 사용했기 때문이다.

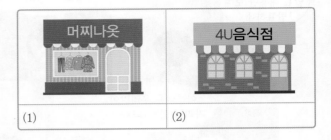

(1)   (2)

4 우리말을 바르게 사용하지 못하는 현상이 일어나는 까닭을 알맞게 말하지 <u>못한</u> 친구의 이름을 쓰시오.

지민: 영어를 쓰면 고급스러워 보인다는 편견 때문이야.
호영: 줄임 말을 쓰면 내용을 정확하게 나타낼 수 있기 때문이야.
현수: 인터넷에서 무분별하게 신조어를 사용하고 있기 때문이야.

(   )

5 우리말을 바르게 사용하지 않으면 생길 수 있는 문제를 모두 고르시오. (   )

① 뜻이 통하지 않을 수 있다.
② 영어를 배우기 어려울 수 있다.
③ 아름다운 우리말이 사라질 수 있다.
④ 외국을 여행하는 것이 어려울 수 있다.
⑤ 말에 담긴 우리의 정신도 훼손될 수 있다.

서술형

6 잘못 사용하는 우리말과 관련해 조사 주제를 다음과 같이 정할 때, 생길 수 있는 문제는 무엇인지 쓰시오.

> 우리 지역의 모든 간판을 조사해 잘못된 표현을 찾아보면 어떨까?

_____

_____

[7~9] 다음 그림을 보고, 물음에 답하시오.

7 여진이네 모둠이 영어를 무분별하게 사용하는 예로 말한 것을 두 가지 고르시오. (   )

① 학교에서 영어를 배운다.
② 영어를 새긴 옷이 너무 많다.
③ 영어로 쓰인 가게 간판이 많다.
④ 외국인들이 영어로 대화를 한다.
⑤ 방송에서 영어를 가장 많이 사용한다.

8 여진이네 모둠이 방송에서 영어를 얼마나 사용하는지 조사하기로 한 까닭을 두 가지 고르시오.
(   )

① 방송은 모두 믿을 만하기 때문에
② 방송에서만 영어를 사용하기 때문에
③ 방송은 많은 외국인들이 보기 때문에
④ 방송은 아이들에게 영향을 많이 주기 때문에
⑤ 조사한 결과를 방송사에 알려 주고 영어 사용을 자제해 달라고 요청할 수 있기 때문에

9 여진이네 모둠은 관찰법으로 조사를 하려고 합니다. 관찰법으로 조사할 때의 장점은 무엇입니까?
(   )

① 시간이 적게 걸린다.
② 아무 장소에서나 조사할 수 있다.
③ 조사 결과를 길게 정리할 수 있다.
④ 원하는 인물과 항상 면담을 할 수 있다.
⑤ 현장에서 조사 대상을 직접 파악할 수 있다.

10 모둠별로 발표할 원고를 구성할 때 각 부분에 들어갈 내용을 보기 에서 모두 찾아 기호를 쓰시오.

> 보기
> ㉮ 자료   ㉯ 모둠 이름
> ㉰ 조사 주제   ㉱ 발표 제목
> ㉲ 발표한 내용   ㉳ 설명하는 말
> ㉴ 모둠의 의견이나 전망

시작하는 말	(1)
전달하려는 내용	(2)
끝맺는 말	(3)

8 단원

[11~12] 다음 그림을 보고, 물음에 답하시오.

11 그림 ❶에서 여진이가 발표하면서 잘못한 점은 무엇입니까? (   )

① 삐딱하게 서서 발표했다.
② 너무 빠른 속도로 발표했다.
③ 원고만 보면서 읽듯이 발표했다.
④ 듣는 사람을 바라보지 않고 말했다.
⑤ 듣는 사람이 알아듣지 못하게 작게 말했다.

12 그림 ❷에서 발표를 듣는 ㉮~㉱의 친구들 중 알맞지 않은 생각을 한 친구의 기호를 쓰시오.

(   )

[13~15] 다음 그림을 보고, 물음에 답하시오.

13 그림 ❸에서 편의점 주인이 현우의 말을 모르겠다고 한 까닭은 무엇이겠습니까? (   )

① 현우의 목소리가 작았기 때문이다.
② 현우가 영어를 사용했기 때문이다.
③ 현우가 줄임 말을 사용했기 때문이다.
④ 현우가 지금은 없어진 우리말을 사용했기 때문이다.
⑤ 현우가 사물을 높이는 잘못된 표현을 사용했기 때문이다.

서술형

14 그림 ❹에서 현우의 표정을 표현하기에 알맞은 방법을 한 가지 쓰시오.

_____

_____

15 이 만화의 주제로 알맞은 것에 ○표 하시오.

⑴ 줄임 말을 사용하지 말자.   (   )
⑵ 영어를 지나치게 많이 사용하지 말자. (   )

8. 우리말 지킴이

● 정답 및 풀이 23쪽

평가 주제	우리말이 훼손된 사례 조사하기
평가 목표	우리말을 훼손하는 사례를 조사하고 문제점을 알 수 있다.

1 이 그림에서 우리말을 바르게 사용하지 않은 간판과 그렇게 생각하는 까닭을 쓰시오.

2 문제 1번처럼 우리 주변에서 우리말을 바르게 사용하지 않은 경우를 쓰시오.

3 우리말을 바르게 사용하지 않으면 생길 수 있는 문제를 [조건] 에 맞게 쓰시오.

> **조건**
> 1. 문제 2번에서 답한 경우의 문제점을 중심으로 쓴다.
> 2. 앞으로의 다짐이나 바라는 점을 쓴다.

8
단원

숨은 그림을 찾아보세요.

● 정답 및 풀이 23쪽

말풍선 안의
꽃을 찾아 줘.

동아출판 초등 무료 스마트러닝

동아출판 초등 **무료 스마트러닝**으로
초등 전 과목 · 전 영역을 쉽고 재미있게!

과목별 · 영역별 특화 강의

전 과목 개념 강의

국어 독해 지문 분석 강의

구구단 송

그림으로 이해하는 비주얼씽킹 강의

과학 실험 동영상 강의

과목별 문제 풀이 강의

서비스 제공 교재 동아전과 | 백점 시리즈 | 큐브수학 | 빠작 초등 국어 | 초능력 | 초고필 | 하이탑 초등 과학

강의가 더해진, **교과서 맞춤 학습**

백점

국어 5·2

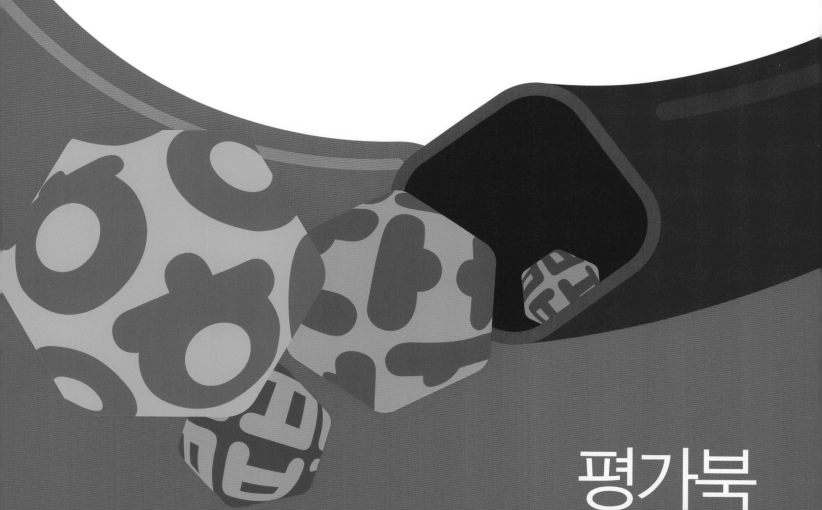

평가북

● 학교 시험 대비 **단원 평가**
● 수시평가에 대비한 **수행 평가**

동아출판

평가북 구성과 특징

1 **단원 평가**가 있습니다.
- 학교에서 실시하는 **단원 평가**에 완벽하게 대비할 수 있습니다.

2 **수행 평가**가 있습니다.
- **실전 수행 평가**를 통해 수시로 이루어지는 학교 수행 평가에 확실하게 대비할 수 있습니다.

3 **2학기 총정리**가 있습니다.
- 한 학기의 학습을 마무리할 수 있도록 **총정리**를 제공합니다.

1 다음 중 공감하는 대화에 대한 설명으로 알맞은 것을 모두 고르시오. (   )

① 상대의 마음을 이해하는 대화이다.
② 상대를 배려하며 말하는 대화이다.
③ 상대의 말에 맞장구치지 않는 대화이다.
④ 자신이 하고 싶은 말을 상대보다 먼저 하려고 하는 대화이다.
⑤ 상대가 느끼는 감정과 같이 느끼며 귀 기울여 듣는 대화이다.

[2~4] 다음 글을 읽고, 물음에 답하시오.

㉮ 지윤: 명준아, 안녕?
명준: 지윤아, 안녕? 너를 찾고 있었는데 마침 잘됐다.
지윤: 나를 찾고 있었어? 왜?
명준: 너에게 할 말이 있어. 내 이야기 좀 들어 줄래? 어제 말이야…….
지윤: (말을 하는데 중간에 끊고) 나 지금 바쁜데, 내가 꼭 들어야 하니?
명준: (실망하는 목소리로) 뭐라고? 아직 내용을 듣지도 않았잖아.
지윤: 네 이야기보다는 내 일이 훨씬 중요해.
㉯ 명준: 지난번 질서 지키기 그림 대회에서 내가 그린 그림이 뽑히지 않아서 무척 서운했어.
지윤: (시큰둥하게) 그게 그렇게 중요한 일이니?
명준: (화내는 목소리로) 뭐? 네가 내 기분을 어떻게 아니? 너는 친구의 기분은 조금도 생각하지 않니? 어떻게 그렇게 말을 해?
지윤: 왜 그래? 내 생각에는 별것 아닌 것 같아.
㉰ 명준: 지난번 질서 지키기 그림 대회에서 내가 그린 그림이 뽑히지 않아서 무척 서운했어.
지윤: ㉠네가 그림을 못 그렸겠지. 그러니까 할 수 없잖아?
명준: (화내는 목소리로) 너는 친구에게 어떻게 그런 말을 하니?
지윤: 그냥 내 생각을 말한 건데, 왜?
명준: (화내는 목소리로) 생각을 말한 것뿐이라고?

2 글 ㉮~㉰에서 지윤이가 잘못한 점이 아닌 것은 무엇입니까? (   )

① 자기가 하고 싶은 말만 했다.
② 상대를 배려하지 않고 말했다.
③ 상대의 기분을 생각하지 않고 말했다.
④ 상대의 말을 듣고도 대답하지 않았다.
⑤ 할 말이 있다고 하는 상대에게 꼭 들어야 하냐고 말했다.

3 글 ㉮를 다음과 같이 고쳐 썼습니다. 대화가 어떻게 바뀌었는지 알맞은 것을 찾아 ○표 하시오.

> 명준: 너에게 할 말이 있어.
> 지윤: 그래? 무슨 일이야? 어서 말해 봐.
> 명준: 내 말에 귀를 기울여 줘서 고마워.

(1) 서로의 이야기를 귀 기울여 듣는 대화로 바뀌었다.   (   )
(2) 서로의 마음이 상해 사이가 나빠지는 대화로 바뀌었다.   (   )

4 ㉠을 공감하는 대화로 바꾸어 쓴 것으로 알맞은 것을 찾아 기호를 쓰시오.

> ㉮ 다른 사람들이 그림을 더 잘 그렸겠지. 연습을 좀 열심히 해 봐.
> ㉯ 그랬구나. 내가 너처럼 그림 그리기를 좋아하면 나도 서운했을 것 같아.

(   )

서술형
5 공감하는 대화를 하면 좋은 점을 생각해 한 가지 쓰시오.

_____

_____

[6~9] 다음 글을 읽고, 물음에 답하시오.

2000년 8월 26일 토요일 날씨: 비 오다 갬

엄마, 고마워요

오늘은 친척 결혼식이 있어서 외출하신 부모님께서 늦게 오시는 날이다. 나는 부모님 대신 동생을 돌보고 저녁밥도 챙기기로 했다.

"엄마, 아빠께서 오시면 피곤하실 테니까 우리가 저녁밥을 해 먹자."

나는 동생과 함께 저녁밥을 먹고 설거지도 했다. 그릇을 다 씻고 나서 프라이팬도 닦기로 했다.

'프라이팬이 잘 닦이지 않네?'

나는 고민하다가 철 수세미를 쓰기로 했다. 부모님께서 냄비 같은 것을 철 수세미로 박박 문질러 닦으시는 것을 본 적이 있기 때문이다.

철 수세미로 프라이팬을 문지르니 금세 찌든 때가 벗겨져 나갔다.

저녁 늦게 부모님께서 돌아오셨다.

"너무 늦어서 미안하구나. 잘 있었니?"

"예. 저희가 저녁도 차려 먹고 설거지도 했어요."

"설거지까지? 우리 현욱이 다 컸네."

흐뭇한 얼굴로 부엌을 둘러보시던 엄마께서 놀란 표정으로 물으셨다.

"현욱아, 혹시 프라이팬도 닦았니?"

"예. 제가 철 수세미로 문질러 깨끗이 닦았어요."

"뭐라고? 철 수세미로 문질렀다는 말이니?"

"예. 수세미로는 잘 닦이지 않아서 철 수세미를 썼어요."

엄마는 한숨을 한 번 쉬시고는 다시 웃음을 띠고 말씀하셨다.

"우리 아들이 집안일을 도와주려는 마음으로 설거지를 열심히 했구나. 그렇지만 금속으로 프라이팬 바닥을 긁으면 바닥이 벗겨져서 못 쓰게 된단다."

엄마의 말씀을 듣고 나니 부모님의 일을 도와드렸다는 생각에 뿌듯했던 나는 금세 부끄러워졌다.

"죄송해요, 엄마. 집안일을 도와드리려다가 오히려 프라이팬만 망가뜨렸어요."

엄마는 웃으며 나를 꼭 안아 주셨다.

"미안해하지 않아도 돼. 집안일을 도와주려고 한 현욱이 마음이 엄마는 정말 고마워."

---

6 이 글의 종류는 무엇입니까? (   )

① 시   ② 소설
③ 일기   ④ 설명하는 글
⑤ 독서 감상문

7 현욱이는 프라이팬이 잘 닦이지 않자 어떻게 하였는지 쓰시오.

(   )

8 현욱이 어머니께서 망가진 프라이팬을 보고 화를 내지 않으신 까닭으로 알맞은 것을 모두 고르시오.

(   )

① 현욱이의 마음이 고마워서
② 프라이팬이 오래 사용한 것이어서
③ 아버지께서 새 프라이팬을 사 오기로 하셔서
④ 부모님을 도와드리려고 한 현욱이의 행동이 기특해서
⑤ 망가진 프라이팬보다 현욱이의 마음이 더 소중해서

9 다음 중 현욱이와 엄마가 대화한 방법을 잘못 말한 친구의 이름을 쓰시오.

기정: 서로 공감하며 대화했어.
예지: 상대를 배려하며 대화했어.
하율: 자신의 처지만 생각하며 대화했어.
혜정: 처지를 바꾸어 생각하며 대화했어.

(   )

서술형

10 공감하며 대화를 할 때, 경청하고 있음을 표현하기 위한 표정이나 행동을 생각해 쓰시오.

_____

_____

11 다음 빈칸에 들어갈 경청하는 말로 알맞은 것을 찾아 ○표 하시오.

(1) 나 지금 바쁜데, 왜 그걸 나에게 말하니?

(   )

(2) 그래. 네 말은 청소 구역을 바꾸자는 의견이구나.

(   )

12 다음 중 누리 소통망 대화의 특징으로 알맞지 <u>않은</u> 것은 무엇입니까? (   )

① 글자로 대화한다.
② 간편하게 편지를 보낼 수 있다.
③ 정해진 시간에만 연락할 수 있다.
④ 컴퓨터나 스마트폰이 있어야 한다.
⑤ 많은 사람에게 소식을 전할 수 있다.

13 다음 중 누리 소통망 대화로 불편해진 점을 알맞게 말한 친구의 이름을 쓰시오.

> 재현: 글자를 일일이 입력하는 것이 불편해.
> 정은: 내가 하고 싶은 말은 전할 수 있지만 다른 사람의 생각은 알 수 없어서 불편해.

(   )

[14~15] 다음 그림을 보고, 물음에 답하시오.

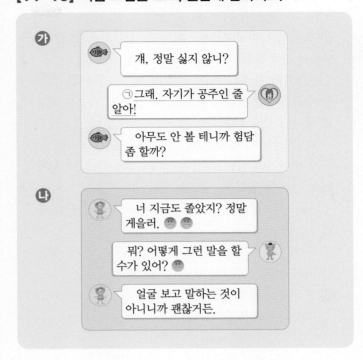

14 ㉠을 바르게 고쳐 쓴 것으로 알맞은 것에 ○표 하시오.

(1) 맞아. 그 친구에게는 우리가 험담한 것을 비밀로 하자. (   )

(2) 친구가 없는 대화방에서 친구를 나쁘게 말하면 안 돼. (   )

15 대화 나에서 예절을 지키지 <u>않은</u> 부분은 무엇입니까? (   )

① 대화방에 자신의 말만 계속 썼다.
② 대화방에 없는 친구의 험담을 했다.
③ 원하지 않는 친구를 대화방에 초대했다.
④ 대화방에서 친구가 싫어하는 말을 했다.
⑤ 자신이 할 말만 하고 대화방에서 나갔다.

서술형
16 누리 소통망 대화를 할 때 지켜야 할 예절을 생각해 한 가지 쓰시오.

_____

_____

[17~20] 다음 글을 읽고, 물음에 답하시오.

㉮ 스미스란 미국 사람이 비행기를 타고 온다네? 온 마을이 들썩들썩. 내 마음도 들썩들썩.

구름처럼 몰려온 저 사람들 좀 봐. 구름을 뚫고 쇳덩이 괴물이 혼자만 날아올라. 이 산 위로 쑥, 저 하늘로 쌩 솟구치고 돌아 나와 못 가는 곳이 없네.

"사람들아, 이 날개를 봐. 정말 자유로워."

저 비행기란 놈이 그러네. 나는 땅에 딱 붙어 서서 두 발만 동동 굴렀어.

바로 그날 밤, 잠을 못 잤지. 바로 그날 밤, 꿈이 생겼지.

'여자라고 못 하겠어? 조선 사람이라고 왜 못 하겠어? 얼른얼른 커서 꼭 비행사가 될 거야.'

㉯ 중국의 비행 학교를 찾아갔어.

"여자는 들어올 수 없소!"

여자는 날 수 없다네? 중국에서도.

나는 윈난성의 장군 당계요를 찾아갔어.

배 타고 기차 타고 걷고 또 걸어갔어야.

앞만 바라보며 드넓은 중국 땅을 가로질러 갔어야.

당계요 장군은 많이 놀랐지.

"여자가 어떻게 여기 왔나?"

"세상을 돌고 돌아 왔어요."

"여자가 왜 여기 왔나?"

"하늘을 날고 싶어서요."

"여자가 왜 비행사가 되려 하나?"

"내 나라를 빼앗아 간 일본과 싸우려고요!"

"…… 좋다!"

당 장군은 비행 학교에다 편지를 썼어. 여자가 자기 나라를 되찾으려고 왔으니 꼭 들여보내라고 썼어.

드디어 비행 학교 학생이 되었어. 남학생들과 똑같이 훈련했지. 빙글 빙글 어지러움을 견디는 훈련, 비행기를 조종하고 고치는 기술까지 배웠어. 너무 힘들고 위험했어야. 학생들이 많이 떠났지만 나는 하루하루가 행복했어. 내 꿈을 따라서 산다는 게 꿈만 같았거든.

㉰ 내 이름은 권기옥. 사람들이 그러지, 처음으로 하늘을 난 우리나라 여자라고.

나는 하늘을 훨훨 날고 싶었어야. 온 세상이 너더러 날 수 없다고 말해도 날고 싶다면 이 세상 끝까지 달려가 보라. 어느 날 니 몸이 훨훨 날아오를 거야. 니 꿈을 좇으며 자유롭게 살게 될 거야.

17 글 ㉮의 내용으로 보아, '나'가 비행기를 처음 보았을 때 어떤 기분이었을지 알맞은 것을 모두 고르시오.
( )

① 신기하고 놀라웠다.
② 괴물 같아서 너무 무서웠다.
③ 땅으로 떨어질까 봐 걱정했다.
④ 발을 동동 구를 정도로 신났다.
⑤ 하늘을 날고 싶다는 생각을 했다.

18 당계요가 '나'를 도와준 까닭을 알맞게 말한 친구의 이름을 모두 쓰시오.

승우: '나'가 조선 사람이 아니었기 때문이야.

지윤: 나라를 되찾으려고 한 '나'의 마음에 공감했기 때문이야.

현우: 나라를 되찾으려는 '나'의 노력이 기특했기 때문이야.

( )

19 비행 학교 훈련이 힘들어도 '나'가 행복했던 까닭은 무엇이겠습니까? ( )

① 일본과 싸우기는 싫었기 때문에
② 남학생들을 이겨서 기뻤기 때문에
③ 중국에서 사는 것이 좋았기 때문에
④ 조선으로 돌아가고 싶지 않았기 때문에
⑤ 꿈을 이루려고 노력하는 것이 기뻤기 때문에

서술형

20 이 글에서 글쓴이가 하고 싶은 말은 무엇일지 생각하여 쓰시오.

_____

_____

수행 평가 실전 1. 마음을 나누며 대화해요

정답 및 풀이 24쪽

학습 주제	공감하며 대화하는 방법 알기
학습 목표	공감하며 대화하는 방법을 알 수 있다.

"현욱아, 혹시 프라이팬도 닦았니?"
"예. 제가 철 수세미로 문질러 깨끗이 닦았어요."
"뭐라고? 철 수세미로 문질렀다는 말이니?"
"예. 수세미로는 잘 닦이지 않아서 철 수세미를 썼어요."
엄마는 한숨을 한 번 쉬시고는 다시 웃음을 띠고 말씀하셨다.
"우리 아들이 집안일을 도와주려는 마음으로 설거지를 열심히 했구나. 그렇지만 금속으로 프라이팬 바닥을 긁으면 바닥이 벗겨져서 못 쓰게 된단다."
엄마의 말씀을 듣고 나니 부모님의 일을 도와드렸다는 생각에 뿌듯했던 나는 금세 부끄러워졌다.
"죄송해요, 엄마. 집안일을 도와드리려다가 오히려 프라이팬만 망가뜨렸어요."
엄마는 웃으며 나를 꼭 안아 주셨다.
"미안해하지 않아도 돼. 집안일을 도와주려고 한 현욱이 마음이 엄마는 정말 고마워."
엄마의 말씀을 듣고 내 마음은 ㉠<u>한순간에 봄눈 녹듯 풀렸다.</u>

1 '나'가 ㉠과 같은 마음이 든 까닭은 무엇인지 쓰시오.

2 이 글에서 공감하며 대화한 부분을 찾고, 그렇게 생각한 까닭을 정리하여 쓰시오.

공감하며 대화한 부분	(1)
까닭	(2)

3 이 글에서 알 수 있는 공감하며 대화하는 방법을 조건 에 알맞게 쓰시오.

조건
두 가지 이상 쓴다.

[1~5] 다음 글을 읽고, 물음에 답하시오.

㉮ 줄다리기는 줄을 당길 때보다 줄다리기를 준비하는 과정에 더 많은 뜻이 있습니다. 영산 줄다리기는 어른들보다 아이들이 먼저 겨룹니다. 작은 줄을 만들어 어른들이 하는 것처럼 아이들이 경기를 벌이지요. 아이들 줄다리기가 끝나고 어느 편이 이겼다는 소리가 돌면 그제야 장정들이 나섭니다. 장정들은 집집을 돌면서 짚을 모아 마을 사람들과 함께 줄을 만들지요. 음력 정월은 농한기라서 마을 사람이 모두 모여 줄을 만드는 일에만 매달릴 수 있어요.

줄다리기하는 모습을 실제로 본 적 있나요? 줄다리기에 쓰이는 줄은 엄청나게 굵답니다. 옛날에는 어른이 줄 위에 걸터앉으면 발이 땅에 닿지 않을 정도였다고 해요. 요즈음 영산 줄다리기에 쓰는 줄은 예전에 비하여 훨씬 가늘고 짧아졌는데도 굵기가 1.5미터, 길이가 40미터가 넘습니다. 또 암줄, 수줄로 나누어져 있지요.

줄을 다 만들면 여러 마을에서 모인 농악대가 앞장을 서고, 그 뒤로 수백 명의 장정이 줄을 어깨에 메고서 줄다리기할 곳으로 줄을 옮깁니다. 그리고 노인들과 아이들, 여자들이 행렬 끝에 서서 쫓아갑니다. 이렇게 줄을 메고 가는 모습을 멀리서 보면, 마치 용이 꿈틀거리는 것 같답니다.

㉯ 그렇지만 장소에 도착하자마자 줄을 당기는 것은 아닙니다. 한동안 암줄과 수줄을 합하지 않고 어르기만 하다가 어느 정도 시간이 지난 뒤에야 암줄에 수줄을 끼우고 비녀목을 지릅니다. 그리고 나서 양편에서 서로 힘차게 줄을 당겨서 승부를 가리지요. 이때 모두 신이 나서 자기편을 응원합니다.

㉰ 우리 조상들은 왜 줄을 만들어 서로 당기는 놀이를 했을까요? 그것은 농사와 관련이 깊어요. 오랜 세월 동안 농사를 지어 온 우리 조상들의 가장 큰 소망은 풍년이었어요. 농사가 잘되려면 물이 가장 중요하고요. 그런데 우리 조상들은 용이 물을 다스리는 신이라고 생각했답니다. 그래서 용을 닮은 줄을 만들고 흥겹게 줄다리기를 해서 용을 기쁘게 하려고 했어요. 물의 신인 용을 즐겁고 기쁘게 해야 풍년이 들 테니까요.

1 이 글은 무엇에 대해 설명하는 글인지 쓰시오.

(　　　　　　　　　　)

2 문제 1번에서 답한 것에 대한 설명으로 알맞지 <u>않은</u> 것은 무엇입니까? (　　　　)

① 줄이 암줄과 수줄로 나누어져 있다.
② 암줄에 수줄을 끼우고 비녀목을 지른다.
③ 음력 정월에 장정들만 모여서 줄을 만들었다.
④ 양편에서 힘차게 줄을 당겨서 승부를 가린다.
⑤ 장정들이 집집을 돌면서 줄을 만들기 위한 짚을 모았다.

3 조상들이 용을 닮은 줄을 만들어 줄다리기를 한 까닭으로 알맞은 것을 찾아 기호를 쓰시오.

㉮ 용이 놀이를 다스리는 신이라고 생각했기 때문에
㉯ 용을 기쁘고 즐겁게 하여 풍년이 들게 하기 위해서

(　　　　　　　　　　)

4 다음 서연이가 이 글을 읽은 방법으로 알맞은 것에 ○표 하시오.

줄다리기하는 줄의 굵기가 15센티미터 정도라고 알고 있었는데 영산 줄다리기는 그것보다 열 배나 더 굵은 줄을 사용하는 놀이라니 놀라워.

서연

(1) 글의 내용을 짐작하며 읽었다.　(　　)
(2) 이미 아는 내용과 비교하며 글을 읽었다.

(　　)

서술형

5 이 글을 읽고, 글과 관련해 알고 싶은 점을 생각해 한 가지 쓰시오.

_____

_____

[6~10] 다음 글을 읽고, 물음에 답하시오.

㉮ 여름철 무더위가 시작되면 누구나 냉장고 속의 시원한 얼음과 아이스크림, 그리고 선풍기와 에어컨 등을 떠올릴 것이다. 이것은 더위를 이기려는 한 방법이다.

　그렇다면 우리 조상들은 무더위를 이기려고 어떻게 노력했을까? 우리 조상들이 살던 시대에도 냉장고가 있었을까? 결론적으로 말하자면 냉장고는 아니지만 냉장고 역할을 하는 석빙고가 있었다.

㉯ 현대인의 생활필수품인 냉장고는 냉기나 얼음을 인공적으로 만드는 기계 장치이지만, 빙고는 겨울에 보관해 두었던 얼음을 봄·여름·가을까지 녹지 않게 효과적으로 보관하는 냉동 창고이다. 우리나라에서 얼음을 보관하기 시작했다는 기록은 『삼국사기』에 나타난다. 또한 신라 시대 때에는 얼음 창고에 관한 일을 맡아보던 '빙고전'이라는 기관이 있었다고 한다. 고려 시대에 얼음을 보관하여 사용한 기록은 『고려사』에 나타나는데, 음력 4월에 임금에게 얼음을 진상한 기록이 있고 또 법으로 해마다 6월부터 입추까지 신하들에게 얼음을 나누어 준 기록이 있다.

㉰ 조선 시대에는 서울 한강가에 얼음 창고를 만들었는데, 동빙고와 서빙고를 두었다. 동빙고는 왕실의 제사에 쓰일 얼음을 보관했고, 서빙고는 음식 저장용, 식용, 또는 의료용으로 쓸 얼음을 왕실과 고급 관리들에게 공급했다. 조선 시대의 빙고는 정식 관청이었으며, 얼음의 공급 규정을 법으로 엄격히 규정할 만큼 얼음의 공급을 중요하게 여겼다.

㉱ 한겨울에 얼음을 보관했다가 쓰는 기술을 장빙이라고 했다. 우리나라는 여름과 겨울의 기온 차가 커서 옛날부터 장빙 기술이 크게 발달했다. 장빙 기술을 활용한 석빙고는 현재 일곱 개가 남아 있는데, 남한에는 경주, 안동, 영산, 창녕, 청도, 현풍에 각각 한 개가, 북한 해주에 한 개가 남아 있다.

6 이 글의 종류는 무엇입니까? (　　)

① 일기
② 극본
③ 기행문
④ 주장하는 글
⑤ 설명하는 글

7 다음은 무엇에 대한 설명인지 알맞은 것을 찾아 각각 선으로 이으시오.

(1) | 냉기나 얼음을 인공적으로 만드는 기계 장치 | • | • ㉮ | 빙고

(2) | 얼음을 봄·여름·가을까지 녹지 않게 효과적으로 보관하는 냉동 창고 | • | • ㉯ | 냉장고

8 다음 중 이 글에서 알 수 있는 내용으로 알맞지 <u>않은</u> 것은 무엇입니까? (　　)

① 조선 시대에는 동빙고와 서빙고가 있었다.
② 신라 시대 때는 '빙고전'이라는 기관이 있었다.
③ 조선 시대에는 왕실만 얼음을 사용할 수 있었다.
④ 고려 시대에 얼음을 보관하여 사용한 기록은 『고려사』에 나타난다.
⑤ 고려 시대에는 해마다 6월부터 입추까지 신하들에게 얼음을 나누어 주었다.

9 다음 중 이 글을 읽으며 알고 싶은 것을 말한 친구의 이름을 쓰시오.

재경: 빙고는 얼음을 보관하는 창고라는 뜻인 것 같아.
예지: 경주에 있는 석빙고에 간 적이 있어. 무덤처럼 생겼는데 어떻게 냉장고의 역할을 하는지 궁금했어.

(　　　　　　　　)

서술형
10 이 글을 읽고, 새롭게 안 것을 생각해 쓰시오.

_____

_____

[11~14] 다음 글을 읽고, 물음에 답하시오.

㉮ 보물 제66호인 경주 석빙고는 1738년에 만들었으며, 입구에서부터 점점 깊어져 창고 안은 길이 14미터, 너비 6미터, 높이 5.4미터이다. 석빙고는 온도 변화가 적은 반지하 구조로 한쪽이 긴 흙무덤 모양이며, 바깥 공기가 들어오지 않도록 출입구의 동쪽은 담으로 막고 지붕에는 구멍을 뚫었다.

지붕은 이중 구조인데 바깥쪽은 열을 효과적으로 막아 주는 진흙으로, 안쪽은 열전달이 잘되는 화강암으로 만들었다. 천장은 반원형으로 기둥 다섯 개에 장대석이 걸쳐 있고, 장대석을 걸친 곳에는 밖으로 통하는 공기구멍이 세 개가 나 있다. 이 구멍은 아래쪽이 넓고 위쪽은 좁은 직사각형 기둥 모양인데, 이렇게 함으로써 바깥에서 바람이 불 때 빙실 안의 공기가 잘 빠져나온다. 즉, 열로 데워진 공기와 출입구에서 들어오는 바깥의 더운 공기가 지붕의 구멍으로 빠져나가기 때문에 빙실 아래의 찬 공기가 오랫동안 머물 수 있어 얼음이 적게 녹는 것이다. 또한 지붕에는 잔디를 심어 태양열을 차단했고, 내부 바닥 한가운데에 배수로를 5도 경사지게 파서 얼음에서 녹은 물이 밖으로 흘러 나갈 수 있는 구조를 갖추어 과학적이다.

㉯ 여기에다가 석빙고의 얼음을 왕겨나 짚으로 싸 보관했다. 왕겨나 짚은 단열 효과를 높이기도 하지만, 얼음이 약간 녹을 때 주변 열을 흡수하므로 왕겨나 짚의 안쪽이 온도가 낮아져 얼음을 오랫동안 보관할 수 있다.

㉰ 석빙고는 자연 그대로의 순환 원리에 맞춰 계절의 변화와 돌, 흙, 바람, 지형 등을 활용해 자연 상태에서 가장 효과적으로 얼음을 오랫동안 저장할 수 있는 구조로 되어 있다. 이러한 시설은 세계적으로도 드문데 조상들의 과학적인 지혜를 한껏 엿볼 수 있다.

11 다음 중 경주 석빙고의 구조에 대한 설명으로 알맞은 것을 찾아 ○표 하시오.

⑴ 온도 변화가 적은 반지하 구조로 한쪽이 긴 흙무덤의 모양이다. ( )

⑵ 바깥 공기가 들어올 수 있도록 하기 위해 출입구의 동쪽이 뚫려 있고, 지붕에는 구멍이 세 개가 나 있다. ( )

12 경주 석빙고의 지붕 바깥쪽을 진흙으로 만든 까닭은 무엇인지 찾아 쓰시오.

( )

13 석빙고의 얼음을 오랫동안 보관할 수 있도록 하기 위해 사용한 방법으로 알맞은 것은 무엇입니까?

( )

① 음식 저장용 얼음을 따로 관리했다.
② 식용으로 쓸 얼음은 만들지 않았다.
③ 얼음을 왕겨나 짚으로 싸 보관했다.
④ 얼음 창고에 아무도 들어갈 수 없게 했다.
⑤ 배수로를 만들어서 얼음에서 녹은 물이 고일 수 있도록 했다.

14 다음은 과학 시간에 배운 '열의 이동'에 대한 내용입니다. 이 내용을 활용하여 글을 읽은 친구의 이름을 쓰시오.

> • 기체: 주위보다 온도가 높은 기체가 위로 올라가고 온도가 낮은 기체가 아래로 내려오면서 열이 이동함.

> 흥민: 석빙고 안쪽의 화강암은 고체로서 주변의 열을 전달하는 역할을 한 것 같아.
> 현아: 온도가 높은 공기가 위로 올라가고 온도가 낮은 공기는 아래로 내려가서 석빙고의 바닥은 낮은 온도를 유지한 것 같아.

( )

서술형

15 지식이나 경험을 활용해 글을 읽는 방법을 한 가지 쓰시오.

_____

_____

[16~17] 다음 글을 읽고, 물음에 답하시오.

상설 전시실 바로 위에는 '한글 놀이터'와 '한글 배움터' 그리고 '특별 전시실'이 있었다. 아이들이 놀면서 한글을 배울 수 있는 '한글 놀이터', 한글에 익숙하지 않은 사람들을 위해 마련한 '한글 배움터'는 모두 체험과 놀이를 하면서 한글을 이해하도록 만들어졌다는 점이 흥미로웠다. '특별 전시실'에서는 국립한글박물관 개관 기념 특별전을 진행했는데, '세종 대왕, 한글문화 시대를 열다'라는 기획 아래 세종 대왕의 업적과 일대기, 세종 시대의 한글문화, 세종 정신 따위를 주제로 한 전통적인 유물과 이를 현대적으로 해석한 현대 작가의 작품을 만날 수 있었다.

박물관을 관람하면서 책과 화면으로만 봤던 한글 유물을 직접 볼 수 있어서 신기하고 즐거웠다. 그뿐만 아니라 날마다 세 번씩 운영하는 해설이 있는 관람 프로그램을 활용하면 더 많은 지식을 쌓으며 관람할 수 있겠다는 생각이 들었다. 이번 관람으로 국어 시간에 배웠던 한글을 더 생생하고 자세하게 배우는 소중한 기회를 얻어서 무척 뿌듯했다.

16 글쓴이가 체험한 곳의 특징으로 알맞지 <u>않은</u> 것을 찾아 고르시오. (   )

① 한글 놀이터는 상설 전시실 바로 위에 있다.
② 해설이 있는 관람 프로그램은 하루에 세 번 운영한다.
③ 한글 배움터는 한글에 익숙하지 않은 사람들을 위한 곳이다.
④ 한글 배움터와 한글 배움터 모두 체험과 놀이를 할 수 있다.
⑤ 특별 전시실에서는 이순신 장군을 주제로 한 전시를 볼 수 있다.

17 다음은 무엇에 해당하는지 알맞은 것을 찾아 ○표 하시오.

> 국어 시간에 배웠던 한글을 더 생생하고 자세하게 배우는 소중한 기회를 얻어서 무척 뿌듯했다.

(1) 체험이 드러난 부분   (   )

(2) 감상이 드러난 부분   (   )

[18~19] 다음 글을 읽고, 물음에 답하시오.

㉮ 국립한글박물관을 찾았다. 국립한글박물관은 '한글'로만 기록한 한글 자료와 한글을 활용한 작품들을 전시해 놓은 곳이다. 국립한글박물관은 용산 국립중앙박물관 옆에 있다. 우리 가족은 집 근처에서 지하철을 타고 가서 '박물관 나들길'을 이용해 박물관까지 걸어갔다. 이정표를 따라 걷다 보니 큰 박물관 건물이 눈에 들어왔다.

㉯ 처음 발끝이 닿은 장소는 2층 '한글이 걸어온 길' 상설 전시실이었다. 전시실 이름처럼 '한글이 걸어온 길'을 주제로 마련한 상설 전시실은 총 3부로 구성되었다. 1부 주제는 '새로 스물여덟 자를 만드니'로, 세종 25년 한글이 그 모습을 드러내던 때를 살펴볼 수 있었고, 2부 주제는 '쉽게 익혀서 편히 쓰니'이며, 마지막으로 3부 주제는 '세상에 널리 퍼져 나아가니'이다.

18 글쓴이가 체험한 곳은 어디인지 글에서 찾아 쓰시오.

(   )

19 다음 중 이 글에서 고쳐야 할 점으로 알맞지 <u>않은</u> 것을 찾아 기호를 쓰시오.

> ㉮ 글 ㉯에서 '발끝이 닿은 장소'보다는 '발길이 닿은 장소'가 더 자연스럽다.
> ㉯ 문장 중간중간에 감상을 넣어 주면 글쓴이가 어떻게 느꼈는지 알 수 있어서 좋을 것 같다.
> ㉰ 체험을 누구와 갔는지 나와 있지 않아서 읽는 사람이 궁금해할 수 있으니 써 주면 좋을 것 같다.

(   )

서술형
20 글을 읽고 어떻게 고쳐야 할지 의견을 말할 때 주의할 점을 생각하여 한 가지 쓰시오.

_____

_____

수행 평가))) 실전 **2. 지식이나 경험을 활용해요**

● 정답 및 풀이 25쪽

학습 주제	체험한 일에 대한 감상이 드러나는 글 쓰기
학습 목표	체험과 감상이 드러나게 글을 쓸 수 있다.

1 자신이 체험한 일 가운데에서 가장 기억에 남는 것을 떠올리고, 그 체험을 고른 까닭을 쓰시오.

체험	(1)
고른 까닭	(2)

2 문제 **1**번에서 고른 체험한 일을 글로 쓰려고 합니다. 글에 들어갈 체험과 감상의 내용을 간단히 정리해 쓰시오.

체험	감상
(1)	(2)
(3)	(4)
(5)	(6)

3 문제 **2**번에서 정리한 내용을 바탕으로 체험과 감상이 드러나는 글을 조건 에 알맞게 쓰시오.

> 조건
> 1. 글의 제목을 쓴다.
> 2. 생각이나 느낌이 잘 드러나게 쓴다.

[1~5] 다음 그림을 보고, 물음에 답하시오.

1 이 토의의 주제로 알맞은 것은 무엇입니까?

( )

① 환경을 보호하는 방안
② 마스크 사용을 권장하는 방안
③ 미세 먼지 문제에 대처하는 방안
④ 토의에 적극적으로 참여하는 방안
⑤ 추운 겨울에 몸을 따뜻하게 하는 방안

2 이 토의에서 친구들이 낸 의견으로 알맞은 것을 두 가지 찾아 ○표 하시오.

(1) 마스크를 쓰고 생활하자. ( )

(2) 학교 곳곳에 공기 청정기를 설치하자. ( )

(3) 미세 먼지가 심한 날에는 외출을 자제하자.

( )

3 장면 ④와 ⑤에 나타난 문제는 무엇입니까?

( )

① 상대의 말을 끊고 먼저 말했다.
② 상대의 의견을 칭찬하기만 하였다.
③ 상대의 의견을 비판하기만 하였다.
④ 상대가 지루할 만큼 긴 내용을 말했다.
⑤ 상대의 말만 듣고 자신의 의견을 말하지 않았다.

4 장면 ⑫에서 친구가 알아야 할, 토의할 때 지켜야 할 태도로 알맞은 것을 두 가지 찾아 기호를 쓰시오.

⑦ 토의 참여자에게 존댓말을 해야 한다.
⑭ 토의 과정에 적극적으로 참여해야 한다.
⑮ 문제를 해결하는 데 무관심한 태도를 지니면 안 된다.

( )

서술형

5 이 토의에서 의견을 조정하지 않으면 생길 수 있는 문제를 한 가지 쓰시오.

_____

_____

[6~8] 다음 글을 읽고, 물음에 답하시오.

6 ㉠과 같이 물어본 까닭은 무엇인지 빈칸에 들어갈 알맞은 말을 쓰시오.

• 토의로 해결할 (　　　　　)을/를 정확하게 파악하기 위해서

7 장면 ①~③은 의견을 조정하는 과정 중 어떤 단계에 해당하는지 기호를 쓰시오.

> ㉮ 문제 파악하기
> ㉯ 의견 실천에 필요한 조건 따지기
> ㉰ 결과 예측하기
> ㉱ 반응 살펴보기

(　　　　　　　　)

8 이 토의에서 친구들이 낸 의견의 결과를 예측한 것으로 알맞은 것을 두 가지 찾아 ○표 하시오.

(1) 마스크를 구입하는 비용이 많이 들 수 있다.

(　　　)

(2) 공기 청정기를 설치하는 데 비용이 많이 들 수 있다. (　　　)

(3) 마스크는 일회용이라 쓰레기 문제가 일어날 수 있다. (　　　)

9 토의에서 의견을 조정하는 태도로 알맞은 것을 두 가지 고르시오. (　　　　　)

① 의견과 발언에 집중한다.
② 해결 방안은 찾지 않아도 된다.
③ 다른 사람의 의견을 끝까지 듣는다.
④ 결정한 의견이 자신의 생각과 다르면 반대한다.
⑤ 자신의 생각은 되도록 적극적으로 표현하지 않는다.

[10~11] 다음 그림을 보고, 물음에 답하시오.

10 그림 **⑦**와 같이 자료를 제시하면 좋은 점으로 알맞은 것을 두 가지 고르시오. (　　　　)

① 의견과 근거를 이해하기 쉽다.
② 정보를 눈으로 직접 확인할 수 있다.
③ 의견과 근거를 말하지 않아도 되어 편리하다.
④ 의견을 말할 때 목소리를 더 크게 할 수 있다.
⑤ 듣는 사람이 내용을 어렵게 느끼게 할 수 있다.

11 그림 **⑭**에서 제시한 것과 같이 눈으로 확인하기 쉬운 자료로 알맞은 것을 모두 고르시오. (　　　　　)

① 책　　　　② 사진　　　　③ 그림
④ 도표　　　⑤ 보고서

[12~16] 다음 그림을 보고, 물음에 답하시오.

12 장면 **❶**에서 제기한 문제는 무엇인지 쓰시오.

_____

_____

13 친구들이 토의에서 나누는 주제는 무엇인지 빈칸에 들어갈 알맞은 말을 쓰시오.

• (　　　　　) 학교생활을 하려면 틈새 시간을 어떻게 사용하는 것이 좋을까?

14 친구들이 토의에서 제시하려고 하는 의견으로 알맞은 것을 두 가지 고르시오. (　　　　)

① 식물을 기르자.
② 편식을 하지 말자.
③ 건강 달리기를 하자.
④ 점심시간에 운동을 하자.
⑤ 교실의 창문을 열지 말자.

15 문제 **14**번에서 답한 의견을 뒷받침하기 위해 친구들이 자료를 찾은 방법으로 알맞은 것을 두 가지 고르시오. (　　　　)

① 도서관에서 책 찾기
② 텔레비전에서 뉴스 보기
③ 관련 인물을 찾아 면담하기
④ 컴퓨터를 활용해서 신문 기사 검색하기
⑤ 스마트폰을 활용해서 설문 조사 검색하기

16 다음 친구가 자료를 읽을 방법으로 알맞은 것을 찾아 ○표 하시오.

(1) 제목을 중심으로 훑어 읽는다.

(　　　)

(2) 차례를 살펴서 건너뛰며 읽는다.

(　　　)

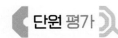

[17~20] 다음 글을 읽고, 물음에 답하시오.

㉮ 세계보건기구[WHO]는 아동 비만을 21세기 최대 건강 문제 가운데 하나로 꼽고 있다. 한국도 예외는 아니다. 교육부에 따르면 2017년을 기준으로 우리나라 초중고 비만 학생은 100명당 약 17.3명인데 해마다 꾸준히 증가하고 있다.

영국의 한 초등학교에서 실시한 건강 달리기 프로그램이 성공을 거두어 큰 관심을 끌고 있다. 이 학교는 날마다 적절한 시간을 정해 1.6킬로미터를 달리게 하고 있다. 학생들을 관찰한 □□대학의 ○○박사는 "이 학교의 학생들에게는 비만 문제가 보이지 않는다."라고 했다. ㉠

미국 일리노이주의 한 학교 역시 건강 달리기로 하루를 시작한다. 이 학교의 학생들은 건강은 물론 집중력도 향상되었고, 우울증과 불안감은 줄어들었다고 한다. 『○○신문』

㉯

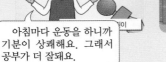

요즘 초등학교에서는 건강 달리기에 많은 관심을 보이고 있습니다. ○○○ 기자의 보도입니다.

건강 달리기에 많은 관심 보여

한 초등학교 체육관에 아침 여덟 시부터 학생 마흔 명이 모여 있습니다. 가벼운 체조로 몸을 푼 뒤 이어지는 달리기 수업, 체육관에서 웃음소리가 끊이지 않습니다.

○○초등학교 건강 달리기

아침마다 운동을 하니까 기분이 상쾌해요. 그래서 공부가 더 잘돼요.

이 학교에서는 삼 년 동안 학생 백 명이 꾸준히 건강 달리기를 실시하여 비만 학생이 해마다 열네 명, 아홉 명, 네 명으로 줄어들었다고 합니다.

『○○방송 뉴스』

㉰ 하준 ㉮와 ㉯를 읽고 아래와 같이 표현해 보았어.

[아동 건강 문제]
● 세계보건기구: 아동 비만은 21세기 최대 건강 문제 가운데 하나
● 교육부: 우리나라 초중고 비만 학생은 100명당 약 17명(2017년 기준)

[건강 달리기의 효과]
● 비만 문제를 해결할 수 있다.
● 집중력이 향상되고, 우울증과 불안감이 줄어든다.

[건강 달리기를 실천한 예]
● 삼 년 동안 건강 달리기를 실시한 초등학교
● 비만 학생이 해마다 열네 명, 아홉 명, 네 명으로 줄어들었다.

17 ㉮와 ㉯는 어디에서 찾은 자료인지 알맞은 것을 찾아 각각 선으로 이으시오.

(1) ㉮ ·　　　· ㉮ 뉴스 보도

(2) ㉯ ·　　　· ㉯ 신문 기사

18 ㉰에서 하준이는 ㉮와 ㉯를 어떻게 표현했는지 알맞은 것을 찾아 기호를 쓰시오.

> ㉮ 읽기 쉽게 요약했다.
> ㉯ 더 많은 내용을 덧붙여 썼다.
> ㉰ 표나 도표를 이용해 나타냈다.

(　　　　　　)

19 다음은 ㉠을 읽은 채원이가 표현한 것입니다. 건강 달리기의 효과를 어떻게 표현했는지 알맞은 것을 두 가지 고르시오. (　　　　)

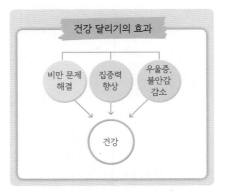

① 사진으로 나타냈다.
② 줄글로 풀어서 썼다.
③ 막대의 길이로 나타냈다.
④ 내용을 간단히 줄여서 썼다.
⑤ 도형과 선, 화살표를 이용해 서로 연결했다.

서술형

20 문제 19번의 채원이와 같이 자료를 표현하면 더 효과적인 까닭을 생각하여 한 가지 쓰시오.

_____

_____

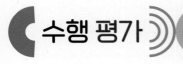
학습 주제	토의 주제를 정하여 의견과 근거 마련하기
학습 목표	우리 주변에서 해결해야 할 문제를 찾고 토의 주제를 정해 의견과 근거를 마련할 수 있다.

1 이 그림에 나타난 해결해야 할 문제가 무엇인지 쓰시오.

2 이 그림과 같이 우리 주변에서 해결해야 할 문제를 떠올려 보고, 문제를 해결하기 위한 토의 주제를 정해 쓰시오.

해결해야 할 문제	(1)
토의 주제	(2)

3 문제 **2**번에서 정한 토의 주제를 바탕으로 자신의 의견을 ▣조건▣ 에 알맞게 쓰시오.

> **조건**
> 1. 자신의 의견을 뒷받침하는 근거를 함께 쓴다.
> 2. 실천할 수 있는 내용으로 쓴다.

[1~4] 다음 글을 읽고, 물음에 답하시오.

가 "아함! 졸려."

㉠어제저녁에 방에서 컴퓨터를 하는데 졸음이 밀려온다. 안방으로 가서 가만히 누워 있는데 내 동생 용준이가 나를 툭툭 치며 장난을 걸어왔다. 나는 용준이가 또 덤빌까 봐 용준이 손을 잡고 안 놓아주었다. 그러다가 그만 내 눈에 쇳덩어리(용준이 머리)가 '쿵' 하고 부딪혔다.

"아야!"

나는 너무 아파서 눈물을 글썽였다. 그랬더니 용준이가 혼날까 봐 따라 울려고 그랬다. 나는 결코 용준이를 아프게 한 적이 없는데도 말이다.

"야, 네가 왜 울어?"

그때였다. 아버지께서 눈을 크게 뜨며

"진윤서, 너 왜 동생 울려?"

하고 큰소리를 내셨다. 나한테만 뭐라고 하시는 아버지를 이해할 수 없었다. 나는 화가 나서 울며 내 방으로 들어가 침대에 누웠다.

'쳇, 나한테만 뭐라고 하고…….'

용준이가 문을 똑똑 두드렸다.

"누나야, 문 열어 봐."

"싫어."

나는 앞으로 용준이와 놀아 주지 않겠다고 다짐했다. 한참 있다가 어머니께서 오셨다. 문을 열어 보라고 하시는데 ㉡어머니의 표정이 별로 좋아 보였다.

나 그때 안방에서 ㉢아버지가 불렀다.

"윤서야, 이리 와 봐."

나는 입을 쭉 내밀고 절대 앉기 싫다는 표정으로 아버지 옆에 앉았다.

"왜 울었어?"

"잘못은 용준이가 했는데 저만 야단맞아서요."

"서러웠니?" / "예."

다 "용준이 너 이리 와."

아버지의 호령에 용준이가 똥 마려운 아이처럼 쭈뼛쭈뼛 다가왔다.

"누나……, 미안."

용준이가 씩 웃으며 나를 쳐다보았다. 웃음이 나오려는 것을 참고 아버지 쪽으로 얼굴을 돌렸는데 아버지께서 손으로 하트 모양을 만들고 계셨다. ㉣그만 웃음이 피식 웃어 버렸다. 아버지께서도 웃으셨다.

1 다음 중 윤서가 화가 난 까닭은 무엇입니까?

( )

① 어머니께서 용준이의 편만 드셔서
② 용준이가 문을 너무 세게 두드려서
③ 자신이 컴퓨터를 하는 것을 용준이가 방해해서
④ 부모님께서 용준이와 놀아 주지 않는다며 혼내셔서
⑤ 동생이 잘못한 일인데 아버지께서 자신만 혼내셔서

2 ㉠을 문장 성분의 호응이 잘 이루어지도록 고친 것으로 알맞은 것을 찾아 기호를 쓰시오.

> ㉮ 어제저녁에 방에서 컴퓨터를 하는데 졸음이 밀려왔다.
> ㉯ 어제저녁에 방에서 컴퓨터를 하는데 졸음이 밀려올 것이다.

( )

3 ㉡과 ㉢에 대한 설명으로 알맞지 **않은** 것은 무엇입니까? ( )

① ㉢은 높임의 대상에 따른 서술어가 잘못되었다.
② ㉡은 '별로'라는 말과 뒤의 서술어가 어울리지 않는다.
③ ㉢에서 '아버지가'를 '아버지께서'라고 고쳐 써야 한다.
④ ㉢에서 '불렀다'를 '불렀을 것이다'라고 고쳐 써야 한다.
⑤ ㉡에서 '별로 좋아 보였다'를 '별로 좋아 보이지 않았다'로 고쳐 써야 한다.

서술형

4 ㉣을 문장 성분의 호응이 이루어지도록 고쳐 쓰시오.

_____

_____

5 문장 성분의 호응이 이루어지도록 글을 써야 하는 까닭으로 알맞은 것에 ○표 하시오.

(1) 문장의 뜻을 바르게 이해할 수 있기 때문에
( )

(2) 문장을 끝까지 읽지 않고도 뜻을 알 수 있기 때문에
( )

6 다음을 겪은 일이 드러나는 글을 쓰는 과정에 알맞게 차례대로 기호를 쓰시오.

> ㉮ 글을 고치는 단계
> ㉯ 직접 글을 쓰는 단계
> ㉰ 쓸 내용을 나누는 단계
> ㉱ 쓸 내용을 떠올리는 단계
> ㉲ 글을 쓸 준비를 하는 단계

( ) → ( ) → ( ) → ( ) → ( )

7 다음은 윤서가 겪은 일을 글로 쓰면서 생각한 것입니다. 글을 쓰는 과정 중 어느 단계에서 생각한 것인지 보기 에서 찾아 기호를 쓰시오.

> **보기**
> ㉮ 계획하기   ㉯ 내용 생성하기
> ㉰ 내용 조직하기   ㉱ 표현하기
> ㉲ 고쳐쓰기

( )

[8~10] 다음 글을 읽고, 물음에 답하시오.

> ㉮ 우리가 환경을 보호해야 하는 까닭은 환경 파괴의 피해가 결국 우리에게 돌아오는 것이라고 생각한다.

> ㉯ 할아버지는 얼른 밥을 다 먹고 또 일하러 나가셨다.

> ㉰ 어제저녁 우리 가족은 함께 동네 공원으로 산책을 나간다.

8 다음 빈칸에 들어갈 알맞은 말을 쓰시오.

• 문장 ㉮~㉰는 문장 성분의 ( ) 관계가 바르지 않다.

서술형

9 문장 ㉮를 바른 문장이 되도록 고쳐 쓰시오.

_____

_____

10 다음 중 문장 ㉯와 ㉰에 대한 설명으로 알맞지 <u>않은</u> 것은 무엇입니까? ( )

① 문장 ㉯: '얼른'과 서술어가 어울리지 않는다.
② 문장 ㉰: '나간다'를 '나갔다'로 고쳐 써야 한다.
③ 문장 ㉰: 시간을 나타내는 말과 서술어가 어울리지 않는다.
④ 문장 ㉯: '할아버지는'을 '할아버지께서는'으로 고쳐 써야 한다.
⑤ 문장 ㉯: '밥을 다 먹고'를 '진지를 다 잡수시고'로 고쳐 써야 한다.

[11~12] 다음 글을 읽고, 물음에 답하시오.

> ㉮
> 나는 친구가 거짓말을 한 것이 결코 바른 행동이라고 생각한다.
>
> ㉯
> 선생님 말씀은 전혀 들어 본 내용이었다.
>
> ㉰
> 나는 책 읽기를 별로 좋아하는 편이다.

11 문장 ㉮~㉰를 읽은 서연이가 다음과 같이 생각한 까닭으로 알맞은 것을 찾아 ○표 하시오.

이 세 문장은 잘못된 문장이구나.

서연

(1) 시간을 나타내는 말과 서술어의 호응 관계가 알맞지 않아서 ( )

(2) '결코, 전혀, 별로'와 같은 낱말과 서술어가 어울리지 않아서 ( )

(3) 높임의 대상을 나타내는 말과 서술어의 호응 관계가 알맞지 않아서 ( )

12 다음은 문장 ㉮~㉰를 바른 문장이 되도록 고쳐 쓴 것입니다. 알맞지 <u>않은</u> 것을 찾아 기호를 쓰시오.

문장 ㉮	㉠ 나는 친구가 거짓말을 한 것이 결코 바른 행동이었다고 생각한다.
문장 ㉯	㉡ 선생님 말씀은 전혀 들어 보지 못한 내용이었다.
문장 ㉰	㉢ 나는 책 읽기를 별로 좋아하지 않는 편이다.

( )

13 다음 중 문장 성분의 호응 관계가 바르지 <u>않은</u> 문장은 무엇입니까? ( )

① 내 친구는 전혀 내 기분을 안다.
② 나는 지호의 생각을 도저히 이해할 수 없다.
③ 나는 평소에 그림책을 별로 읽지 않는 편이다.
④ 내 짝꿍은 여간 자신감이 넘치는 것이 아니다.
⑤ 그 숙제를 해내는 일은 여간 어려운 일이 아니다.

[14~15] 다음 글을 읽고, 물음에 답하시오.

> ㉮ 내가 이번 대회에 참가하면서 느낀 점은 어떤 일에 도전하고 그 목표를 성취하고자 노력하는 순간들도 소중하다는 것을 느꼈다.

> ㉯ 평소 은주는 바른 말을 쓰고 친구들을 잘 이해하는 친구였기 때문에 나는 결코 그것이 은주가 한 행동이라고 ㉠생각했다.

서술형

14 문장 ㉮에서 잘못된 부분을 찾아 밑줄을 긋고, 바르게 고쳐 쓰시오.

> 내가 이번 대회에 참가하면서 느낀 점은 어떤 일에 도전하고 그 목표를 성취하고자 노력하는 순간들도 소중하다는 것을 느꼈다.

_____

_____

15 ㉠을 바르게 고쳐 쓴 것은 무엇입니까? ( )

① 생각한다
② 생각했었다
③ 생각할 것이다
④ 생각하지 않았다
⑤ 생각했을 것이다

[16~17] 다음 글을 읽고, 물음에 답하시오.

> ㉮ 선생님께서는 이번 시험 문제가 쉽다고 말씀하셨는데 전혀 쉬워서 친구들이 모두 놀랐다.

> ㉯ 그림책은 어린아이들이나 읽는 것이라고 생각해서 평소에 별로 읽는 편이다. 하지만 부모님께서 권해 주신 그 책은 내 생각과 달랐다.

16 문장 ㉮를 다음과 같이 고쳐 썼습니다. 고친 까닭으로 알맞은 것은 무엇입니까? (   )

> 선생님께서는 이번 시험 문제가 쉽다고 말씀하셨는데 전혀 쉽지 않아서 친구들이 모두 놀랐다.

① 문장을 더 길게 늘릴 수 있기 때문에
② '쉬워서'라는 말이 어려운 표현이기 때문에
③ '전혀'와 '모두 놀랐다'가 어울리지 않기 때문에
④ '전혀'라는 낱말은 '쉽지'와 같은 낱말과 호응하기 때문에
⑤ '전혀'라는 낱말은 '–지 않다'와 같은 서술어와 호응하기 때문에

17 다음은 친구들이 문장 ㉯에 대하여 나눈 대화입니다. 잘못 말한 친구의 이름을 쓰시오.

정은: '별로 읽는 편이다'를 '별로 읽지 않는 편이다'로 고쳐 써야 해.

재현: '별로 읽는 편이다'를 '별로 읽는 편이었을 것이다'로 고쳐 써야 해.

우람: '별로'는 '별로~ –지 않다'로 호응이 되어야 하기 때문에 잘못된 문장이야.

(   )

18 다음 중 겪은 일이 드러나는 글을 쓰기 위한 글감으로 알맞은 것은 무엇입니까? (   )

① 주제가 잘 드러나는 것
② 누구나 경험할 만한 것
③ 내용을 자세히 풀어 쓸 수 없는 것
④ 장소나 등장인물의 변화가 너무 많은 것
⑤ 글을 읽는 사람이 흥미를 느끼기 힘든 것

19 겪은 일이 드러나는 글의 처음 부분을 쓸 때 생각할 점으로 알맞은 것은 무엇입니까? (   )

① 주제가 잘 드러나게 쓰는가?
② 글의 내용이 완결되게 쓰는가?
③ 글을 조직한 대로 짜임새 있게 쓰는가?
④ 주제와 관련한 여러 가지 내용으로 쓰는가?
⑤ 읽는 사람이 흥미를 느낄 수 있는 제목과 글머리를 정했는가?

서술형
20 매체를 활용해 글을 쓰고 의견을 나누는 방법은 직접 종이에 글을 쓰고 의견을 나누는 방법과 비교했을 때 어떤 차이가 있는지 두 가지를 쓰시오.

• _____
  _____
• _____
  _____

학습 주제	글로 쓸 내용을 떠올려 조직하기
학습 목표	겪은 일을 떠올려 글로 쓸 내용을 정하고 조직할 수 있다.

1 겪은 일이 드러나게 글을 쓰고 글 모음집에 실으려고 합니다. 글로 쓰고 싶은 일이나 생각을 보기 와 같이 생각그물로 정리하시오.

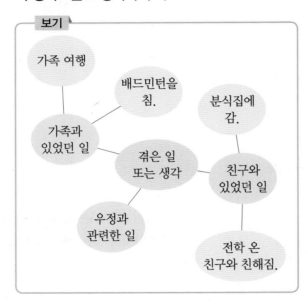

2 문제 1 번에서 떠올린 내용 중 글로 쓰고 싶은 일 또는 생각을 한 가지 정해 쓰시오.

3 문제 2 번에서 정한 내용을 글로 어떻게 쓸지 생각하며 조건 에 알맞게 정리하여 쓰시오.

조건

처음 – 가운데 – 끝으로 나누어 글 내용을 조직한다.

처음	(1)
가운데	(2)
끝	(3)

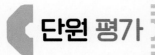
[1~5] 다음 글을 읽고, 물음에 답하시오.

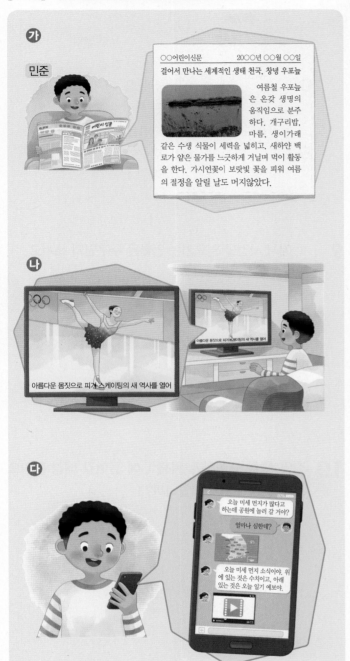

1 ㉮에 대한 설명으로 알맞지 <u>않은</u> 것을 두 가지 고르 시오. ( )

① 인쇄 매체 자료이다.
② 글과 사진으로 정보를 전달한다.
③ 음악과 연출 기법이 중요한 역할을 한다.
④ 문자, 그림말, 동영상 따위를 모두 활용한다.
⑤ 내용을 잘 이해하려면 사진과 글을 모두 살펴보 아야 한다.

2 ㉮를 만든 사람이 글과 함께 우포늪 사진을 제시한 까닭으로 알맞은 것의 기호를 쓰시오.

> ㉠ 설명하려는 내용을 감출 수 있기 때문이다.
> ㉡ 그림말을 넣어 생생하게 표현할 수 있기 때문 이다.
> ㉢ 사진이 있으면 보는 사람들의 관심을 더 잘 이 끌어 낼 수 있기 때문이다.

( )

3 ㉯를 만든 사람이 시청자의 관심을 끌려고 사용했 을 방법으로 알맞은 것을 두 가지 고르시오.

( )

① 글을 길게 쓴다.
② 자막을 넣지 않는다.
③ 화면에 특별한 연출을 한다.
④ 장면에 어울리는 음악을 넣는다.
⑤ 글의 내용에 어울리는 도표를 넣는다.

4 민준이는 ㉰를 이용해 무엇을 하고 있습니까?

( )

① 게임을 한다.
② 숙제를 한다.
③ 학교 누리집을 찾아본다.
④ 직접 찍은 영상을 올린다.
⑤ 친구와 연락을 주고받는다.

서술형

5 ㉰에서 사진과 동영상을 사용하는 까닭은 무엇일지 쓰시오.

_____

_____

[6~8] 다음 표를 보고, 물음에 답하시오.

인물이 처한 상황	표현 방법
주인공이 밤새도록 환자를 치료한다.	㉠
여기서 무너지면 안 된다고 다짐한다.	㉡인물의 속마음을 그대로 들려준다.

6 ㉠에서 인물이 처한 상황을 표현하는 방법으로 가장 알맞은 것은 무엇입니까? (   )

① 환자들이 화내는 모습을 가까이 보여 준다.
② 인물이 책을 읽는 장면을 계속해서 보여 준다.
③ 인물이 눈물을 흘리는 모습을 가까이 보여 준다.
④ 환자들이 집으로 돌아가는 모습을 멀리서 보여 준다.
⑤ 인물이 마을 사람들을 치료하는 장면을 연달아 보여 준다.

7 ㉡에서 인물이 할 말로 알맞은 것의 기호를 쓰시오.

> ㉮ '조금만 쉬어야겠다.'
> ㉯ '왜 환자들이 계속 늘어날까?'
> ㉰ '힘을 내자. 피곤해도 절대 무너지면 안 돼.'

(   )

8 허준이 환자를 치료하는 장면에서 비장한 느낌의 배경 음악을 사용했다면 그 까닭으로 알맞은 것에 ○표 하시오.

(1) 상황이 좋아졌음을 알리기 위해서   (   )

(2) 시간이 천천히 흐르고 있음을 표현하기 위해서
(   )

(3) 자신을 희생하고 다른 사람을 위하는 인물의 태도를 강조하기 위해서   (   )

[9~11] 다음 표를 보고, 물음에 답하시오.

	장면	표현 방법
❶	유도지가 뇌물을 주는 장면	㉠사건을 일으키는 인물을 카메라가 가까이 다가가 보여 준다.
❷	유도지의 뇌물을 받은 인물이 놀란 장면	인물이 놀라는 모습에 맞추어 ㉡ 을 들려준다.

9 ㉠에서 사건을 일으키는 인물은 누구인지 쓰시오.

(   )

10 장면 ❷를 표현하기 위해 ㉡에 들어갈 배경 음악으로 알맞은 것은 무엇입니까? (   )

① 슬픈 느낌의 음악
② 경쾌한 느낌의 음악
③ 행복한 느낌의 음악
④ 평화로운 느낌의 음악
⑤ 긴장감이 느껴지는 음악

서술형
11 이와 같이 영상 매체 자료의 표현 방법을 알면 좋은 점을 한 가지 떠올려 쓰시오.

_____

_____

[12~14] 다음 글을 읽고, 물음에 답하시오.

　김득신은 열 살에 처음 글을 배우기 시작했다. 김득신은 정삼품 부제학을 지낸 김치의 아들로 태어났다. 주변에서는 우둔한 김득신을 포기하라고 했다. 하지만 김득신의 아버지는 공부를 포기하지 않는 김득신을 대견스럽게 여겼다. 김득신은 스무 살에 처음으로 작문을 했다. 김득신의 아버지는 공부란 꼭 과거를 보기 위한 것만이 아니니 더욱 노력하라고 김득신을 격려했다.

　㉠김득신은 같은 책을 반복해서 여러 번 읽으며 공부했으나 하인도 외우는 내용을 기억하지 못하는 한계를 드러냈다. 김득신은 자신의 한계를 극복하기 위해 만 번 이상 읽은 책에 대한 기록을 남겼다. 김득신은 59세에 문과에 급제해 성균관에 입학했다. 김득신은 많은 책과 시를 읽었지만 자신만의 시어로 시를 썼다. 많은 사람이 김득신의 시를 높이 평가했다.

12 다음 중 이 자료를 통해 김득신에 대해 알 수 있는 점이 <u>아닌</u> 것에 ✕표 하시오.

(1) 뛰어난 재능이나 두뇌를 갖지는 못했다. (　　)

(2) 정삼품 부제학을 지낸 김치의 아들로 태어났다. (　　)

(3) 자신의 한계를 극복하기 위해 매일 산에 올랐다. (　　)

(4) 자신만의 시어로 시를 썼고, 많은 사람들이 그 시를 높이 평가했다. (　　)

13 다음 중 김득신의 행동에서 의미 있는 점을 찾아 알맞게 말한 친구의 이름을 쓰시오.

> 기찬: 자신을 희생해서 다른 사람을 도운 점이 의미 있어.
> 라임: 꾸준히 노력해서 자신의 한계를 극복한 점이 의미 있어.
> 수호: 다른 사람들이 하기 싫어하는 일을 늘 먼저 한 점이 의미 있어.

(　　　　　　　　　　)

14 ㉠을 나타내는 장면에서 경쾌한 느낌의 음악을 사용했을 때 줄 수 있는 효과로 알맞은 것은 무엇입니까?
(　　　)

① 화가 난 김득신의 아버지 모습이 강조된다.
② 김득신을 존경하는 하인의 모습이 강조된다.
③ 불행했던 김득신의 삶을 돌아보는 느낌을 준다.
④ 자신의 한계 앞에서 포기하며 슬퍼하는 김득신의 모습이 더욱 강조된다.
⑤ 읽은 내용을 자꾸 잊어버리는 우스꽝스러우면서도 안타까운 김득신의 모습이 강조된다.

15 인쇄 매체 자료와 영상 매체 자료를 보는 방법으로 알맞은 것을 찾아 선으로 이으시오.

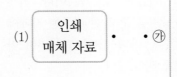

(1) 인쇄 매체 자료　•
　　　　　　　　•㉮ 글로 표현한 내용을 머릿속으로 떠올리면서 내용을 꼼꼼히 확인하며 본다.

(2) 영상 매체 자료　•
　　　　　　　　•㉯ 여러 가지 표현 방법을 활용하기 때문에 표현에 활용한 요소들이 나타내는 바가 무엇인지 생각하며 본다.

5
단원

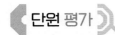

● 정답 및 풀이 28쪽

[16~20] 다음 글을 읽고, 물음에 답하시오.

가 전학 온 서영이는 성격이 좋아 금세 친구들과 잘 어울렸다. 그런 서영이가 부러운 미라는 핑공 카페에 '흑설 공주'라는 계정으로 서영이와 관련한 거짓 글을 올린다. 아이들은 서영이가 거짓으로 부모님 이야기를 한다는 '흑설 공주'의 글을 읽고 수군대기 시작한다.

한편, 미라와 친해지고 싶었던 민주는 '흑설 공주'인 미라가 거짓말을 하고 있다는 것을 알았지만 서영이에게 그 사실을 알리지 못하고 망설인다.

나 여러분, 저는 흑설 공주에게 모함을 받고 있는 민서영입니다.

여러분 중에서도 흑설 공주의 글을 읽고 여전히 제가 거짓말쟁이라고 의심하는 분들이 있다는 걸 알고 매우 슬펐습니다. 만약 아직도 저에 대한 의심과 오해를 풀지 못한 분이 있다면 아래에 있는 사진을 참조해 주시기 바랍니다.

다 서영이가 핑공 카페에 아빠가 은좀베 마을에서 의료 봉사를 하는 모습과 엄마가 디자인한 옷을 입고 모델들이 패션쇼를 하는 사진을 올리자, 이번에는 서영이를 응원하는 댓글과 흑설 공주를 비난하는 댓글이 수없이 올라와 있었다.

⟨ ⟩

허수아비: 아무리 얼굴과 이름을 숨기고 자기 생각을 마음대로 실을 수 있는 인터넷 세상이지만, 최소한의 예의는 지켜야 한다. 그런데도 거짓 정보를 올린 흑설 공주는 당장 사과해라!

어린 왕자: 흑설 공주가 대체 누구인가? 이런 사람은 카페에 들어올 자격이 없다.

매운 고추: 민서영, 잠시라도 널 의심해서 미안하다. 네 용기에 박수를 보낸다.

하이디: 글은 자기의 얼굴과 마찬가지이다. 거짓 글로 민서영에게 상처를 준 흑설 공주는 카페에 글을 쓸 자격이 없다. 마녀사냥은 민서영이 아니라 흑설 공주에게 해야 한다.

삐삐: 핑공 카페지기는 당장 흑설 공주의 신상 털기를 해라!

방글이: 요즘 거짓 정보 때문에 목숨을 끊은 연예인이 얼마나 많은가. 우리 어린이들까지 그런 잘못된 걸 본받으면 안 된다!

16 이 글에서 '흑설 공주'라는 계정으로 글을 쓰는 친구의 이름을 쓰시오.

( )

17 흑설 공주가 민서영에 관한 거짓 글을 올린 까닭은 무엇입니까? ( )

① 민서영이 거짓말을 잘해서
② 민서영이 잘난 체를 잘해서
③ 민서영이 '흑설 공주'를 따돌려서
④ 민서영이 친구들에게 화를 자주 내서
⑤ 민서영이 금세 친구들과 잘 어울리는 모습이 부러워서

18 글 **나**에서 민서영이 올린 사진의 내용을 글 **다**에서 찾아 빈칸에 알맞은 말을 쓰시오.

(1) 아빠가 은좀베 마을에서 ( )을/를 하는 모습을 찍은 사진

(2) 엄마가 디자인한 옷을 입고 모델들이 ( )을/를 하는 사진

19 민서영이 글 **나**에서 반박 글을 올린 것이 원인이 되어 나타난 결과는 무엇입니까? ( )

① 흑설 공주가 자신의 정체를 밝혔다.
② 흑설 공주가 민서영에게 사과를 했다.
③ 카페 가입자들이 흑설 공주를 비난했다.
④ 민서영이 카페 가입자들에게 사과를 했다.
⑤ 핑공 카페지기가 흑설 공주의 신상 털기를 했다.

20 이 글의 제목이 「마녀사냥」인 까닭으로 가장 알맞은 것의 기호를 쓰시오.

㉮ '마녀사냥'의 뜻을 자세히 설명했기 때문이다.
㉯ 글에서 사건이 일어나는 공간인 인터넷 카페의 이름이기 때문이다.
㉰ 부정확한 내용을 근거로 누군가를 공격하는 현상을 다루었기 때문이다.

( )

학습 주제	매체 자료를 알맞은 방법으로 읽기
학습 목표	매체 자료의 특성을 생각하여 알맞은 방법으로 매체 자료를 읽을 수 있다.

1 그림 ㉮~㉰에서 민준이가 읽거나 본 매체 자료는 무엇인지 쓰시오.

그림 ㉮	(1)
그림 ㉯	(2)
그림 ㉰	(3)

2 그림 ㉮~㉰에서 민준이가 매체 자료의 내용을 잘 이해하려면 어떤 부분을 집중해서 읽어야 하는지 쓰시오.

그림 ㉮	(1)
그림 ㉯	(2)
그림 ㉰	(3)

3 자신이 읽거나 본 매체 자료 가운데에서 내용을 잘 이해한 경험을 떠올려 조건 에 알맞게 쓰시오.

조건

1. 구체적인 매체 자료를 쓴다.
2. 매체 자료에서 어떤 부분을 집중해서 읽었는지 쓴다.

[1~2] 다음 그림을 보고, 물음에 답하시오.

1 이 그림에 나타난 문제 상황으로 알맞은 것의 기호를 쓰시오.

> ㉮ 학교 운동장이 좁아서 사람들이 이용하기 불편하다.
> ㉯ 학교 운동장에 쓰레기통을 없애서 쓰레기가 많아졌다.
> ㉰ 학교 운동장을 외부인에게 개방해서 쓰레기가 많아졌다.

( )

2 이 그림에 어울리는 토론 주제는 무엇입니까?

( )

① 학교 운동장을 더 넓게 만들자.
② 학교 운동장의 쓰레기통을 없애자.
③ 학교 운동장을 외부인에게 개방하지 말자.
④ 학교 운동장에 쓰레기를 버린 사람에게 벌점을 주자.
⑤ 학교 운동장을 저학년과 고학년이 나누어서 이용하자.

[3~5] 다음 그림을 보고, 물음에 답하시오.

3 민규와 세연이가 나누는 대화의 주제는 무엇인지 생각하여 빈칸에 알맞은 말을 쓰시오.

• 학교에서 인사말을 "( )." 로 하는 문제

4 그림 ㉮에서 민규가 세연이에게 자신의 생각을 이해시키려고 사용한 방법은 무엇입니까? ( )

① 세연이의 말을 듣지 않았다.
② 다른 친구의 의견을 물어보았다.
③ 자신의 의견을 근거를 들어 말했다.
④ 세연이의 의견을 근거 없이 비판했다.
⑤ 자신의 의견을 주장하려고 상대의 기분을 상하게 했다.

서술형

5 민규가 그림 ㉯와 같이 대답했을 때 두 사람의 대화는 앞으로 어떻게 이어질지 쓰시오.

_____

_____

[6~9] 다음 글을 읽고, 물음에 답하시오.

최근 한 매체에서 '연예인'이 초등학생들의 장래 희망 직업 1위를 차지했다는 결과를 발표했다. 초등학생들 사이에서 번진 아이돌 열풍 때문이다. 몇 년 전에는 꿈이 '요리사'인 초등학생이 많았는데, 그 당시에는 요리를 주제로 한 텔레비전 프로그램이 유행했기 때문이다. 게임 산업의 발전에 따라 '프로 게이머'를 희망 직업으로 뽑은 학생이 대다수였을 때도 있었다. 직업은 생활 수단이자 자신의 능력을 발휘하고 꿈을 실현할 수 있는 기회이기도 하다. 그런데 자신이 희망하는 직업을 유행에 따라 결정하는 일이 과연 옳은 것일까?

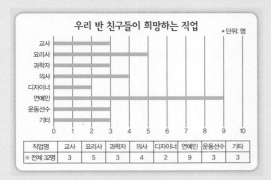

실제로 자신의 꿈이 '연예인'으로 바뀌었다고 하는 한 학생을 면담한 결과, "요즘에는 연예인이 대세이다."라면서도 "사실은 한 해에도 여러 번 바뀌는 희망 직업 때문에 고민이 많다. 무엇을 준비해야 할지 모르겠다."라고 털어놓았다. 직업의 선택은 유행이 아니라 자신의 적성이나 흥미, 특기를 고려해 이루어져야 한다. 정작 자신이 무엇을 원하는지보다 다른 많은 사람이 원하는 것에 이끌려 인생의 중요한 결정을 내린다면 결국 후회만 남을 것이다. 또 이것저것 유행에 휘둘리다 보면 자신의 능력을 집중적으로 개발하는 시간도 빼앗길 것이다.

6 다음은 이 글에서 사용한 설문 조사 자료를 정리한 것입니다. 빈칸에 알맞은 말을 쓰시오.

조사대상	글쓴이의 반 친구들
조사 범위	⑴ ( )명
응답이 가장 많은 항목	⑵ ( )
자료의 출처	글쓴이의 반 친구들을 대상으로 한 설문 조사 결과

7 글쓴이가 면담을 한 사람은 누구입니까? ( )

① 우리 반 선생님
② 큰 대회에서 우승한 프로 게이머
③ 자녀가 '의사'가 되길 바라는 부모
④ 요리를 주제로 한 텔레비전 프로그램의 연출자
⑤ 자신의 꿈이 '연예인'으로 바뀌었다고 하는 학생

8 면담의 주요 내용으로 알맞은 것에 ○표 하시오.

⑴ 자신의 재능이 너무 다양해서 고민이 많다는 내용 ( )

⑵ 부모님과 자신의 희망 직업이 서로 달라 고민이라는 내용 ( )

⑶ 한 해에도 여러 번 바뀌는 희망 직업 때문에 고민이 많다는 내용 ( )

9 글쓴이의 주장은 무엇입니까? ( )

① 직업은 당시 유행하는 것으로 선택해야 한다.
② 직업은 사회적으로 인정받을 수 있는 것으로 선택해야 한다.
③ 직업의 선택은 선생님, 부모님과 상의해서 이루어져야 한다.
④ 직업은 많은 사람에게 존경을 받을 수 있는 것으로 선택해야 한다.
⑤ 직업의 선택은 자신의 적성이나 흥미, 특기를 고려해 이루어져야 한다.

10 설문 조사 자료를 평가하는 기준으로 알맞지 <u>않은</u> 것은 무엇입니까? ( )

① 믿을 만한가?
② 출처가 정확한가?
③ 조사 범위가 적절한가?
④ 주장을 뒷받침하기에 적절한가?
⑤ 사람들이 흥미롭게 생각할 내용인가?

[11~14] 다음 글을 읽고, 물음에 답하시오.

㉮ 찬성편: 저희 찬성편은 두 가지 까닭에서 "학급 임원은 반드시 필요하다."라는 주제에 찬성합니다.

첫째, 실제로 학생 대표가 학교생활에 많은 역할을 합니다. 많은 학생들이 함께 생활하다 보니 학교에는 여러 가지 문제나 불편한 점이 생길 수 있습니다. 이러한 것에 대한 해결은 전교 학생회 회의에서 이루어지는데 학급 임원은 여기에 참여해 우리 반 학생들의 의견을 전달하는 역할을 합니다. 저희가 설문 조사를 한 결과에 따르면 우리 지역의 초등학교 가운데에서 95퍼센트가 넘는 학교가 학급 임원을 뽑고 있다고 합니다. 이렇게 많은 학교가 학급 임원을 뽑는다는 것은 실제로 학급 임원이 필요하기 때문이 아니겠습니까? 학급 임원이 없다면 누가 선생님을 돕고, 누가 전교 학생회 회의에 참여해 우리의 뜻을 전하겠습니까?

둘째, 학교 안에서 선거를 경험할 수 있습니다. 어린이 사회 교육 잡지에 실린 한 전문가의 면담에 따르면, "민주 시민 교육은 초등학교 때부터 이루어져야 한다. 사회를 미리 경험한다는 점에서 학급 임원 선거는 학생들에게 소중한 경험이 될 수 있다."라고 했습니다.

㉯ 반대편: 저희는 다음과 같은 까닭으로 "학급 임원은 반드시 필요하다."라는 토론 주제에 반대합니다.

첫째, 학급 임원을 뽑는 기준이 올바르다고 보기 어렵습니다. 한 매체에서 설문 조사를 한 결과에 따르면 70퍼센트 정도의 학생들이 "후보들의 능력보다 친분을 우선으로 투표한 적이 있다."라고 응답했습니다. 이 조사는 정말 우리가 우리를 대표할 수 있는 사람을 학급 임원으로 뽑았는지에 대한 의문을 가지게 합니다. 특히 1학기에는 서로 잘 알지도 못한 채로 학급 임원 선거가 이루어지는 경우도 있습니다. 이와 같은 학급 임원 선출은 인기투표와 다르지 않습니다.

둘째, 학생들 간 동등한 관계에 부정적인 영향을 끼칩니다. 우리는 모두 평등한 관계여야 합니다. 하지만 학급 행사를 하는 과정에서 학생들과 학급 임원 사이에 의견 차이가 생겨 친구들끼리 사이가 멀어지는 경우가 생깁니다. 실제로 학급 임원을 한 경험이 있는 학생을 면담한 결과, "학급 임원을 하면서 사이가 멀어진 친구들이 있다."라고 하면서, "선생님께서 부탁하신 일과 친구들과의 관계 사이에서 고민스러운 일이 많았다."라고 말했습니다.

11 토론 주제는 무엇입니까? (   )

① 봉사 활동을 해야 한다.
② 학급 임원은 반드시 필요하다.
③ 학급 임원을 새로 뽑아야 한다.
④ 모범적인 학급을 만들어야 한다.
⑤ 초등학교 때부터 사회를 미리 경험해야 한다.

12 찬성편의 주장을 뒷받침하고 있는 근거로 알맞지 <u>않은</u> 것의 기호를 쓰시오.

> ㉮ 학교 안에서 선거를 경험할 수 있다.
> ㉯ 실제로 학생 대표가 학교생활에 많은 역할을 한다.
> ㉰ 학급 임원을 뽑는 기준이 올바르다고 보기 어렵다.

(   )

13 반대편이 자신의 근거에 대한 구체적인 자료로 제시한 것을 모두 찾아 ○표 하시오.

⑴ 설문 조사 결과   (   )
⑵ 드라마의 한 장면   (   )
⑶ 전문가와의 면담 자료   (   )
⑷ 학급 임원을 한 경험이 있는 학생과의 면담 자료
(   )

서술형
14 찬성편과 반대편이 구체적인 예를 근거 자료로 제시한 까닭은 무엇이겠는지 쓰시오.

_____

_____

15 토론에서 주장을 펼치는 방법을 생각하여 다음 빈칸에 알맞은 말을 써넣으시오.

• ⑴(   )을/를 들어 주장을 펼친다.
• 근거와 관련해 구체적인 ⑵(   )을/를 제시한다.

[16~17] 다음 글을 읽고, 물음에 답하시오.

> 반대편: 찬성편에서는 학급을 위해 봉사하고, 학생 대표가 되어 우리의 뜻을 학교에 전하는 역할을 할 학급 임원이 필요하다고 했습니다. 하지만 학급을 위해 봉사하는 것은 몇 명의 학생이 아니라 전체 학생이 다 할 수 있는 일입니다. 또 요즘은 기술이 발달해서 여러 사람이 동시에 회의에 참여할 수 있습니다. 굳이 학생 대표 한두 명만 회의에 참여하도록 할 필요가 없습니다. 따라서 찬성편의 근거는 학급 임원이 반드시 필요하다는 주장을 뒷받침하는 근거라고 보기 어렵습니다. 오히려 모든 학생이 학급 임원을 경험할 수 있도록 돌아가며 하는 게 좋지 않을까요?
>
> 찬성편: 네, 반대편의 반론 잘 들었습니다. 모두가 돌아가면서 학급 임원을 한 번씩 경험해 볼 수도 있습니다. 그러나 말씀드렸다시피 학급 임원은 학급 학생 전체를 대표하는 자리입니다. 학생 대표는 모범적이면서 봉사 정신이 뛰어난 학생이 스스로 참여해야 한다고 생각합니다. 반대편의 반론처럼 모든 학생이 돌아가면서 학급 임원을 맡는다면 그 가운데에는 하고 싶은 마음이 없는 학생이 대표가 될 수 있습니다. 그러면 그 학생에게도 부담이 되는 일입니다.

16 이 내용은 토론 절차 중 무엇에 해당하는지 쓰시오.

(   )

17 반대편이 제기한 반론을 반박하려고 찬성편이 제시한 답변 두 가지를 고르시오. (   )

① 모든 학생이 학급 임원을 경험해야 한다.
② 요즘은 학급 임원을 하길 원하는 학생이 없다.
③ 선생님의 추천을 받은 학생이 학급 임원을 해야 한다.
④ 학생 대표는 모범적이면서 봉사 정신이 뛰어난 학생이 스스로 참여해야 한다.
⑤ 학급 임원을 하고 싶은 마음이 없는 학생이 대표가 되면 그 학생에게 부담이 된다.

18 토론에서 주장을 다지는 방법을 모두 고르시오.

(   )

① 자기편의 주장을 요약한다.
② 자기편 주장의 장점을 정리한다.
③ 사회자의 생각이 무엇인지 살펴본다.
④ 상대편에서 제기한 반론이 타당하지 않음을 지적한다.
⑤ 상대편의 주장이 타당하지 않다는 것을 밝히기 위해 선생님께 질문을 한다.

[19~20] 다음 시를 읽고, 물음에 답하시오.

시장에 간 우리 고모 물건 사고 아주머니가 돌려주는 거스름돈, 꼭 세어 보아요	은행에 간 고모 현금 지급기가 '달깍' 내미는 돈 세어 보지도 않고 지갑에 얼른 넣는 거 있죠? 고모도 참

19 이 시를 읽고 친구들과 이야기하고 싶은 주제를 알맞게 말한 친구의 이름을 쓰시오.

> 선아: "돈의 가치가 얼마나 큰가."에 대해 이야기하고 싶어.
> 진수: "도시는 얼마나 더 발전할 수 있는가."에 대해 이야기하고 싶어.
> 인영: "인공 지능 시대에 사람의 가치는 낮아질 것인가."에 대해 이야기하고 싶어

(   )

서술형

20 이 시를 읽고 독서 토론을 할 때 자신의 의견을 말하는 방법을 한 가지 쓰시오.

_____

_____

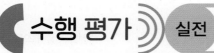
학습 주제	토론 절차에 따라 반론하기
학습 목표	토론 절차에 따라 상대편의 주장에 반론을 제시할 수 있다.

> 사회자: 지금부터 "학급 임원은 반드시 필요하다."라는 주제로 토론을 시작하겠습니다. 저는 토론의 사회를 맡은 구민재입니다. 먼저 찬성편이 주장을 펼치겠습니다.
>
> 찬성편: 저희 찬성편은 두 가지 까닭에서 "학급 임원은 반드시 필요하다."라는 주제에 찬성합니다.
>
> 첫째, 실제로 학생 대표가 학교생활에 많은 역할을 합니다. 많은 학생들이 함께 생활하다 보니 학교에는 여러 가지 문제나 불편한 점이 생길 수 있습니다. 이러한 것에 대한 해결은 전교 학생회 회의에서 이루어지는데 학급 임원은 여기에 참여해 우리 반 학생들의 의견을 전달하는 역할을 합니다. 저희가 설문 조사를 한 결과에 따르면 우리 지역의 초등학교 가운데에서 95퍼센트가 넘는 학교가 학급 임원을 뽑고 있다고 합니다. 이렇게 많은 학교가 학급 임원을 뽑는다는 것은 실제로 학급 임원이 필요하기 때문이 아니겠습니까? 학급 임원이 없다면 누가 선생님을 돕고, 누가 전교 학생회 회의에 참여해 우리의 뜻을 전하겠습니까?
>
> 둘째, 학교 안에서 선거를 경험할 수 있습니다. 어린이 사회 교육 잡지에 실린 한 전문가의 면담에 따르면, "민주 시민 교육은 초등학교 때부터 이루어져야 한다. 사회를 미리 경험한다는 점에서 학급 임원 선거는 학생들에게 소중한 경험이 될 수 있다."라고 했습니다.

1 이 글에서 토론 주제가 무엇인지 찾아 쓰시오.

2 이 글에서 찬성편의 주장과 근거를 각각 정리해 쓰시오.

주장	(1)
근거	(2) • •

3 문제 **2**번에서 정리한 찬성편의 주장에 대해 반대편이 되어 펼칠 수 있는 반론을 조건 에 알맞게 쓰시오.

> **조건**
> 1. 찬성편의 주장을 요약하고, 그에 대한 반론을 쓴다.
> 2. 찬성편의 주장이 타당하지 않다는 것을 밝히기 위한 질문을 한다.

[1~4] 다음 글을 읽고, 물음에 답하시오.

가 ㉠귀가 어두워 무슨 말을 해도 제대로 알아듣지 못하는 만화 주인공 '사오정'을 아시나요? 만화 주인공 사오정과 비슷한 사람이 우리 주변에 많이 생겨나고 있습니다. 사오정이 ㉡뜬금없는 말로 우리에게 재미와 웃음을 주지만 요즘에 사오정들은 귀 건강을 위협받는 아주 위험한 상황에 놓여 있습니다.

귀가 건강하지 못하다는 사실은 소리 듣기로 가장 쉽게 알 수 있습니다. 소리가 잘 들리지 않는다면 그만큼 귀가 건강하지 못하다는 의미입니다. 소리가 잘 들리지 않으면 '최소 난청'이지만 귀 건강이 더 나빠지면 '전음성 난청'이 됩니다. 이 단계에서는 속삭이는 소리 외에도 일반적인 소리까지 선명하게 듣지 못하고 비행기를 타거나 높은 곳에 올라갔을 때처럼 귀가 먹먹한 느낌이 듭니다. 귀를 후비거나 하품하거나 귀에 바람을 넣어 봐도 순간적으로 증상이 호전될 뿐 금세 귀가 먹먹해집니다. 그 밖에도 염증으로 인한 통증과 가려움 같은 증상이 일어납니다.

나 귀를 건강하게 하려면 이어폰 같은 음향 기기를 하루 2시간 이내로 사용해야 하고, 사용할 때에는 소리 크기를 60퍼센트로 유지해야 합니다. 또 귀를 건조하게 유지하고 깨끗한 이어폰을 사용하는 방법도 좋습니다.

다
> 귀가 어둡다는 말은 무슨 뜻일까? 귀 색깔이 검은색이라는 뜻이겠지. 그냥 대충 읽어야겠다.

민찬

1 귀가 건강하지 못하다는 것을 가장 쉽게 알 수 있는 방법은 무엇입니까? (   )

① 다리의 힘을 확인한다.
② 맛을 느끼는 감각을 확인한다.
③ 소리가 잘 들리는지 확인한다.
④ 무거운 것을 잘 들 수 있는지 확인한다.
⑤ 멀리 있는 물체가 잘 보이는지 확인한다.

2 귀를 건강하게 하는 방법으로 알맞지 <u>않은</u> 것에 ✕표 하시오.

⑴ 귀를 건조하게 하고 깨끗한 이어폰을 사용한다.
(   )

⑵ 이어폰 같은 음향 기기를 하루 2시간 이내로 사용한다.
(   )

⑶ 이어폰을 사용할 때 소리 크기를 70퍼센트로 유지한다.
(   )

3 ㉠을 **다**의 민찬이처럼 읽을 때 생길 수 있는 문제를 쓰시오.

(   )

4 ㉡과 바꾸어 쓸 수 있는 낱말을 두 가지 고르시오.
(   )

① 평범한   ② 진지한   ③ 황당한
④ 무난한   ⑤ 엉뚱한

7 단원

서술형
5 다음 그림에서 밑줄 친 낱말의 뜻을 짐작해 쓰고, 그 낱말을 활용하여 문장을 한 가지 쓰시오.

> 손
> 간송 선생, 드디어 이것을 손에 넣으셨군요.

⑴ 짐작한 뜻: _____

_____

⑵ 낱말을 사용한 문장: _____

_____

[6~10] 다음 글을 읽고, 물음에 답하시오.

㉮ "첫 번째 과제는 수필이다. 내가 놀라 까무러칠 정도로 재미있는 글을 써 오도록. 내가 너희의 반짝이는 생각에 홀딱 빠질 만큼 대단한 작품을 써 보란 말이다. 너희가 이 수업을 들을 만한 자격이 있는지를 알아보려는 거니까! 주제는? 가족이나, 집에서 일어나는 일상생활에 대한 이야기라면 뭐든지 괜찮아."

우리는 허둥지둥 종이를 꺼내 ㉠끼적이기 시작했다.

"아니, 아니! 여기서 말고!"

켈러 선생님의 호통에 우리는 바로 연필을 놓았다.

"숙제란 말이다, 숙제! 세 쪽 가득 채워 오도록. 기한은 내일까지!"

나는 ㉡마른침을 꿀꺽 삼켰다.

집으로 돌아오는 내내, 나는 줄곧 숙제 생각만 했다. 진짜 잘 써야 하는데!

㉯ 나는 우리 가족과 내 일상에 대해 쓴 '걸작'을 읽어 내려갔다. 내가 우리 가족 모두를 얼마나 사랑하는지 알면 켈러 선생님도 무척 감동하겠지?

하지만 내 예상과는 달리, 켈러 선생님의 숨소리가 점점 거칠어졌다.

"퍼트리샤, 넌 지금 '사랑'이라는 낱말을 고양이에게도, 치마에도, 이웃에게도, 팬케이크에도……, 심지어 엄마에게도 사용하고 있어. 엄마에게 느끼는 감정과 팬케이크에 느끼는 감정이 똑같다는 말이니? 낱말은 감정을 전해 주지. 하지만 낱말 하나하나가 가진 차이를 이해해야 해!"

㉰ 켈러 선생님은 나직이 속삭였다.

"퍼트리샤, 슐로스 할아버지에게 바치는 글은 정말 놀라웠다. 자신이 겪은 일 쓰기의 모범으로 삼아도 좋을 만큼 말이다."

반으로 접힌 기말 과제 종이를 손에 꼭 쥐고 집으로 달려가는 내내, 나는 기대에 들떠 가슴이 부풀어 올랐다.

㉱ 나는 드디어 기말 과제 종이를 펼쳤다. 맨 위쪽 빈 공간에 빨간색 글씨가 가득했다.

'퍼트리샤, 맞춤법은 아직 손보아야 할 곳이 많지만, 낱말에 날개가 달려 있구나. 채점 기준만 고집할 수 없을 정도로. 그래서…… 네게 글쓰기반 최초로 에이(A) 점수를 주마.'

언제나 켈러 선생님을 떠올릴 때면, 내 가슴이 아릿하게 저려 온다.

6 켈러 선생님 수업의 첫 번째 과제는 무엇인지 쓰시오.

( )

7 ㉠'끼적이기'와 바꾸어 쓸 수 있는 낱말은 무엇입니까? ( )

① 대답하기　　　② 대충 쓰기
③ 책을 읽기　　　④ 시험을 보기
⑤ 가방을 챙기기

8 ㉡의 뜻을 알맞게 짐작한 친구의 이름을 쓰시오.

> 기혁: 꿀꺽 삼킨 것으로 보아 '입 안에 많이 고인 침'이라는 뜻이야.
> 호영: 집으로 가면서 삼킨 것을 보니 '마른침'은 '맛있는 것을 생각했을 때 삼키는 침'이라는 뜻이야.
> 미나: '마른침'이라는 말이 나온 앞부분의 상황을 보면 켈러 선생님께서 호통을 치시면서 내일까지 숙제를 해 오라는 긴장되는 상황이므로 '긴장했을 때 삼키는 침'이라는 뜻이야.

( )

9 글 ㉯에서 켈러 선생님은 글을 쓸 때 어떻게 해야 한다고 하셨는지 찾아 빈칸에 말을 쓰시오.

• 낱말은 ⑴( )을/를 전해 주지만 낱말 하나하나가 가진 ⑵( )을/를 이해해야 한다고 하셨다.

10 퍼트리샤의 기말 과제에 대한 켈러 선생님의 평가로 알맞은 것을 두 가지 고르시오. ( )

① 맞춤법이 완벽하다.
② 글의 길이가 너무 길다.
③ 낱말에 감정이 담겨 있지 않다.
④ 낱말에 날개가 달려서 에이(A) 점수를 준다.
⑤ 자신이 겪은 일 쓰기의 모범으로 삼아도 좋겠다.

[11~14] 다음 글을 읽고, 물음에 답하시오.

가 식물이 특별한 기술을 바탕으로 잎을 피우는 이유는 햇빛과 그림자 문제 때문입니다. 위의 잎이 바로 아래 잎과 겹치면 위에 있는 잎의 그림자 때문에 아래 잎은 햇빛을 받지 못합니다. 식물은 햇빛을 보지 못하면 살 수가 없지요. 그래서 어떻게 잎을 펼쳐야 햇빛을 잘 끌어모을까 고민합니다.

그럼 식물이 줄기에 어떤 모양으로 잎을 붙여 나가는지 그 기술을 알아보기로 할까요? 줄기에 차례대로 잎을 붙여 나가는 모양을 '잎차례'라고 합니다.

나 먼저, 줄기 마디마다 잎을 한 장씩 피우되 서로 어긋나게 피우는 방법이 있습니다. 이것을 '어긋나기'라 합니다. 국수나무처럼 평행하게 어긋나기만 하는 식물이 있는가 하면, 해바라기처럼 소용돌이 모양으로 돌려나면서 어긋나는 식물도 있습니다.

이와는 달리 줄기 한 마디에 잎 두 장이 마주 보는 '마주나기'도 있습니다. 단풍나무나 화살나무는 잎 두 장이 사이좋게 마주 보고 있습니다. 그리고 마주난 잎들이 마디마다 서로 어긋나지 않고 평행합니다.

그런가 하면 한 마디에 잎이 석 장 이상 돌려나는 잎차례가 있습니다. 이런 잎차례를 '돌려나기'라고 합니다. 갈퀴꼭두서니는 마디마다 잎이 여섯 장에서 여덟 장씩 돌려나기로 핍니다.

끝으로 소나무처럼 잎이 한곳에서 모여나는 '모여나기'가 있습니다.

11 식물이 특별한 기술을 바탕으로 잎을 피우는 이유를 두 가지 쓰시오.

(,   )

12 식물이 줄기에 차례대로 잎을 붙여 나가는 모양을 무엇이라고 합니까? (   )

① 잎줄기   ② 잎방향
③ 잎차례   ④ 잎모양
⑤ 줄기차례

13 다음은 어떤 기술을 설명한 것인지 쓰시오.

- 갈퀴꼭두서니의 잎차례이다.
- 줄기 한 마디에 잎이 석 장 이상 돌려나는 잎차례이다.

(   )

서술형

14 다음은 이 글을 읽고 요약한 내용입니다. **보기**의 평가 기준을 활용해 요약 글을 평가해 쓰시오.

식물이 특별한 기술을 바탕으로 잎을 피우는 이유는 햇빛과 그림자 문제 때문입니다. 위의 잎이 바로 아래 잎과 겹치면 위에 있는 잎의 그림자 때문에 아래 잎은 햇빛을 받지 못합니다.

보기
- 글에서 중요한 내용을 이해할 수 있게 간추렸는가?
- 사소한 내용은 삭제하고 중요한 내용만 간추렸는가?

_____

_____

15 다음 중 글을 요약하는 까닭으로 알맞지 **않은** 것에 ×표 하시오.

⑴ 주어진 글의 내용을 바꾸기 위해서 (   )

⑵ 주어진 글의 내용을 잘 이해하기 위해서
(   )

⑶ 주어진 글의 중심 내용을 잘 파악하기 위해서
(   )

[16~19] 다음 글을 읽고, 물음에 답하시오.

　나는 종이 가운데 으뜸인 한국 종이, 한지야! 옛날 중국에서 최고로 친 고려지도, 일본에서 최고로 친 조선종이도 모두 나야. 그런데 내가 어떻게 만들어지는지 아니?

　제일 먼저 닥나무를 베어다 푹푹 찐 뒤, 나무껍질을 훌러덩훌러덩 벗겨서 물에 불려. 그러고는 다시 거칠거칠한 겉껍질을 닥칼로 긁어내고 보들보들 하얀 속껍질만 모아.

　이렇게 모은 속껍질은 삶아서 더 보드랍게, 더 하얗게 만들어야 해. 먼저 닥솥에 물을 붓고 속껍질을 담가. 그리고 콩대를 태워 만든 잿물을 붓고 보글보글 부글부글 삶아. 푹 삶은 다음에는 건져 내서 찰찰찰 흐르는 맑은 물에 깨끗이 씻어.

　이제 보드랍고 하얗게 바랜 속껍질을 나무판 위에 올려놓고 닥 방망이로 찧어 가닥가닥 곱게 풀어야 해. 쿵쿵 쾅쾅! 솜처럼 풀어진 속껍질은 다시 물에 넣고 잘 풀어지라고 휘휘 저어. 그런 다음 닥풀을 넣고 다시 잘 엉겨 붙으라고 휘휘 저어 주지.

　아, 한지를 물들이려면 지금 준비해야 해. 잇꽃으로 물들이면 붉은 한지 되고 치자로 물들이면 노랑, 쪽물은 파랑, 먹으로 물들이면 검은 한지 되지.

　이번에는 엉겨 붙은 속껍질을 물에서 떠내야 해. 촘촘한 대나무 발을 외줄에 걸어서 앞뒤로 찰방, 좌우로 찰방찰방 건져 올리면 물은 주룩주룩 빠지고 발 위에는 하얀 막만 남아. 젖은 종이처럼 말이야. 이렇게 한 장 한 장 떠서 차곡차곡 쌓은 다음 무거운 돌로 하루 정도 눌러서 남은 물기를 빼. ⊙

　마지막으로 차곡차곡 눌러둔 걸 한 장 한 장 떼어서 판판하게 말려야 해. 따뜻한 온돌 방바닥이나 판판한 벽에 쫙쫙 펴서 말리면 드디어 숨 쉬는 종이, 한지 완성!

16 한지를 만들 때 쓰는 나무는 무엇입니까? (　　　)

① 소나무　　② 밤나무　　③ 대나무
④ 닥나무　　⑤ 단풍나무

17 다음 중 한지를 만들 때 가장 나중에 할 일은 무엇입니까? (　　　)

① 눌러둔 한지를 한 장씩 떼어서 말린다.
② 속껍질을 물에서 떠내 한 장씩 쌓고 돌로 눌러둔다.
③ 닥나무를 푹 찌고, 겉껍질을 긁어내어 속껍질만 모은다.
④ 속껍질을 보드랍고 하얗게 만든 뒤 나무판 위에 올려놓고 찧는다.
⑤ 풀어진 속껍질을 물에 넣어 젓고, 거기에 닥풀을 넣고 다시 젓는다.

서술형

18 ⊙을 요약하여 한 문장으로 쓰시오.

_____

_____

19 이 글에서 설명하려는 내용을 소개한 방법은 무엇입니까? (　　　)

① 한지를 만드는 과정을 차례대로 설명하고 있다.
② 한지와 종이의 공통점을 중심으로 설명하고 있다.
③ 한지와 가죽의 차이점을 중심으로 설명하고 있다.
④ 한지의 특징 몇 가지를 늘어놓으며 설명하고 있다.
⑤ 오늘날 한지를 잘 사용하지 않는 문제와 그에 대한 해결 방법을 제시하고 있다.

20 글의 구조에 따라 요약할 때 마지막 순서로 해야 하는 것은 무엇인지 찾아 기호를 쓰시오.

⑦ 문단의 중심 내용을 간추린다.
④ 글의 구조를 파악하며 읽는다.
④ 글의 구조에 알맞은 틀을 그려 중심 내용을 쓴다.
④ 중요한 내용이 잘 드러나도록 간결한 문장으로 정리한다.

(　　　　　　　　)

학습 주제	중요한 내용이 드러나도록 글을 요약하기
학습 목표	글에서 중심 낱말을 찾아 글의 구조에 맞게 내용을 요약할 수 있다.

사람들은 많은 물건을 한꺼번에 나르려고 바구니를 이용한다. 그렇다면 동물들은 한꺼번에 먹이를 나르려고 무엇을 이용할까?

다람쥐는 볼주머니를 이용한다. 볼주머니는 입 안 좌우에 있는 큰 주머니를 말한다. 다람쥐는 먹이를 입에 넣은 다음 볼에 차곡차곡 담는데 밤처럼 너무 큰 먹이는 이빨로 잘라서 넣기도 한다. 다람쥐의 경우 도토리 같은 열매 열 개 이상을 볼주머니에 잠시 저장할 수 있다.

원숭이도 볼주머니가 있다. 원숭이의 볼주머니에는 사과 한 개 정도가 들어갈 수 있는 공간이 있다. 원숭이는 먹이를 발견하면 대충 씹어 그곳에 잠시 저장한다. 그런 다음 다른 원숭이에게 먹이를 빼앗기지 않으려고 안전한 장소로 이동한 뒤 먹이를 조금씩 꺼내어 먹는다.

1 이 글에서 여러 번 반복되는 중심 낱말을 찾아 쓰시오.

2 다음은 이 글의 구조를 나타낸 틀입니다. 다음 틀의 빈칸을 채워 글의 내용을 정리해 쓰시오.

⑴ ( )을/를 이용해 먹이를 나르는 동물

다람쥐	원숭이
도토리 같은 열매 열 개 이상을 볼주머니에 잠시 저장해 먹이를 나른다.	⑵

3 문제 2번에서 정리한 내용을 바탕으로 이 글을 조건 에 맞게 요약해 쓰시오.

> 조건
> 1. 하나의 문단으로 쓴다.
> 2. 글에서 중요한 내용이 잘 드러나도록 간추린다.

[1~3] 다음 글을 읽고, 물음에 답하시오.

1 이 그림에서 우리말을 바르게 사용한 것은 무엇입니까? (　　　)

① 삼김
② 편의점
③ 펫아이템숍
④ 한마음플라워
⑤ Book적Book적

2 ㉠과 같은 표현이 문제가 되는 까닭은 무엇입니까?
(　　　)

① 한자어이기 때문이다.
② 말을 줄여서 사용했기 때문이다.
③ 영어를 그대로 사용했기 때문이다.
④ 요즘에는 사용하지 않는 옛말이기 때문이다.
⑤ 같은 의미의 말을 중복해서 사용했기 때문이다.

서술형

3 ㉠과 같은 표현을 자주 사용하면 생길 수 있는 문제를 한 가지 쓰시오.

_____

_____

[4~5] 다음 글을 읽고, 물음에 답하시오.

4 다음은 이 그림을 보고 친구들이 나눈 대화입니다. 알맞지 <u>않은</u> 말을 한 친구의 이름을 쓰시오.

> 지현: '머찌나웃'은 고유어를 그대로 간판에 사용한 거야.
> 명석: "주문하신 사과주스 나오셨습니다."는 사물을 높여서 잘못 표현했어.
> 건우: '4U음식점'은 같은 의미를 지닌 우리말이 있는데도 영어를 그대로 간판에 사용했어.

(　　　　　　　　　)

5 ㉠'노잼이었어.'를 자연스러운 우리말 표현으로 고쳐 쓰시오.

(　　　　　　　　　)

[6~8] 다음 그림을 보고, 물음에 답하시오.

8 여진이네 모둠이 설문지법으로 조사를 하려고 할 때, 이 방법의 장점은 무엇인지 한 가지 쓰시오.

_____

_____

[9~10] 다음은 샛별 모둠이 발표할 내용을 구성한 원고입니다. 잘 읽고, 물음에 답하시오.

> **시작하는 말**
> 우리 샛별 모둠에서는 영어를 지나치게 많이 사용하는 실태를 조사했습니다. 발표 제목은 「   ㉠   」입니다.
>
> **전달하려는 내용**
> 샛별방송사에서 방송한 「다 같이 요리」 프로그램을 짧게 보여 드리겠습니다. 이 동영상에서 "김○○ 셰프 출연"이라는 자막이 보입니다. '셰프'는 요리사를 뜻하는 영어입니다. 또 프로그램에 나오는 출연자가 '메인 디시'라는 영어를 지나치게 많이 사용하는데 그것을 편집하지 않고 그대로 방송했습니다.
>
> **끝맺는 말**
> 지금까지 영어를 지나치게 많이 사용하는 실태를 발표했습니다. 아름다운 우리말을 보존할 수 있도록 우리말을 바르게 사용하는 습관을 기릅시다.

6 여진이네 모둠의 조사 주제는 무엇인지 찾아 빈칸에 알맞은 말을 쓰시오.

• 우리말이 있는데도 (   )을/를 사용하는 예

7 여진이네 모둠이 조사 대상을 '방송에서 사용하는 영어'로 정한 까닭을 두 가지 고르시오. (   )

① 방송은 재미있기 때문이다.
② 방송은 하루 종일 볼 수 있기 때문이다.
③ 방송은 아이들에게 영향을 많이 주기 때문이다.
④ 방송에서 영어를 사용하는 것은 당연하기 때문이다.
⑤ 조사한 결과를 방송사에 알려 주고 영어 사용을 자제해 달라고 요청할 수도 있기 때문이다.

9 ㉠에 들어갈 알맞은 발표 제목을 찾아 기호를 쓰시오.

> ㉮ 세종대왕이 한글을 창제한 까닭
> ㉯ 영어와 우리말의 공통점과 차이점
> ㉰ 영어가 아름다운 우리말을 사라지게 해요

(   )

10 다음 중 '끝맺는 말'에 들어가는 내용을 두 가지 고르시오. (   )

① 자료   ② 모둠 이름
③ 발표 제목   ④ 발표한 내용
⑤ 모둠의 의견이나 전망

8
단원

11 발표할 원고를 구성할 때 주의할 점으로 알맞지 <u>않은</u> 것은 무엇입니까? (   )

① 과장된 내용을 쓰지 않는다.
② 사실이 아닌 내용은 쓰지 않는다.
③ 발표 내용에 알맞은 자료를 적절히 고른다.
④ 인터넷에서 찾은 글이나 사진 자료를 사용할 때 출처를 표시한다.
⑤ 발표 주제와 관련은 없지만 듣는 사람의 관심을 끌 수 있는 내용을 쓴다.

[12~14] 다음 그림을 보고, 물음에 답하시오.

12 그림 ❶에서 여진이가 발표하면서 잘못한 점은 무엇입니까? (   )

① 자리에 앉아서 발표하고 있다.
② 실물 자료의 크기가 너무 크다.
③ 동영상 자료를 너무 길게 보여 주었다
④ 한 화면에 너무 많은 자료를 제시하였다.
⑤ 발표 내용만 보면서 읽듯이 발표하고 있다.

13 그림 ❷의 여진이에게 해 줄 말로 알맞은 것에 ○표 하시오.

(1) 중요한 내용은 칠판에 글씨를 쓰며 발표해야 해.   (   )

(2) 듣는 사람이 부끄러울 수도 있으니 다른 곳을 보며 말해야 해.   (   )

(3) 듣는 사람이 알아들을 수 있게 적당한 크기의 목소리로 말해야 해.   (   )

14 그림 ❶~❸에서 발표를 듣는 친구들이 생각할 내용으로 알맞지 <u>않은</u> 것은 무엇입니까? (   )

① 자료는 정확할까?
② 발표 주제가 무엇일까?
③ 수업은 언제 끝나는 것일까?
④ 과장되거나 거짓인 내용은 없을까?
⑤ 발표 내용이 주제와 관련 있는 것일까?

15 발표 자료를 제시하며 발표할 때 주의할 점으로 알맞은 것의 기호를 모두 쓰시오.

㉮ 자료를 보여 주는 화면과 설명하는 말이 어긋나지 않도록 한다.
㉯ 가능한 많은 자료를 준비하고 처음부터 한 번에 모두 보여 준다.
㉰ 자료가 새롭게 제시되는 부분에서 눈을 크게 뜨고 손으로 제목을 가리킨다.
㉱ 실물 자료는 뒷자리에 있는 친구들까지 볼 수 있도록 조금 높이 들어서 보여 준다.

(   )

[16~18] 다음 그림을 보고, 물음에 답하시오.

18 그림 ❺에서 표정과 몸짓을 보고 알 수 있는 남자아이의 마음은 무엇일지 생각해 쓰시오.

_____

_____

19 만화에서 '친구들과 재미있게 노는 장면'을 그릴 때 어울리는 표정과 몸짓을 보기 에서 모두 찾아 기호를 쓰시오.

> **보기**
> ㉮ 눈썹을 처지게 그린다.
> ㉯ 눈과 입을 웃는 모양으로 그린다.
> ㉰ 콧노래를 부르며 입 주변에 음표를 그린다.
> ㉱ 딱딱한 표정으로 눈썹 사이를 찡그리는 모습을 그린다.

(   )

16 ㉠을 바르게 고친 것은 무엇입니까? (   )

① 열공하셨더니
② 열심히 공부했더니
③ 열심히 공을 찼더니
④ 열심히 공연을 했더니
⑤ 열심히 공기를 했더니

17 그림 ❷에서 편의점을 발견한 여자아이의 몸짓을 알맞게 표현한 것을 찾아 ○표 하시오.

(1) 손으로 편의점을 가리키는 동작을 그렸다.
(   )

(2) 휴대 전화로 편의점의 사진을 찍는 동작을 그렸다.
(   )

(3) 남자아이의 손을 잡고 편의점에 가는 동작을 그렸다.
(   )

20 우리말 바르게 사용하기를 알리는 만화를 그릴 때, 주제로 알맞지 <u>않은</u> 것은 무엇입니까? (   )

① 고유어만 사용하자.
② 줄임 말을 사용하지 말자.
③ 영어를 지나치게 많이 사용하지 말자.
④ 사물을 높이는 잘못된 표현을 사용하지 말자.
⑤ 우리말 규칙을 파괴하는 인터넷 신조어를 사용하지 말자.

8
단원

학습 주제	우리말 바르게 사용하기를 알리는 만화 그리기
학습 목표	우리말 바르게 사용하기를 주제로 만화 내용을 구상할 수 있다.

1 장면 ❸에서 편의점 주인이 그림과 같은 표정을 지은 까닭은 무엇인지 쓰시오.

2 이 만화와 같이 우리말 바르게 사용하기에 대한 만화를 그리려고 합니다. 어떤 주제로 만화를 그릴지 정해 쓰시오.

3 문제 **2**번에서 정한 주제에 맞게 만화의 내용을 구상하여 조건 에 맞게 장면을 정해 쓰시오.

> **조건**
> 1. 인물의 감정이나 생각이 드러나는 대사를 하나 이상 쓴다.
> 2. 만화의 내용이 자연스럽게 이어지도록 네 장면을 정한다.

장면 ❶	(1)
장면 ❷	(2)
장면 ❸	(3)
장면 ❹	(4)

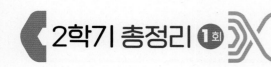
[1~2] 다음 글을 읽고, 물음에 답하시오.

> ㉮ 저녁 늦게 부모님께서 돌아오셨다.
> "너무 늦어서 미안하구나. 잘 있었니?"
> "예. 저희가 저녁도 차려 먹고 설거지도 했어요."
> "설거지까지? 우리 현욱이 다 컸네."
> ㉯ 엄마의 말씀을 듣고 나니 부모님의 일을 도와드렸다는 생각에 뿌듯했던 나는 금세 부끄러워졌다.
> "죄송해요, 엄마. 집안일을 도와드리려다가 오히려 프라이팬만 망가뜨렸어요."
> 엄마는 웃으며 나를 꼭 안아 주셨다.
> "미안해하지 않아도 돼. 집안일을 도와주려고 한 현욱이 마음이 엄마는 정말 고마워."
> 엄마의 말씀을 듣고 내 마음은 한순간에 봄눈 녹듯 풀렸다.

1. 마음을 나누며 대화해요

1 현욱이의 엄마가 현욱이와 공감하며 대화한 방법으로 알맞은 것을 찾아 선으로 이으시오.

(1)	"설거지까지? 우리 현욱이 다 컸네."	•		• ㉮	경청하기
(2)	"미안해하지 않아도 돼. 집안일을 도와주려고 한 현욱이 마음이 엄마는 정말 고마워."	•		• ㉯	공감하며 말하기

1. 마음을 나누며 대화해요

2 현욱이와 엄마와 같이 공감하며 대화한 경험을 알맞게 말한 친구의 이름을 쓰시오.

> 예인: 친구가 관심 없는 이야기를 해서 말을 중간에 끊었어.
> 지원: 동생이 숙제에 대해 물어봐서 그것도 모르냐고 되물었어.
> 상윤: 축구 시합에서 져서 속상해하는 친구에게 위로하는 말을 해 주었어.

(　　　　)

[3~4] 다음 글을 읽고, 물음에 답하시오.

> ㉮ 조선 시대에는 서울 한강가에 얼음 창고를 만들었는데, 동빙고와 서빙고를 두었다. 동빙고는 왕실의 제사에 쓰일 얼음을 보관했고, 서빙고는 음식 저장용, 식용, 또는 의료용으로 쓸 얼음을 왕실과 고급 관리들에게 공급했다. 조선 시대의 빙고는 정식 관청이었으며, 얼음의 공급 규정을 법으로 엄격히 규정할 만큼 얼음의 공급을 중요하게 여겼다.
> ㉯ 석빙고는 온도 변화가 적은 반지하 구조로 한쪽이 긴 흙무덤 모양이며, 바깥 공기가 들어오지 않도록 출입구의 동쪽은 담으로 막고 지붕에는 구멍을 뚫었다.
> ㉰ 지붕에는 잔디를 심어 태양열을 차단했고, 내부 바닥 한가운데에 배수로를 5도 경사지게 파서 얼음에서 녹은 물이 밖으로 흘러 나갈 수 있는 구조를 갖추어 과학적이다.

2. 지식이나 경험을 활용해요

3 다음 중 이 글을 통해 새롭게 안 내용이 아닌 것에 ✕ 표 하시오.

(1)	얼음을 나누어 주는 법이 있었다니 신기하다.	(　)
(2)	조선 시대에는 빙고가 관청이었다는 사실을 알 수 있었다.	(　)
(3)	조선 시대에는 음식이 상하지 않도록 어떻게 보관했을지 궁금하다.	(　)

서술형

2. 지식이나 경험을 활용해요

4 석빙고가 과학적이라고 말할 수 있는 까닭을 한 가지 쓰시오.

_____

_____

3. 의견을 조정하며 토의해요

5 다음 중 토의 주제를 정할 때 생각해야 할 점으로 알맞지 <u>않은</u> 것의 기호를 쓰시오.

> ㉮ 우리 모두와 관련이 있는 문제로 정한다.
> ㉯ 해결 방법을 찾을 수 없는 문제로 정한다.
> ㉰ 우리가 변화를 이끌어 낼 수 있는 문제로 정한다.

(   )

3. 의견을 조정하며 토의해요

6 다음은 의견을 조정하는 과정입니다. 빈칸에 들어갈 말을 쓰시오.

방법	내용
(1)( ) 파악하기	해결하려는 문제를 정확히 파악한다.
의견 실천에 필요한 조건 따지기	문제를 해결하기에 적합한 의견인지 생각한다.
결과 (2)( )	의견을 실천했을 때 일어날 수 있는 문제점을 예측해 본다.
(3)( ) 살펴보기	어떤 의견을 더 따르고 싶어 하는지 살펴본다.

3. 의견을 조정하며 토의해요

7 찾은 자료를 사람들이 쉽게 이해할 수 있도록 정리하여 발표하려고 합니다. 자료를 알기 쉽게 표현하는 방법으로 알맞은 것을 모두 고르시오.

(   )

① 도표를 이용해 나타낸다.
② 내용을 간단하게 요약한다.
③ 차례 또는 단계로 나타낸다.
④ 가급적 긴 문장으로 내용을 쓴다.
⑤ 제목과 내용의 글씨 크기를 같게 한다.

4. 겪은 일을 써요

8 쓴 글을 고치는 단계에서 생각해야 할 점으로 알맞은 것을 두 가지 고르시오. (   )

① 어떤 내용으로 글을 쓸지 정한다.
② 글 내용에 어울리는 제목을 정한다.
③ 문장이 간결하고 이해하기 쉬운지 확인한다.
④ 문장 성분의 호응이 바르지 않은 부분은 없는지 살펴본다.
⑤ 처음 – 가운데 – 끝으로 나누어 일어난 일을 정리하거나 생각 또는 느낌의 변화에 따라 글을 쓴다.

4. 겪은 일을 써요

9 다음 중 매체를 활용해 글을 쓰거나 의견을 나눌 때 주의할 점이 <u>아닌</u> 것은 무엇입니까? (   )

① 예의를 갖추어 글을 쓴다.
② 읽는 사람이 쉽게 읽을 수 있도록 글을 쓴다.
③ 반 학생이 모두 사용할 수 있는 매체인지 확인한다.
④ 내가 쓴 글인지 알지 못하도록 이름을 밝히지 않고 쓴다.
⑤ 친구의 의견을 읽고 자신의 글에서 고칠 점을 생각해 본다.

서술형

4. 겪은 일을 써요

10 다음 보기 와 같이 빈칸에 알맞은 말을 넣어 문장을 완성하시오.

> 보기
> 내 동생은 전혀 내 기분을 알지 못합니다.

(1) 나는 내일 _____

_____

(2) 나는 결코 _____

_____

(3) 나는 _____(이)라고

생각합니다. 그 까닭은 _____

_____

5. 여러 가지 매체 자료

11 다음 중 매체의 성격이 <u>다른</u> 하나는 무엇입니까?
( )

① 책   ② 신문   ③ 영화
④ 잡지   ⑤ 안내 책자

[12~13] 다음 글을 읽고, 물음에 답하시오.

> **가** 여러분, 저는 흑설 공주에게 모함을 받고 있는 민 서영입니다. / 여러분 중에서도 흑설 공주의 글을 읽 고 여전히 제가 거짓말쟁이라고 의심하는 분들이 있다 는 걸 알고 매우 슬펐습니다. 만약 아직도 저에 대한 의심과 오해를 풀지 못한 분이 있다면 아래에 있는 사 진을 참조해 주시기 바랍니다.
>
> **나** 허수아비: 아무리 얼굴과 이름을 숨기고 자기 생각 을 마음대로 실을 수 있는 인터넷 세상이지만, 최소 한의 예의는 지켜야 한다. 그런데도 거짓 정보를 올 린 흑설 공주는 당장 사과해라!
>
> 어린 왕자: 흑설 공주가 대체 누구인가? 이런 사람은 카페에 들어올 자격이 없다.

5. 여러 가지 매체 자료

12 이 글에 대한 알맞은 설명을 찾아 ○표 하시오.

(1) 사람들이 민서영에 대해서 비 난하고 있다.
( )

(2) 흑설 공주가 민서영과 관련한 모함하는 글을 올렸다.
( )

5. 여러 가지 매체 자료

13 이 글을 읽고 비슷한 경험을 알맞게 말하지 <u>못한</u> 친 구의 이름을 쓰시오.

> 화영: 잘못된 정보를 퍼뜨리는 뉴스를 접한 적이 있어.
> 상윤: 인터넷에서 유적지와 관련한 내용을 조사한 적이 있어.
> 효진: 인터넷 대화방에서 누군가를 비난하는 것을 본 적이 있어.

( )

[14~15] 다음 글을 읽고, 물음에 답하시오.

> **가** 저희 찬성편은 두 가지 까닭에서 "학급 임원은 반 드시 필요하다."라는 주제에 찬성합니다.
>
> 첫째, 실제로 학생 대표가 학교생활에 많은 역할을 합니다. 많은 학생들이 함께 생활하다 보니 학교에는 여러 가지 문제나 불편한 점이 생길 수 있습니다. 이 러한 것에 대한 해결은 전교 학생회 회의에서 이루어 지는데 학급 임원은 여기에 참여해 우리 반 학생들의 의견을 전달하는 역할을 합니다. 저희가 설문 조사를 한 결과에 따르면 우리 지역의 초등학교 가운데에서 95퍼센트가 넘는 학교가 학급 임원을 뽑고 있다고 합 니다.
>
> **나** 둘째, 학교 안에서 선거를 경험할 수 있습니다. 어 린이 사회 교육 잡지에 실린 한 전문가의 면담에 따르 면, "민주 시민 교육은 초등학교 때부터 이루어져야 한다. 사회를 미리 경험한다는 점에서 학급 임원 선거 는 학생들에게 소중한 경험이 될 수 있다."라고 했습 니다.

6. 타당성을 생각하며 토론해요

14 이 글에서 찬성편의 주장에 대한 근거와 근거 자료로 알맞은 것을 찾아 선으로 이으시오.

(1) 학교 안에서 선거를 경험할 수 있다. •   • **가** 설문 조사 자료

(2) 실제로 학생 대표가 학교생활에 많은 역할 을 한다. •   • **나** 전문가의 면담

서술형

6. 타당성을 생각하며 토론해요

15 이 글과 같이 일상생활에서 토론이 필요한 경우를 떠 올려 토론하고 싶은 주제와 그 주제를 고른 까닭을 쓰시오.

토론하고 싶은 주제	(1)
그 주제를 고른 까닭	(2)

[16~17] 다음 글을 읝고, 물음에 답하시오.

> ㉮ 나는 종이 가운데 으뜸인 한국 종이, 한지야! 옛날 중국에서 최고로 친 고려지도, 일본에서 최고로 친 조선종이도 모두 나야.
>
> ㉯ 나는 숨을 쉬니까 집 단장에도 좋아. 더운 날에는 찬 공기 들여 시원하게 하고, 추운 날에는 더운 공기 잡아 따뜻하게 하지. 또 습한 날은 젖은 공기 머금어 방 안을 보송보송하게 하고, 건조한 날은 젖은 공기 내놓아 방 안을 상쾌하게 하지. 따가운 햇볕을 은은하게 걸러 주는 건 기본이고말고.
>
> 낡은 옷장에 나를 겹겹이 붙이면 새 옷장이 되고, 요리조리 모양 잡으면 안경집, 벼룻집, 갓집이 되지. 바늘, 실, 골무 같은 바느질 도구 넣는 반짇고리도 될 수 있어. 옷 만들 때는 옷본, 버선 만들 때는 버선본이 되고말고. 한겨울 옷 속에 나를 넣어 꿰매면 얼마나 따뜻하다고.
>
> 그뿐인가. 여기 보이는 게 전부 나로 만든 물건이야. 나를 새끼줄처럼 배배 꼬아 종이 노끈으로 만들어 엮으면 신발부터 붓통, 베개, 방석, 망태기가 되지.

7. 중요한 내용을 요약해요

16 이 글에 대한 내용을 알맞게 말한 친구의 이름을 쓰시오.

> 민지: 옛날에는 한지가 최고로 인정받지 못했어.
> 승연: 한지는 바늘, 실, 골무 같은 바느질 도구를 넣는 반짇고리가 될 수 있어.

( )

7. 중요한 내용을 요약해요

17 설명하는 내용이 무엇인지 생각하며 글 ㉯를 요약하려고 합니다. 요약하는 방법으로 알맞지 <u>않은</u> 것은 무엇입니까? ( )

① 글의 구조를 파악하며 읽는다.
② 문단의 중심 내용을 간추린다.
③ 중요하지 않은 부분은 삭제한다.
④ 글의 구조에 알맞은 틀을 그려 내용을 정리한다.
⑤ 중요한 내용이 드러나도록 긴 문장으로 정리한다.

8. 우리말 지킴이

18 다음 중 우리말을 바르게 사용한 문장을 찾아 기호를 쓰시오.

> ㉮ 그 영화는 노잼이었어.
> ㉯ 주문하신 사과주스 나왔습니다.
> ㉰ 우리 편의점에서 삼김 사 먹을까?
> ㉱ 수업 시간에 열공했더니 배고프다.

( )

8. 우리말 지킴이

19 잘못된 우리말 사용과 관련해 발표를 하려고 합니다. 발표 주제로 알맞지 <u>않은</u> 것은 무엇입니까? ( )

① 줄임 말을 풀어서 사용하는 예
② 무분별한 외국어를 사용하는 예
③ 사물을 높이는 표현을 사용하는 예
④ 생활 속에서 비속어를 많이 사용하는 예
⑤ 뜻이 잘 통하지 않는 신조어를 사용하는 예

서술형

8. 우리말 지킴이

20 다음 만화에서 줄임 말을 사용했다는 것을 느낀 우진이의 표정과 몸짓을 어떻게 표현했는지 쓰시오.

_____

_____

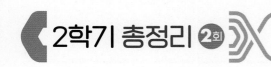

[1~2] 다음 글을 읽고, 물음에 답하시오.

> 지윤: 명준아, 안녕?
> 명준: 지윤아, 안녕? 너를 찾고 있었는데 마침 잘됐다.
> 지윤: 나를 찾고 있었어? 왜?
> 명준: 너에게 할 말이 있어. 내 이야기 좀 들어 줄래? 어제 말이야……
> 지윤: (말을 하는데 중간에 끊고) ㉠나 지금 바쁜데, 내가 꼭 들어야 하니?
> 명준: (실망하는 목소리로) 뭐라고? 아직 내용을 듣지도 않았잖아.
> 지윤: 네 이야기보다는 내 일이 훨씬 중요해.

1. 마음을 나누며 대화해요

1 지윤이가 대화에서 잘못한 점으로 알맞은 것을 찾아 기호를 쓰시오.

> ㉮ 상대를 기분을 생각하며 말했다.
> ㉯ 자신의 잘못은 없는지 생각하며 말했다.
> ㉰ 상대가 하는 말에 관심을 가지지 않았다.

( )

1. 마음을 나누며 대화해요

2 ㉠을 상대의 말에 공감하는 말로 바르게 고쳐 말한 친구의 이름을 쓰시오.

> 나현: 그래? 무슨 일이야? 어서 말해 봐.
> 승준: 특별한 이야기가 아니라면 듣지 않을래.
> 유나: 그것보다 지금 더 중요한 일이 있는데 내 얘기 좀 들어볼래?

( )

1. 마음을 나누며 대화해요

3 공감하며 대화하면 좋은 점으로 알맞지 <u>않은</u> 것은 무엇입니까? ( )

① 사이가 좋아진다.
② 말할 내용이 풍부해진다.
③ 상대의 처지를 오해할 수 있다.
④ 상대의 마음을 쉽게 알 수 있다.
⑤ 대화를 즐겁게 이어 갈 수 있다.

[4~5] 다음 글을 읽고, 물음에 답하시오.

줄다리기, 모두 하나 되는 대동 놀이

우리 조상들은 왜 줄을 만들어 서로 당기는 놀이를 했을까요? 그것은 ㉠농사와 관련이 깊어요. 오랜 ㉡세월 동안 농사를 지어 온 우리 조상들의 가장 큰 소망은 풍년이었어요. 농사가 잘되려면 물이 가장 중요하고요. 그런데 우리 조상들은 용이 물을 다스리는 신이라고 생각했답니다. 그래서 용을 닮은 줄을 만들고 흥겹게 줄다리기를 해서 용을 기쁘게 하려고 했어요. 물의 신인 용을 즐겁고 기쁘게 해야 풍년이 들 테니까요.

또 조상들은 계절이 바뀌는 이유가 신들끼리 힘겨루기를 하기 때문이라고 생각했답니다. 봄부터 가을까지는 착한 신들의 힘이 세지만 추운 겨울에는 악한 신들의 힘이 더 세진다고 여겼어요. 그래서 새해의 첫 달인 ㉢정월에 힘이 약해진 착한 신들을 도울 수 있는 놀이를 했답니다. 그것이 바로 여럿이 힘을 모아 겨루는 ㉣윷놀이나 줄다리기였던 거예요.

2. 지식이나 경험을 활용해요

4 ㉠~㉣ 중 조상들이 줄을 만들어 서로 당기는 놀이를 한 까닭이 드러나는 낱말을 찾아 기호를 쓰시오.

( )

2. 지식이나 경험을 활용해요

5 이 글과 관련하여 지식이나 경험을 떠올리며 글을 읽은 것으로 알맞지 <u>않은</u> 것을 찾아 ✕표 하시오.

> (1) 우리나라의 민속놀이 가운데 풍물놀이도 풍년을 기원하며 많이 해 왔다고 배웠어.
> ( )

> (2) 제목에 있는 '대동'이라는 낱말의 뜻을 정확히 모르니까 대강 읽어야겠다.
> ( )

> (3) 조상들이 정월 대보름에 풍년을 기원하며 하던 놀이라고 사회 시간에 배운 적이 있어.
> ( )

6 토의에서 의견을 조정해야 하는 까닭으로 알맞지 <u>않은</u> 것을 찾아 기호를 쓰시오.

> ㉮ 토의를 원활하게 진행할 수 있다.
> ㉯ 말하는 사람들끼리 갈등이 생긴다.
> ㉰ 문제를 합리적으로 해결할 수 있다.
> ㉱ 모두가 받아들일 수 있는 결론을 정할 수 있다.

( )

3. 의견을 조정하며 토의해요

7 다음 중 토의 과정에서 의견을 조정하는 방법으로 알맞지 <u>않은</u> 것은 무엇입니까? ( )

① 해결하려는 문제를 정확히 파악한다.
② 의견대로 실천했을 때의 결과를 생각한다.
③ 의견에 대한 토의 참여자의 생각을 듣는다.
④ 어떤 의견을 더 따르고 싶어 하는지 살펴본다.
⑤ 의견을 실천했을 때 일어날 수 있는 문제점은 없을 것이라고 예상한다.

3. 의견을 조정하며 토의해요

8 토의 자료를 찾기 위해 컴퓨터를 활용한 신문 기사를 읽는 방법으로 알맞지 <u>않은</u> 것은 무엇입니까?

( )

① 차례를 먼저 살펴본다.
② 필요한 내용을 정리한다.
③ 제목을 중심으로 훑어 읽는다.
④ 의견을 뒷받침하는 기사를 찾아 자세히 읽는다.
⑤ 찾고 싶은 자료와 관련한 낱말을 컴퓨터로 검색한다.

[9~11] 다음 글을 읽고, 물음에 답하시오.

> "누나야, 문 열어 봐."
> "싫어."
> 나는 앞으로 용준이와 놀아 주지 않겠다고 다짐했다. 한참 있다가 어머니께서 오셨다. 문을 열어 보라고 하시는데 ㉠어머니의 목소리가 별로 좋아 보였다. 나는 혼이 날까 봐 살짝 문을 열었다.
> "윤서야, 너 좋아하는 연속극 해."
> "일기 쓸래요."
> ㉡그때 안방에서 아버지가 불렀다.
> "윤서야, 이리 와 봐."
> 나는 입을 쭉 내밀고 절대 앉기 싫다는 표정으로 아버지 옆에 앉았다.

4. 겪은 일을 써요

9 다음 중 글머리를 시작한 방법이 이 글과 같은 것을 찾아 기호를 쓰시오.

> ㉮ "괜찮아." / 드디어 유나가 입을 열었다.
> ㉯ 하늘에서 물을 바가지로 퍼붓는 듯 비가 내리는 날이었다.

( )

4. 겪은 일을 써요

10 다음 중 문장이 잘못된 까닭이 ㉠과 같은 경우인 것을 두 가지 고르시오. ( )

① 나는 지금 전혀 배고프다.
② 할아버지는 얼른 밥을 다 먹었다.
③ 이 문제는 도저히 우리가 풀 수 있다.
④ 어제저녁 우리 가족은 함께 산책을 나간다.
⑤ 우리가 약속을 잘 지켜야 하는 까닭은 서로의 신뢰를 지키는 것이라고 생각한다.

4. 겪은 일을 써요

11 ㉡을 바른 문장으로 알맞게 고친 것을 찾아 ○표 하시오.

(1) 그때 안방에서 아버지가 부른다. ( )

(2) 그때 안방에서 아버지께서 부르셨다. ( )

[12~13] 다음 글을 읽고, 물음에 답하시오.

김득신은 스무 살에 처음으로 작문을 했다. 김득신의 아버지는 공부란 꼭 과거를 보기 위한 것만이 아니니 더욱 노력하라고 김득신을 격려했다. 김득신은 같은 책을 반복해서 여러 번 읽으며 공부했으나 하인도 외우는 내용을 기억하지 못하는 한계를 드러냈다. 김득신은 자신의 한계를 극복하기 위해 만 번 이상 읽은 책에 대한 기록을 남겼다. 김득신은 59세에 문과에 급제해 성균관에 입학했다. 김득신은 많은 책과 시를 읽었지만 자신만의 시어로 시를 썼다. 많은 사람이 김득신의 시를 높이 평가했다.

5. 여러 가지 매체 자료

12 다음 중 김득신에 대한 설명을 알맞게 말한 친구의 이름을 쓰시오.

지원: 김득신은 만 번 이상 책을 읽기도 했어.
근영: 김득신은 많은 책과 시를 읽었지만 직접 시를 쓰지는 못했어.
수민: 김득신의 아버지는 과거를 보기 위해 공부를 하라고 격려하셨어.

(   )

5. 여러 가지 매체 자료

13 이 글과 같이 자신이 관심 있는 인물을 여러 사람에게 소개하려고 합니다. 알리고 싶은 인물과 그 인물에 대한 자료를 어떤 매체에서 찾을 것인지 쓰시오.

(1) 소개하고 싶은 인물: _____

(2) 자료를 찾을 매체: _____

_____

14 다음 중 토론에서 주장 다지기 방법으로 알맞은 것을 찾아 기호를 쓰시오.

㉮ 상대편의 주장을 요약한다.
㉯ 자기편의 주장을 요약한다.
㉰ 상대편의 주장이 타당하다는 것을 밝히기 위한 질문을 한다.

(   )

[15~16] 다음 시를 읽고, 물음에 답하시오.

시장에 간 우리 고모 물건 사고 아주머니가 돌려주는 거스름돈, 꼭 세어 보아요	은행에 간 고모 현금 지급기가 '달깍' 내미는 돈 세어 보지도 않고 지갑에 얼른 넣는 거 있죠? 고모도 참

6. 타당성을 생각하며 토론해요

15 이 시에서 고모가 현금 지급기에서 나오는 돈을 세지 않는 까닭은 무엇입니까? (   )

① 사람보다 기계를 더 믿기 때문이다.
② 돈을 세어 볼 시간이 없기 때문이다.
③ 나중에 돈을 세어 볼 것이기 때문이다.
④ 거스름돈이 맞지 않아도 괜찮기 때문이다.
⑤ 기계에 대해 부정적으로 생각하고 있기 때문이다.

6. 타당성을 생각하며 토론해요

16 이와 같은 시를 읽고 친구들과 독서 토론을 할 때 좋은 점으로 알맞지 <u>않은</u> 것을 찾아 ×표 하시오.

(1) 시를 더 깊게 이해할 수 있다. (   )

(2) 미처 몰랐던 시의 표현 효과를 느낄 수 있다.
(   )

(3) 내가 생각한 시의 주제만 맞다고 주장할 수 있다.
(   )

8. 우리말 지킴이

[17~18] 다음 글을 읽고, 물음에 답하시오.

우리 귀 건강에 가장 큰 걸림돌은 '이어폰'입니다. 사람들 대부분이 이어폰으로 음악을 들으면 집중을 잘 하기 때문에 학습하는 데 큰 ㉠힘이 될 것이라고 생각합니다. 하지만 이는 사실과 다릅니다. 양쪽 귀 바로 위쪽 부위에는 언어 중추가 있는 뇌 측두엽이 존재하는데 측두엽과 가까운 귀에 이어폰을 꽂으면 언어 중추가 음악 소리에 자극을 받기 때문에 학습 내용이 기억에 잘 남지 않습니다. 왜냐하면 측두엽은 기억력과 청각을 담당하기 때문입니다. 다시 말해 노래를 들으며 공부를 하면 뇌는 이 두 가지를 한꺼번에 처리해야 하기 때문에 어려움을 겪습니다. 그래서 일반적으로 뇌 과학자들은 음악 듣기는 고난도 학습이나 업무를 하는 데 도움을 주지 않는다고 설명합니다.

귀를 건강하게 하려면 이어폰 같은 음향 기기를 하루 2시간 이내로 사용해야 하고, 사용할 때에는 소리 크기를 60퍼센트로 유지해야 합니다.

7. 중요한 내용을 요약해요

17 이 글의 내용으로 알맞은 것을 찾아 ○표 하시오.

(1) 측두엽은 기억력만 담당한다. (   )

(2) 이어폰으로 음악을 들으면 학습이나 업무를 잘 할 수 있다. (   )

(3) 귀를 건강하게 하려면 음향 기기를 사용할 때 소리 크기를 60퍼센트로 유지해야 한다. (   )

7. 중요한 내용을 요약해요

18 다음 밑줄 그은 '힘'이 ㉠과 같은 뜻으로 쓰인 것은 무엇입니까? (   )

① 자연의 힘은 위대하다.

② 신영이는 나보다 손힘이 세다.

③ 달리기를 하느라 힘이 다 빠졌다.

④ 엄마는 나에게 큰 힘이 되어 주셨다.

⑤ 언니는 스스로 문제를 해결할 수 있는 힘을 가지고 있다.

8. 우리말 지킴이

19 다음 그림은 여진이네 모둠이 조사 대상을 정하는 과정입니다. 조사 대상을 정하는 방법으로 알맞지 <u>않은</u> 것을 보기 에서 찾아 기호를 쓰시오.

우리 모둠은 '우리말이 있는데도 영어를 사용하는 예'를 조사하기로 했어. 영어를 무분별하게 사용하는 예로 무엇이 있을까?
여진 ❶

영어를 새긴 옷이 너무 많아. ❷

방송에서 영어를 가장 많이 사용하는 것 같아.

조사한 결과를 방송사에 알려 주고 영어 사용을 자제해 달라고 요청할 수도 있어.

이 가운데에서 어떤 것을 조사해 볼까? ❸

그럼 방송을 조사해 보면 어떨까? 방송은 아이들에게 영향을 많이 주잖아. ❹

옷에 새긴 영어는 조사 대상으로 알맞지 않은 것 같아. 만약 옷이 수입된 것이라면 옷에 영어가 있는 것은 당연할지도 몰라.

그럼 방송에서 영어를 얼마나 사용하는지 조사해 보자. ❺

그래. ❻

보기

㉮ 주제에 맞는 조사 대상을 정했다.

㉯ 조사 대상의 범위를 최대한 넓혀 정했다.

㉰ 조사한 결과를 어떻게 활용할지 생각했다.

(   )

서술형
8. 우리말 지킴이

20 우리말을 바르게 사용하지 않는 사례를 조사하여 발표하려고 합니다. 발표하고 싶은 주제를 한 가지 떠올려 쓰시오.

_____

_____

탄탄한 개념의 시작
큐브수학!

큐브
수학
개념

새 교과서 개념을 쉽게

반복 학습으로 탄탄하게

무료 강의로 빠짐없이

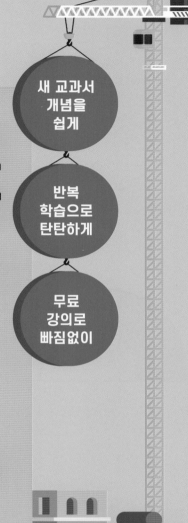

새 교과서 완벽 반영
NEW

수학 1등 되는 **큐브수학**

연산
1~6학년 1, 2학기

개념
1~6학년 1, 2학기

개념응용
3~6학년 1, 2학기

실력
1~6학년 1, 2학기

심화
3~6학년 1, 2학기

동아출판

초등학교   학년   반   번   이름

평가북

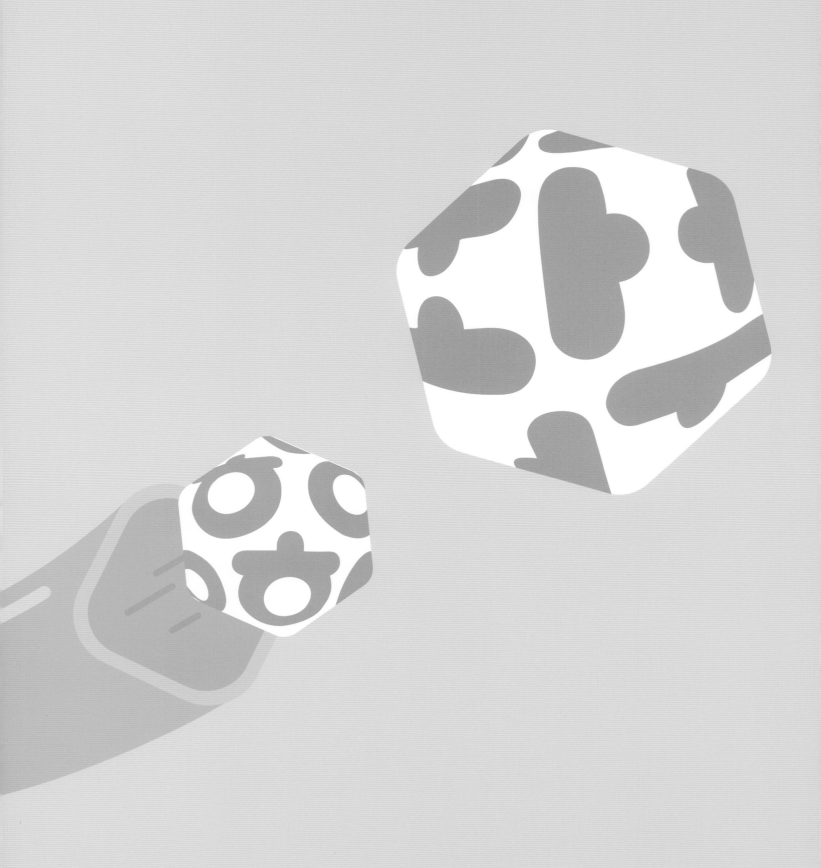

강의가 더해진, 교과서 맞춤 학습

백점

국어 5·2

모바일
빠른 정답

친절한 해설북

- 한눈에 보이는 **정확한 답**
- 한번에 이해되는 **자세한 풀이**

D 동아출판

차례

백점 국어 빠른 정답

QR코드를 찍으면 **정답과 해설**을 쉽고 빠르게 확인할 수 있습니다.

모바일
빠른 정답

1. 마음을 나누며 대화해요

8쪽 **개념 확인 문제**

1 예나, 수민　**2** (1) ㉮ (2) ㉯ (3) ㉰　**3** 줄임

1 공감하며 말하면 대화를 즐겁게 할 수 있고, 처지를 바꾸어 생각하면 상대의 마음을 알 수 있습니다.

2 경청할 때에는 상대의 말을 반복해 주고, 처지를 바꾸어 생각할 때에는 자신과 상대의 처지가 어떻게 다른지 생각하고, 생각을 전달할 때에는 전하고 싶은 생각을 정확히 말합니다.

3 예절을 지키며 누리 소통망에서 대화할 때는 이상한 말이나 줄임 말을 쓰지 않아야 합니다.

9쪽 **어휘·문법 확인 문제**

1 공감　**2** (2) ○　**3** (1) 조종 (2) 훈련　**4** 직업

1 '남의 감정, 의견, 주장 따위에 대하여 자기도 그렇다고 느낌. 또는 그렇게 느끼는 기분.'은 '공감'입니다.

2 '솟구치고'는 '아래에서 위로, 또는 안에서 밖으로 세차게 솟아오르고.'라는 뜻입니다.

3 (1)은 '조종', (2)는 '훈련'이 들어가는 것이 알맞습니다.

4 '직업'은 '화가, 간호사' 등을 포함하는 상의어입니다.

10~15쪽 **교과서 독해**

지윤이와 명준이의 대화 **10쪽** 활동 정리 **1** 그림 **2** 배려

1 (1) ○　**2** ④　**3** ①, ③, ⑤　**4** 예 그래? 무슨 일이야? 어서 말해 봐.

엄마, 고마워요 **11쪽** 작품 정리 **1** 철 수세미 **2** 마음

5 ③, ④, ⑤　**6** (1) 뿌듯하다 (2) 부끄럽다　**7** (3) ○　**8** 소은

예절을 지키며 누리 소통망에서 대화하기 **12쪽**

활동 정리 **1** 학교 **2** 소통망

9 ㉯　**10** ②, ③, ⑤　**11** (1) ○ (2) ○　**12** 예 많은 사람에게 소식을 전할 수 있습니다.

니 꿈은 뭐가? **13~15쪽** 작품 정리 **1** 비행사 **2** 당계요 **3** 우리나라

13 ④　**14** ④　**15** 예 발을 동동 구를 정도로 신났

습니다.　**16** 재현, 정은　**17** ①, ②　**18** ㉮, ㉰　**19** 예 나라를 되찾으려고 한 '나'의 마음에 공감했기 때문입니다.　**20** (2) ○　**21** ④　**22** ①, ②　**23** ㉰　**24** (2) ○

1 대화 ㉮에서 명준이는 자신의 이야기를 들어 달라고 하기 위해서 지윤이를 찾고 있었다고 하였습니다.

2 지윤이는 명준이의 말에 맞장구치지 않았습니다.

3 명준이는 지윤이의 태도를 보고 기분이 안 좋았을 것이고, 말을 하기가 싫어졌을 것이며, 자신을 무시하는 것 같아 화가 났을 것입니다.

4 상대의 말을 귀 기울여 들으며, 말하는 내용에 관심을 가지는 태도를 나타내는 말로 고쳐 씁니다.

채점 **tip** 상대의 말에 경청하는 태도가 드러나는 말로 고쳐 썼으면 정답으로 합니다.

5 현욱이는 부모님을 대신해 동생을 돌보고, 저녁밥을 챙기고, 프라이팬을 철 수세미로 닦았습니다.

6 글 ❸에서 현욱이는 부모님의 일을 도와드렸다는 생각에 뿌듯했지만 자신이 프라이팬을 못 쓰게 만들었다는 것을 알고 부끄럽고 죄송한 마음이 들었습니다.

7 현욱이와 엄마는 처지를 바꾸어 생각하며 말했습니다.

8 엄마는 부모님의 집안일을 도와주려고 한 현욱이의 마음이 고마워서 현욱이를 꼭 안아 주셨습니다.

9 하준이는 빨리 학교에 가고 싶고, 선생님과 친구들이 보고 싶었습니다.

10 누리 소통망에서 선생님과 친구들은 하준이에게 공감하는 말, 격려하는 말, 응원하는 말을 했습니다.

11 누리 소통망을 사용하는 대화는 얼굴을 보지 않고 글자로 대화하며 컴퓨터나 스마트폰이 있어야 합니다.

12 누리 소통망 대화에서는 많은 사람에게 소식을 전할 수 있고, 멀리 떨어져 있어도 소통할 수 있습니다.

채점 **tip** 만나지 않고도 대화할 수 있는 점, 많은 사람에게 소식을 전할 수 있는 점 등을 썼으면 정답으로 합니다.

13 목사님께서 '나'를 공짜로 학교에 보내 주셨습니다.

14 ㉠ '분하다'는 '될 듯한 일이 되지 않아 섭섭하고 아깝다.'라는 뜻입니다.

15 '나'는 비행기를 처음 보았을 때 비행기가 신기하며 놀라웠습니다.

16 재현이는 '나'의 말을 경청하며 공감하는 대화를 했고, 정은이는 '나'의 처지가 되어 생각했습니다.

17 '내'가 살았던 당시에는 일본이 조선을 다스리고 있었으며, 일본이 조선 땅을 빼앗았다고 했습니다.

18 '나'는 우리 땅에서는 더 이상 독립운동을 할 수 없었고, 비행사가 되고 싶었기 때문에 중국으로 갔습니다.

19 당계요 장군은 나라를 되찾으려고 한 '나'의 마음에 공감했기 때문에 '나'를 도와주었을 것입니다.

채점 tip '나'의 마음에 공감했기 때문이라는 내용으로 썼으면 정답으로 합니다.

20 ⑴과 ⑶은 처지를 바꾸어 생각하지 못한 말입니다.

21 '나'는 꿈을 따라서 산다는 게 꿈만 같았습니다.

22 '나'는 비행기를 처음 탔을 때 자유롭다고 생각했고, 세상이 아름답다고 느꼈습니다.

23 ㉠은 '목표, 이상, 행복 따위를 추구하며'라는 뜻을 담고 있으므로 ㉣에서 알맞게 쓰였습니다.

24 이 글에서 글쓴이는 끝까지 포기하지 않고 노력하면 꿈을 이룰 수 있다는 말을 전하고 있습니다.

16~17쪽	단원 평가 **1**회

1 말(이야기) **2** ④ **3** ㉡ **4** ⑤ **5** ④ **6** ①, ②, ⑤ **7** 비행 학교 **8** 유나 **9** ④ **10** ②

1 명준이는 지윤이에게 할 말이 있어서 찾고 있었습니다.

2 지윤이는 상대를 이해하지 않고 자신만 생각하는 말을 하였습니다.

3 명준이를 배려하는 말로 바꾸어 말한 것이므로 명준이는 고맙다고 생각할 것입니다.

4 여자아이는 경청하기 방법으로 대화했습니다.

5 남자아이의 처지가 되어 생각하는 말로 ④와 같이 말하는 것이 알맞습니다.

6 댓글을 달 때에는 바르고 고운 말을 쓰고 상대가 싫어하는 말을 하거나 자신의 의견만 강요하지 않습니다.

7 당 장군이 편지를 써서 '나'는 비행 학교에 들어가게 되었고, 비행사가 되기 위한 훈련을 받았습니다.

8 유나는 '내'가 꿈을 이루기 위해 힘든 일도 노력해서 잘 이겨 냈다며 공감하는 말을 했습니다.

9 '과일'은 '수박', '사과' 등을 포함하는 상의어입니다.

10 ②는 반대되는 관계의 낱말입니다.

문법 문제 tip 상하 관계란 어떤 낱말의 뜻이 다른 낱말의 뜻을 포함하는 관계입니다.

18~20쪽	단원 평가 **2**회

1 배려 **2** ②, ⑤ **3** ㉖ 그랬구나. 내가 너처럼 그림 그리기를 좋아하면 나도 서운했을 것 같아. **4** ㉮, ㉰ **5** ④ **6** ④ **7** ③ **8** ㉖ 멀리 전학을 간 친구에게 누리 소통망으로 연락을 해서 보고 싶은 마음을 전하자 친구도 보고 싶다며 공감해 주었습니다. **9** ㉠ **10** 준서, 용휘 **11** ⑵ ○ **12** ⑤ **13** ㉰ **14** ⑤ **15** ㉖ 힘든 상황에서도 꿈을 이룬 네가 정말 자랑스러워. 나도 앞으로 나의 꿈을 이루기 위해서 너처럼 열심히 노력해야겠다고 결심했어.

1 공감하는 대화는 상대를 배려하며 말하는 대화입니다.

2 지윤이는 속상해하는 명준이를 위로해 주지 않았고, 명준이의 기분을 생각하며 말하지 않았습니다.

3 ㉠을 공감하는 말로 바꾸어 씁니다.

4 현욱이 엄마는 집안일을 도와주려는 현욱이의 마음이 고맙고 기특했고, 망가진 프라이팬보다 현욱이의 마음이 더욱 소중하기 때문에 화를 내지 않으셨습니다.

5 현욱이와 엄마는 서로 배려하고 공감하며 말했습니다.

6 자신이 할 말만 하고 대화방을 나오면 상대방이 당황할 수 있습니다.

7 누리 소통망으로 대화하면 만나지 않고도 대화할 수 있습니다.

8 누리 소통망을 사용해 상대의 말에 공감하는 대화를 한 경험을 떠올려 씁니다.

채점 tip 누리 소통망을 통해 공감하는 대화를 했던 경험이 드러나게 썼으면 정답으로 합니다.

9 ㉠은 '자동차', ㉡~㉣은 '비행기'를 가리킵니다.

10 가난한 조선 사람들은 자동차도 잘 몰랐다고 했습니다.

11 '나'는 독립운동을 하다가 감옥에 끌려갔습니다.

12 비행사가 되고 싶다는 '나'의 말을 들은 당계요 장군은 비행 학교에 편지를 써서 '내'가 들어갈 수 있게 도와주었습니다.

13 당계요 장군은 나라를 되찾으려고 한 '나'의 마음에 공감했기 때문에 '나'를 도와주었습니다.

14 '내'가 포기하지 않고 열심히 노력하여 꿈을 이룬 점을 본받을 수 있습니다.

15 꿈을 이룬 '나'의 마음에 공감하는 말을 씁니다.

채점 tip 꿈을 이룬 '나'에게 전하고 싶은 생각을 정리하여 썼으면 정답으로 합니다.

21쪽 수행 평가

1 ⓔ 병원에 입원해서 선생님과 친구들을 만날 수 없는데 보고 싶었기 때문입니다.   2 ⓔ 친구들과 선생님에게 고맙고, 기분이 좋았을 것입니다.   3 ⓔ 선생님, 고맙습니다. 친구들도 모두 고마워. / 빨리 나아서 학교에 가고 싶어요. / 건강하게 학교에서 만나요.(*^^*)

1 그림 ❶과 ❷에서 남자아이가 병원에 입원했고, 선생님과 친구들을 보고 싶어 한다는 것을 알 수 있습니다.

2 남자아이는 선생님과 친구들이 보낸 대화를 보며 고맙고 기분이 좋았을 것입니다.

3 선생님과 친구들에게 전하고 싶은 누리 소통망 대화를 예의를 갖추어 씁니다.

채점 기준	잘함	누리 소통망 대화를 두 가지 조건에 맞게 예의를 갖추어 잘 썼습니다.
	보통	누리 소통망 대화를 한 가지 조건만 맞게 썼습니다.
	노력 요함	누리 소통망 대화를 조건에 맞게 쓰지 못했습니다.

[채점 키워드] 누리 소통망에서 대화 예의: 말하고 싶은 내용 정확하게 쓰기, 이상한 말이나 줄임 말 쓰지 않기, 다른 사람에게 상처 주지 않도록 조심하기

22쪽 쉬어가기

2. 지식이나 경험을 활용해요

24쪽 개념 확인 문제

1 (1) ○   2 선율, 채연   3 (1) 생각(느낌) (2) 느낌(생각)

1 지식이나 경험을 활용해 글을 읽으면 글 내용을 깊이 이해할 수 있고, 글 내용에 더 집중할 수 있습니다.

2 지식이나 경험을 활용해 글을 읽을 때에는 아는 내용과 글 내용을 비교하며 읽어야 합니다.

3 체험한 일을 떠올리며 감상이 드러나는 글을 쓸 때에는 생각이나 느낌이 잘 드러나도록 써야 합니다.

25쪽 어휘·문법 확인 문제

1 (1) 교육 (2) 기능   2 (1) ㉮ (2) ㉰ (3) ㉯   3 (1) 농한기 (2) 인공적   4 동

1 '지식'은 '연구하거나 교육받거나 체험해서 알게 된 내용.', '경험'은 '자신이 실제로 해 보거나 겪어 봄. 또는 거기서 얻은 지식이나 기능.'이라는 뜻입니다.

2 '대동'은 ㉮, '상설'은 ㉰, '단열'은 ㉯의 뜻입니다.

3 (1)은 '농한기', (2)는 '인공적'이 알맞습니다.

4 '뛰어오다'는 강아지의 움직임을 나타내는 동사입니다.

26~31쪽 교과서 독해

줄다리기, 모두 하나 되는 대동 놀이 | 26~27쪽

글의 구조 ❶ 과정 ❷ 풍년

1 (2) ○   2 ②, ⑤   3 ⓔ 상대의 기를 누르기 위해서입니다.   4 ㉯ → ㉰ → ㉮ → ㉱   5 (1) 물 (2) 풍년   6 ④   7 ⓔ 봄기운이 시작되는 정월에 풍년을 기원하고, 큰 행사를 치르면서 마을 사람들이 마음을 한데 모아 무사히 한 해 농사를 짓고자 했습니다.   8 (2) ○

조선의 냉장고 '석빙고'의 과학 | 28~29쪽

글의 구조 ❶ 석빙고 ❷ 얼음

9 석빙고   10 ⑤   11 (2) ○   12 (1) ㉰ (2) ㉮   13 ④   14 ⓔ 바깥쪽은 열을 막아 주는 진흙, 안쪽은 열전달이 잘되는 화강암으로 만들었습니다.   15 ㉰

국립한글박물관 관람 | 30쪽 작품 정리 ❶ 한글 놀이터 ❷ 한글 유물

BOOK ❶ 개념북 2 단원

16 ⑤　**17** (1) ㉮ (2) ㉰ (3) ㉯　**18** ㉮, ㉰　**19** ②

함께 글 고치기 |31쪽 작품 정리 ❶ 평가 ❷ 비난하며

20 ④　**21** (1) 정욱 (2) 성민 (3) 동호　**22** ②, ③, ⑤　**23** 예 글 ㉯에서 한글을 설명할 때 4학년 1학기 때 배운 「훈민정음해례본」 내용도 함께 설명하면 읽는 사람이 이해하기 쉬울 것입니다.

1 ⑵는 예전에 배웠던 지식을 떠올려 글을 읽었습니다.

2 영산 줄다리기에 쓰는 줄은 굵기가 1.5미터, 길이가 40미터가 넘으며, 암줄과 수줄로 나누어져 있습니다.

3 줄을 당길 장소에 다다랐을 때에 양편에서는 상대의 기를 누르려고 있는 힘을 다하여 함성을 지릅니다.

　채점 tip 상대의 기를 누르기 위해서라는 까닭을 정리하여 썼으면 정답으로 합니다.

4 영산 줄다리기를 할 때에는 아이들이 먼저 경기를 벌이고 승부가 나면 장정들이 집집을 돌면서 짚을 모아 마을 사람들과 함께 줄을 만듭니다. 만든 줄을 줄다리기할 곳으로 옮긴 후, 암줄에 수줄을 끼우고 비녀목을 지른 뒤 서로 줄을 당겨서 승부를 가릅니다.

5 우리 조상들은 물을 다스리는 신인 용을 기쁘게 해야 풍년이 들 것이라고 믿었습니다.

6 풍년을 기원하고 무사히 농사를 지으려는 마음을 담은 행사이기 때문에 줄다리기를 거르지 않았습니다.

7 채점 tip 풍년을 기원하고, 마을 사람들이 마음을 모아 무사히 한 해 농사를 짓고자 했다는 내용을 알맞게 썼으면 정답으로 합니다.

8 줄다리기는 여럿이 힘을 모아 겨루는 놀이라는 글의 내용을 통해 '대동'의 뜻을 짐작할 수 있습니다.

9 우리 조상들에게는 냉장고는 아니지만 냉장고 역할을 하는 석빙고가 있었습니다.

10 석빙고는 겨울에 보관해 두었던 얼음을 가을까지 녹지 않게 효과적으로 보관하는 냉동 창고입니다.

11 '장빙'은 한겨울의 얼음을 보관했다가 쓰는 기술입니다.

12 ⑴은 글을 읽으며 새롭게 안 것, ⑵는 글을 읽으며 알고 싶은 것에 해당합니다.

13 경주 석빙고는 온도 변화가 적은 반지하 구조입니다.

14 경주 석빙고의 지붕 바깥쪽은 열을 막아 주는 진흙으로, 안쪽은 열전달이 잘되는 화강암으로 만들었습니다.

　채점 tip 바깥쪽은 열을 막아 주는 진흙, 안쪽은 열전달이 잘되는 화강암으로 만들었다는 내용을 알맞게 썼으면 정답으로 합니다.

15 수현이는 과학 시간에 배운 '열의 이동'의 내용 중 기체와 관련된 내용을 활용하여 글을 이해했습니다.

16 글쓴이는 국립한글박물관의 한글 놀이터, 한글 배움터, 특별 전시실을 관람했습니다.

17 '한글 놀이터'는 아이들이 놀면서 한글을 배울 수 있고, '한글 배움터'는 한글에 익숙하지 않은 사람들을 위해 마련한 곳이고, '특별 전시실'에서는 국립한글박물관 개관 기념 특별전을 진행했습니다.

18 ㉮, ㉰는 체험한 일에 대한 생각이나 느낌입니다.

19 '임시'는 '미리 정하지 않고 그때그때 필요에 따라 정한 것.'을 뜻하므로 '상설'과 뜻이 반대인 낱말입니다.

20 상설 전시실의 이름은 '한글이 걸어온 길'입니다.

21 동호는 문장 중간중간에 감상을 넣어 주면 좋겠다고 하였고, 정욱이는 더 자연스러운 표현을 알려 주었고, 성민이는 상설 전시실이라는 낱말의 뜻을 설명해 주면 좋겠다는 의견을 말하였습니다.

22 글에 대한 의견을 말할 때에는 심하게 비난하지 않고 평가 기준을 생각하며 말해야 합니다. 또한 어떻게 고치면 좋을지를 함께 말해야 합니다.

23 경험이나 지식을 바탕으로 고칠 점을 떠올려 씁니다.

| 32~33쪽 | 단원 평가 ❶회 |

1 ⑤　**2** 윤지　**3** (석)빙고　**4** ④, ⑤　**5** ⑵ ○
6 ④, ⑤　**7** ⑤　**8** ㉰, ㉯　**9** (1) 형 (2) 동 (3) 형
(4) 동　**10** (1) 달리다 (2) 짧다

1 아이들의 줄다리기가 끝나면 장정들이 짚을 모았습니다.

2 윤지는 생각한 것을 떠올리며 글을 읽었습니다.

3 '냉장고 역할을 하는 석빙고'를 통해 알 수 있습니다.

4 신라 시대에는 얼음 창고에 관한 일을 맡아보던 '빙고전'이 있었습니다.

5 ⑴은 새롭게 안 것을 쓴 것입니다.

6 체험한 일에 대한 느낀 점이나 생각을 찾습니다.

7 체험한 일과 그에 대한 감상을 쓴 글이므로 생각이나 느낌이 생생하게 전달되도록 써야 합니다.

8 지식과 경험을 활용하여 글을 더 정확하고 자세하게 고쳐 쓸 수 있습니다.

9 '형용사'는 사람이나 사물의 성질이나 상태를, '동사'는 사람이나 사물의 움직임이나 작용을 나타냅니다.

10 '동사'는 '달리다', '형용사'는 '짧다'가 알맞습니다.
문법 문제 tip 동사와 형용사는 각각 '달리니, 달리고, 달리지', '짧니, 짧고, 짧지'와 같이 문장에서 쓰일 때 형태가 변하는데, 이것을 활용이라고 합니다.

34~36쪽 단원 평가 ②회

1 예 음력 정월은 농사일을 잠시 쉬는 시기였기 때문에 사람들이 함께 모여 줄을 만들 수 있는 시간이 있었습니다. 2 ③, ⑤ 3 재경 4 (1) 인공적 (2) 보관하는 5 새롭게 안 것 6 (1) ㉮ (2) ㉯ 7 ② 8 ⑤ 9 예 얼음에서 녹은 물이 밖으로 흘러 나갈 수 있는 구조를 갖추기 위해서입니다. 10 정은 11 ② 12 (1) ◯ 13 (1) ㉠, ㉡ (2) ㉢, ㉣ 14 ①, ④, ⑤ 15 예 글의 내용을 더 정확하고 자세하게 나타낼 수 있습니다. / 예 글쓴이가 잘못 이해하고 쓴 내용을 친구들이 바르게 고쳐 줄 수 있습니다.

1 농한기에는 사람들이 모여 줄을 만들 수 있는 시간이 있었습니다.
채점 tip 음력 정월이 농한기이기 때문이라는 까닭을 알맞게 썼으면 정답으로 합니다.

2 줄다리기에는 마을 사람들이 마음을 모아 무사히 한 해 농사를 지으려는 조상들의 지혜가 담겨 있습니다.

3 글 ㉮에서 아이들이 먼저 줄다리기를 했다고 했습니다.

4 글 ㉮에서 냉장고와 빙고의 다른 점을 알 수 있습니다.

5 하준이는 자신이 새롭게 안 것에 대해 말했습니다.

6 동빙고는 왕실의 제사에 쓰일 얼음을 보관했고, 서빙고는 얼음을 왕실과 고급 관리에게 공급했습니다.

7 한겨울의 얼음을 보관하는 기술은 '장빙'입니다.

8 석빙고 지붕의 바깥쪽은 진흙, 안쪽은 화강암입니다.

9 내부 한가운데에 배수로를 경사지게 파서 녹은 물이 밖으로 흘러 나가게 하였습니다.

10 고체와 관련된 내용을 활용해 글을 이해해야 합니다.

11 지식이나 경험을 활용해 글을 읽을 때 잘 알지 못하는 부분도 자료를 찾으며 읽어야 합니다.

12 글쓴이는 국립한글박물관의 한글 놀이터, 한글 배움터, 특별 전시실을 관람했습니다.

13 ㉠과 ㉡은 체험, ㉢과 ㉣은 감상이 드러난 부분입니다.

14 글 ㉮에는 체험을 다녀온 장소, 글 ㉯에는 체험한 장소에서 본 것 등이 나타나 있습니다.

15 채점 tip 지식이나 경험을 활용해 함께 글을 고치면 좋은 점을 두 가지 모두 알맞게 썼으면 정답으로 합니다.

37쪽 수행 평가

1 예 지붕에 잔디를 심어 태양열을 차단했습니다. / 내부 바닥 한가운데에 배수로를 경사지게 파서 얼음에서 녹은 물이 밖으로 흘러 나가도록 했습니다. 2 예 찬 공기가 아래로 내려가고 더운 공기는 지붕의 구멍으로 빠져나가기 때문입니다. 3 예 여름에 얼음이 들어간 음료를 마실 때 더운 날씨에 얼음이 금방 녹았던 적이 있습니다. 얼음을 장기간 보관할 수 있는 다른 방법으로는 무엇이 있을지 알고 싶습니다.

1 석빙고가 과학적이라고 말할 수 있는 까닭을 찾아 씁니다.

2 온도가 낮은 기체가 아래로 내려온다는 내용을 활용하여 석빙고의 얼음이 잘 녹지 않은 까닭을 씁니다.

3 더 찾아보고 싶거나 알고 싶은 내용을 씁니다.

채점 기준	잘함	글과 관련하여 알고 싶은 내용을 조건에 맞게 구체적으로 잘 썼습니다.
	노력 요함	알고 싶은 내용이 아니라 짐작한 내용이나 새로 알게 된 내용을 썼습니다.

[채점 키워드] 더 알고 싶은 내용: 자신이 경험한 것, 알고 있는 지식 활용

38쪽 쉬어가기

3. 의견을 조정하며 토의해요

40쪽 개념 확인 문제

1 (1) ◯ (3) ◯ **2** (2) ◯ **3** 제목 **4** 간단하게

1 토의에서 의견을 조정해야 하는 까닭은 모두가 받아들일 수 있는 결론을 정할 수 있고, 문제를 합리적으로 해결할 수 있기 때문입니다.

2 의견대로 실천했을 때의 결과를 생각하는 것은 '결과 예측하기'에서 하는 일입니다.

3 자료를 찾기 위해 기사문을 읽을 때에는 제목을 중심으로 훑어 읽다가 의견을 뒷받침하는 기사문을 찾아 자세히 읽습니다.

4 찾은 자료를 정리해 알기 쉽게 표현하려면 중요한 내용을 간단하게 요약해야 합니다.

41쪽 어휘·문법 확인 문제

1 의논 **2** (1) 틈새 (2) 증가 (3) 조정 **3** (2) ◯ **4** 기역(ㄱ)

1 '토의'는 '어떤 문제에 대하여 서로 의견을 내놓고 의논하는 것.'을 뜻합니다.

2 (1)은 '틈새', (2)는 '증가', (3)은 '조정'이 들어가는 것이 알맞습니다.

3 '어려운 일을 이겨 내기에 알맞은 행위를 하는 것.'은 '대처'의 뜻입니다.

4 받침 'ㄱ'과 'ㄲ'은 음절의 끝소리 규칙에 따라 모두 '기역(ㄱ)'으로 소리 납니다.

42~49쪽 교과서 독해

[미세 먼지 문제에 대처하는 방안을 찾는 첫 번째 토의] |42~43쪽|

활동 정리 ❶ 결론 **❷** 합리적 **❸** 토의 **❹** 갈등

1 미세 먼지 문제에 대처하는 방안 **2** ㉯, ㉰ **3** ② **4 예** 토의를 원활하게 진행할 수 없습니다. **5** ① **6** (3) ◯ **7** ②, ④ **8** ②

[미세 먼지 문제에 대처하는 방안을 찾는 두 번째 토의] |44~45쪽|

활동 정리 ❶ 문제 **❷** 조건 **❸** 결과 **❹** 의견 **❺** 문제점 **❻** 참여자

9 (2) ◯ **10** ⑤ **11** ④ **12** ㉯ **13** (1) ㉯ (2)

㉮ **14 예** 의견에 대한 모든 토의 참여자의 생각을 알아보아야 하기 때문입니다. **15** ㉯ → ㉰ → ㉮ → ㉯ **16** ④

[의견을 뒷받침하는 근거 자료] |46쪽| **활동 정리 ❶** 신문 기사 **❷** 책

17 자료 **18** ④ **19** ①, ⑤ **20** (2) ◯ (4) ◯

[의견을 뒷받침할 자료 찾아 읽기] |47쪽| **활동 정리 ❶** 제목 **❷** 차례 **❸** 건너뛰며

21 예 건강한 학교생활을 하려면 틈새 시간을 어떻게 사용해야 할까요? **22** (1) ㉮ (2) ㉯ **23** ③ **24** (1) ㉮ (2) ㉯

[자료를 정리해 알기 쉽게 표현하기] |48~49쪽|

활동 정리 ❶ 정보 **❷** 그림 **❸** 간단하게 **❹** 요약 **❺** 도표 **❻** 도형

25 ④, ⑤ **26** ① **27** (1) ◯ **28** ③ **29** (1) ㉮ (2) ㉯ **30** ④ **31 예** 글을 읽는 것보다 더 쉽고 빠르게 이해할 수 있기 때문입니다. **32** ⑤

1 미세 먼지에 어떻게 대처해야 할지 토의하고 있습니다.

2 남자아이는 마스크를 쓰고 생활하자는 의견을, 여자아이는 학교 곳곳에 공기 청정기를 설치하자는 의견을 제시했습니다.

3 남자아이와 여자아이는 서로 상대의 의견을 비판하기만 하였습니다.

4 토의에서 의견을 조정하지 않으면 토의를 원활하게 진행할 수 없고, 말하는 사람들끼리 갈등이 생깁니다. 또한 문제를 합리적으로 해결할 수 없습니다.

채점 tip 토의에서 의견을 조정하지 않으면 일어날 수 있는 문제 중 한 가지를 썼으면 정답으로 합니다.

5 '그깟', '정말 뭘 모르시는군요.' 등 상대를 배려하지 않고 무시하듯이 말했습니다.

6 친구들은 '미세 먼지에 대처하는 방안'이라는 토의 주제와 관련 없는 근거를 말하고 있습니다.

7 의견이 잘 모이지 않은 까닭은 상대의 의견을 비판만 하고 있고, 토의에 적극적으로 참여하지 않았기 때문입니다.

8 '마스크를 쓰면'에서 '쓰다'는 '얼굴에 어떤 물건을 걸거나 덮어쓰다.'의 뜻입니다.

9 친구들은 의견을 조정하려고 토의를 시작하였습니다.

10 사회자는 토의로 해결할 문제를 파악하고자 했습니다.

11 '조정'은 '분쟁을 중간에서 화해하게 하거나 서로 타협점을 찾아 합의하도록 함.'을 뜻합니다.

12 의견 실천에 필요한 조건을 따지기 위해 의견을 뒷받침하는 자료들을 제시해야 합니다.

13 공기 청정기는 설치하는 데 비용이 많이 들고, 마스크는 쓰레기 문제가 일어날 수 있다고 했습니다.

14 의견에 대한 모든 토의 참여자의 생각을 알아보기 위해서 마지막으로 ㉠과 같이 물어보았습니다.

> **채점 tip** 모든 토의 참여자의 생각을 알아보기 위해서라는 까닭을 정리하여 썼으면 정답으로 합니다.

15 이 토의에서는 의견을 조정하기 위해 문제를 파악하고, 의견 실천에 필요한 조건을 따진 뒤 결과를 예측해 보고, 참여자의 반응을 살펴보았습니다.

16 자신의 의견만 주장하면 의견을 조정할 수 없습니다.

17 그림 ㉮에서는 뒷받침하는 근거 자료 없이 의견을 말했고, 그림 ㉯에서는 자신의 의견을 뒷받침할 객관적인 자료를 제시하여 의견을 말했습니다.

18 사진, 그림, 도표 따위의 자료는 눈으로 직접 확인할 수 있어 의견과 근거를 이해하기 쉽습니다.

19 자료로 제시한 책을 보면 미세 먼지의 해로움과 마스크의 효과가 나타나 있다고 했습니다.

20 ⑴, ⑶은 눈으로 확인하기 쉬운 자료의 특징이고, ⑵, ⑷는 글을 읽어야 정보를 얻는 자료의 특징입니다.

21 사회자의 말을 통해 토의 주제를 알 수 있습니다.

> **채점 tip** '건강한 학교 생활을 하려면 틈새 시간을 어떻게 사용해야 할까'라는 내용을 썼으면 정답으로 합니다.

22 재경이가 찾고 싶어 하는 자료는 장면 ❷에, 만세가 찾고 싶어 하는 자료는 장면 ❸에 나타나 있습니다.

23 '틈새'와 비슷한 낱말에는 '빈틈', '틈' 등이 있습니다.

24 신문 기사는 제목을 중심으로 훑어 읽다가 의견을 뒷받침하는 글을 찾아 자세히 읽고, 책은 차례를 살펴서 건너뛰며 읽다가 의견을 뒷받침하는 내용을 찾아 자세히 읽어야 합니다.

25 자료 ㉮는 신문 기사, ㉯는 뉴스 보도입니다.

26 ㉮와 ㉯에서는 '건강 달리기'로 학생들의 비만 문제를 해결할 수 있다고 알려 주고 있습니다.

27 자료를 쉽게 읽기 어려운 까닭은 많은 내용을 말과 글로만 설명해서 한번에 알아보기 어렵기 때문입니다.

28 '증가'는 '양이나 수치가 늚.'을 뜻하므로 '양이나 수치가 줆.'을 뜻하는 '감소'와 뜻이 반대입니다.

29 ㉮는 내용을 요약하여 글로 나타내었고, ㉯는 아동 건강 문제는 도표로, 건강 달리기의 효과는 내용을 줄여 쓴 뒤 도형과 선, 화살표로 연결하여 나타내었습니다.

30 ㉠ 뒤에 이어지는 내용이 건강 달리기의 장점과 효과이므로 ④가 알맞습니다.

31 그림이나 도표를 이용해 자료를 나타내면 이해하기 쉽고 기억에 오래 남습니다.

> **채점 tip** 글을 읽는 것보다 더 쉽고 빠르게 이해할 수 있기 때문이라는 까닭을 알맞게 썼으면 정답으로 합니다.

32 자료를 알기 쉽게 표현할 때 글씨는 모두 알아볼 수 있게 하고, 제목과 내용의 글씨 크기는 다르게 합니다.

| 50~51쪽 | 단원 평가 ❶회 |

1 미세 먼지　**2** ⑴ ㉯ ⑵ ㉮　**3** ②　**4** ⑵ ○　**5** ③　**6** ⑵ ○　**7** ㉯, ㉰　**8** ⑤　**9** ⑴ ㉯ ⑵ ㉮ ⑶ ㉰　**10** 눈, 발, 밤, 입, 공

1 친구들은 미세 먼지에 대처하는 방안에 대해 토의하고 있으며 의견이 잘 모아지지 않는 상황입니다.

2 성훈이는 마스크를 쓰자는 의견을, 지우는 학교 곳곳에 공기 청정기를 설치하자는 의견을 제시했습니다.

3 친구들은 상대의 의견을 서로 비판하기만 하였습니다.

4 그림에는 상대를 배려하지 않고 토의에 소극적으로 참여하는 토의 태도와 관련한 문제가 나타나 있습니다.

5 친구들은 의견대로 실천했을 때 결과를 생각하며 의견을 조정하였습니다.

6 친구들은 생각을 적극적으로 표현하였습니다.

7 음식물 쓰레기가 너무 많고, 음식을 더 먹고 싶은데 번번이 더 달라고 하기 힘든 문제가 있습니다.

8 문제를 해결할 수 있는 토의 주제를 정해 봅니다.

9 ⑴의 끝소리 'ㅂ'과 'ㅍ'의 대표음은 [ㅂ], ⑵의 끝소리 'ㅊ'과 'ㄷ'의 대표음은 [ㄷ], ⑶의 끝소리 'ㄲ'과 'ㄱ'의 대표음은 [ㄱ]입니다.

10 음절의 끝소리가 'ㄱ, ㄴ, ㄷ, ㄹ, ㅁ, ㅂ, ㅇ'의 7개 대표음 중 하나로 바뀌어 소리 나므로 [보기] 중 글자대로 소리 나는 것은 '눈, 발, 밤, 입, 공'입니다. '낮'은 [낟], '돛'은 [돋], '잎'은 [입]으로 소리 납니다.

1 토의   **2** ④   **3** ③, ④   **4** 예 토의 주제와 관련 없는 근거를 말했구나. 토의에서 의견을 말할 때에는 주제와 관련 있는 근거를 말해야 해.   **5** (1) ○   **6** 갈등   **7** ㉰   **8** (2) ○   **9** 예 공기 청정기가 공기를 깨끗하게 해 줄 것이기 때문입니다.   **10** ①   **11** (1) ㉠ (2) ㉡, ㉢   **12** (2) ○   **13** ㉯ → ㉮ → ㉱ → ㉰   **14** ②, ⑤   **15** 예 표나 도표를 이용해 나타낼 수 있습니다.

1 이 그림에서 친구들은 토의를 하고 있습니다.

2 미세 먼지 대처 방안에 대한 의견을 나누고 있습니다.

3 장면 ❹와 ❺에서 친구들은 상대의 의견을 비판하기만 하고, 상대 의견의 장점을 받아들이지 않았습니다.

4 채점 tip 토의 주제와 관련 있는 근거를 말해야 한다는 내용을 넣어 토의할 때 잘못한 점과 고칠 방법을 모두 알맞게 썼으면 정답으로 합니다.

5 의견을 조정하지 않으면 문제를 합리적으로 해결할 수 없습니다.

6 장면 ❶에서 의견을 모으지 않으면 갈등이 더 심해지므로 의견을 조정할 필요가 있다고 했습니다.

7 장면 ❼~❾는 '결과 예측하기'에 해당합니다.

8 모든 토의 참여자의 생각을 알아보기 위해 선호하는 의견과 결정한 의견에 따른 자신의 역할을 물어보았습니다.

9 채점 tip 공기 청정기가 공기를 깨끗하게 해 줄 것이라는 근거를 알맞게 썼으면 정답으로 합니다.

10 그림 ㉮는 자료 없이 의견을 말했고, 그림 ㉯는 신문 기사를 제시하여 정보를 눈으로 직접 확인할 수 있습니다.

11 ㉠은 토의 주제, ㉡과 ㉢은 친구들의 의견입니다.

12 재경이는 컴퓨터로 신문 기사를 검색했습니다.

13 자료를 찾기 위해 책을 읽을 때에는 자료와 관련한 책을 찾고, 차례를 살펴 내용을 건너뛰며 읽다가 의견을 뒷받침하는 내용을 찾으면 자세하게 읽습니다.

14 ㉯는 ㉮의 내용을 읽기 쉽게 요약했습니다.

15 표나 도표, 그림 등을 이용해 나타낼 수 있습니다. 채점 tip 신문 기사 내용을 알기 쉽게 표현하는 방법으로 요약이 아닌 다른 방법을 썼으면 정답으로 합니다.

1 예 운동장을 이용하는 학생 수가 많고, 운동장에서 학생끼리 서로 부딪치는 안전사고가 일어날 수 있습니다.   **2** 예 모두가 안전하게 운동장을 사용하는 방법   **3** (1) 예 학년마다 운동장을 사용하는 시간을 정하자. (2) 예 학년마다 운동장 사용 시간을 정하면 운동장을 이용하는 학생 수가 일정하므로 갑자기 많은 수의 학생이 운동장을 이용하여 발생할 수 있는 안전사고를 막을 수 있습니다.

1 모두가 한꺼번에 운동장에 나오니 위험해 보인다고 했습니다.

2 운동장 사용 문제에 대한 토의 주제를 씁니다.

3 운동장을 안전하게 사용하는 방법과 관련한 자신의 의견과 의견을 뒷받침하는 근거를 정리합니다.

채점 기준	잘함	토의 주제와 어울리는 의견을 썼고, 의견을 타당하게 뒷받침하는 근거를 내세웠습니다.
	노력 요함	토의 주제와 어울리는 의견을 썼지만 근거가 타당하지 않거나, 토의 주제와 어울리지 않는 의견을 썼습니다.

[채점 키워드] 의견과 근거: 안전사고를 막을 수 있는 운동장 사용 방법을 타당한 근거를 들어 쓰기

4. 겪은 일을 써요

개념 확인 문제

1 (2) ○   **2** ㉯   **3** (1) ○

1 '별로'는 '-지 않다, -지 못하다'와 같은 부정적인 서술어 또는 '안', '못'이 꾸며 주는 서술어와 호응해야 알맞기 때문에 (2)와 같이 고쳐 써야 합니다.

2 자신이 글로 쓰고 싶은 일이나 생각을 정리하고, 어떤 글감으로 글을 쓸지 정하는 일은 '내용 생성하기' 단계에서 해야 하는 일입니다.

3 대화 글로 시작한 글머리입니다.

어휘·문법 확인 문제

1 문장   **2** (3) ○   **3** (1) 부딪쳐 (2) 성취   **4** 부정적인

1 '생각이나 감정을 말과 글로 표현할 때 완결된 내용을 나타내는 최소의 단위.'는 '문장'의 뜻입니다.

2 '목표'는 '어떤 목적을 이루려고 지향하는 실제적 대상으로 삼음.'이라는 뜻입니다.

3 (1)은 '부딪쳐', (2)는 '성취'가 들어가는 것이 알맞습니다.

4 '그다지'는 부정적인 서술어와 어울려 쓰입니다.

교과서 독해

나만 미워해 | 60~61쪽 | **작품 정리 ❶** 윤서 **❷** 사과
1 ③   **2** (2) ○   **3** ㉮   **4** 예 어머니의 목소리가 별로 좋아 보이지 않았다.   **5** ⑤   **6** 한결   **7** ㉮   **8** (2) ○

문장 성분의 호응 관계 | 62~63쪽 | **활동 정리 ❶** 높임 **❷** 서술어 **❸** 서술어 **❹** 호응 **❺** 부정
9 (1) ㉮ (2) ㉯ (3) ㉯   **10** ㉯   **11** 기준   **12** ㉯
13 (3) ○   **14** (1) 예 행동이 아니라고 생각한다. (2) 예 들어 보지 못한 (3) 예 좋아하지 않는   **15** 예 '느꼈다'는 '느낀 점'이라는 주어에 맞는 서술어가 아니기 때문입니다.   **16** ①, ④

1 윤서와 동생이 장난치다가 동생이 울었고, 그 일로 윤서는 아버지께 혼났습니다.

2 윤서는 자신에게만 뭐라고 하시는 아버지를 이해할 수 없어서 화가 났습니다.

3 ㉠은 문장 성분의 호응이 바르지 않은 문장으로, '어제저녁'이라는 시간을 나타내는 말과 '밀려온다'라는 서술어가 어울리지 않습니다.

4 ㉡의 '별로'라는 말과 서술어가 어울리도록 고쳐 써야 합니다.

채점 tip 부정적인 서술어 또는 '안', '못'이 꾸며 주는 서술어로 문장 성분의 호응이 이루어지도록 알맞게 고쳐 썼으면 정답으로 합니다.

5 '서럽다'는 '분하고 억울하고 슬프다.'라는 뜻이므로, '분하고 슬펐니?'라고 바꾸어 쓸 수 있습니다.

6 윤서는 아버지와 동생이 사과를 해서 동생, 아버지와 함께 웃었고 마음이 녹아 버렸다고 했습니다.

7 '웃어 버렸다'에 대한 주어가 잘못되었으므로 '그만 나는 피식 웃어 버렸다'와 같이 고쳐 써야 합니다.

8 윤서는 글을 쓸 준비를 하는 단계에서 글을 읽을 사람, 글의 종류 등을 생각하고 있습니다.

9 문장 ❶은 주어와 서술어의 호응 관계가 알맞지 않고, 문장 ❷는 높임의 대상을 나타내는 말과 서술어의 호응 관계가 알맞지 않으며, 문장 ❸은 시간을 나타내는 말과 서술어의 호응 관계가 알맞지 않습니다.

10 문장 ❶은 주어와 서술어의 호응 관계가 알맞지 않으므로 주어와 서술어가 잘 어울릴 수 있도록 ㉯와 같이 고쳐야 합니다.

11 문장 ❷의 '얼른 밥을 다 먹고'는 '얼른 진지를 다 잡수시고'로 고쳐야 합니다.

12 '피해'는 '생명이나 신체, 재산, 명예 따위에 손해를 입음.'을 뜻합니다.

13 문장 ㉮~㉰는 '결코, 전혀, 별로'와 같은 낱말과 서술어가 어울리지 않기 때문에 잘못된 문장입니다.

14 각 문장의 빈칸에 '결코, 전혀, 별로'와 어울리는 서술어를 씁니다.

15 문장 ㉮가 '느꼈다'라는 서술어로 끝나면 '느낀 점은 ~ 느꼈다'가 되는데 '느꼈다'는 '느낀 점'이라는 주어에 맞는 서술어가 아닙니다.

채점 tip '느꼈다'가 문장의 주어에 맞는 서술어가 아니기 때문이라는 까닭을 알맞게 썼으면 정답으로 합니다.

16 ㉡은 '생각하지 않았다', ㉢은 '전혀 쉽지 않아서', ㉣은 '별로 읽지 않는 편이다'로 고쳐야 합니다.

BOOK ❶ 개념북

4 단원

64~65쪽 단원 평가 1회

1 ② **2** (3) ○ **3** ⑤ **4** 전혀 **5** 다 **6** (1) 나
(2) 다 (3) 가 **7** ③, ⑤ **8** ③ **9** ③ **10** ④

1 윤서는 용준이가 잘못했는데 자신만 야단맞아서 서러웠다고 했습니다.

2 ㉠은 높임의 대상을 나타내는 말과 서술어가 어울리지 않는 문장입니다.

3 '내일'과 호응하는 서술어는 '나갈 것이다'입니다.

4 '결코, 전혀, 별로'와 같은 낱말과 서술어가 어울리지 않기 때문에 잘못된 문장입니다.

5 '별로'와 같은 낱말은 '-지 않다, -지 못하다'와 같은 부정적인 서술어 또는 '안', '못'이 꾸며 주는 서술어와 호응합니다.

6 (1)은 인물 설명으로 글머리를 시작한 것이고, (2)는 의성어나 의태어로 글머리를 시작한 것입니다. (3)은 날씨 표현으로 글머리를 시작한 것입니다.

7 첫 번째 그림에서는 글자 크기가 작고 줄 간격이 좁아 읽기가 어려웠고, 두 번째 그림에서는 글 내용이 다른 책 내용과 비슷한 문제가 있었습니다.

8 다른 사람의 글을 그대로 베껴 쓰는 것은 저작권을 침해하는 일이므로 ③은 알맞지 않습니다.

9 '도저히'는 부정적인 서술어와 호응하므로 '나는 지호의 생각을 도저히 이해할 수 없다.'가 알맞습니다.

10 '결코'는 부정적인 서술어와 어울리므로 '포기하지 않겠다.'가 알맞습니다.

> **문법 문제 tip** 결코, '전혀', '그다지' 등은 부정적인 서술어와 호응하는 말입니다. 문장 성분의 호응 관계에 맞는 문장을 써야 뜻을 정확하게 전달할 수 있습니다.

66~68쪽 단원 평가 2회

1 ⑤ **2** 예 어제저녁에 방에서 컴퓨터를 하는데 졸음이 밀려왔다. **3** (2) ○ **4** (1) 나 (2) 가 **5** 경화
6 가 **7** 고쳐쓰기 **8** (2) ○ **9** ⑤ **10** 예 어제저녁 우리 가족은 함께 동네 공원으로 산책을 나갔다. **11** ③, ④, ⑤ **12** 범이, 현중 **13** (1) 예 별로 읽지 않는 편이다. (2) 예 '별로'는 '별로~ -지 않다'로 호응이 되어야 바른 문장이 된다. **14** (1) 나 (2) 다 **15** ③, ④

1 윤서는 동생이 잘못한 일인데 아버지께서 자신만 혼내셔서 서럽고 화가 나서 울었습니다.

2 '어제저녁에'라는 표현으로 보아 과거의 일이므로 '졸음이 밀려왔다'로 고쳐야 합니다.

> **채점 tip** 서술어를 과거 표현으로 고쳐 문장의 호응이 이루어지도록 썼으면 정답으로 합니다.

3 '별로'라는 말과 뒤의 서술어가 어울리지 않으므로 '어머니의 목소리가 별로 좋아 보이지 않았다.'와 같이 고쳐야 합니다.

4 ㉢에는 높임의 대상을 나타내는 말인 '아버지'와 서술어가 어울리지 않고, ㉣에는 '웃어 버렸다'에 대한 주어가 잘못되었습니다.

5 문장 성분의 호응이 이루어지도록 글을 쓰면 읽는 사람이 문장의 뜻을 바르게 이해할 수 있습니다.

6 ㉠은 '내용 조직하기'에 대한 설명이 들어가야 하므로 쓸 내용을 나누는 단계가 알맞습니다.

7 ㉡은 글을 고치는 단계이므로 '고쳐쓰기'가 들어가야 합니다.

8 윤서는 어떤 내용을 쓸지에 대해 생각하고 있으므로 '내용 생성하기', 즉 '쓸 내용을 떠올리는 단계'에서 생각한 것입니다.

9 문장 가에서 '돌아오는 것이라고 생각한다'를 '돌아오기 때문이다'라고 고쳐 써야 바른 문장이 됩니다.

10 문장 다는 '어제저녁'이라는 시간을 나타내는 말에 알맞게 서술어를 '나갔다'로 고치거나 '어제저녁'을 '지금'으로 고쳐 써야 합니다.

> **채점 tip** 서술어를 과거 표현으로 고치거나 '어제저녁'을 '지금'으로 고쳐 문장의 호응이 이루어지도록 썼으면 정답으로 합니다.

11 ③, ④, ⑤는 문장의 호응 관계가 알맞은 문장입니다.

12 문장 다의 '전혀'는 '-지 않다', '-지 못하다'와 같은 부정적인 서술어와 호응합니다.

13 ㉠을 문장의 호응 관계에 알맞게 바르게 고쳐 쓰고, 그렇게 고친 까닭도 함께 씁니다.

> **채점 tip** 부정적 서술어를 사용하여 바르게 고쳐 쓰고, '별로'는 부정적 서술어와 호응이 되어야 바른 문장이 된다는 까닭을 알맞게 썼으면 정답으로 합니다.

14 (1)은 상황 설명으로 시작한 글머리이고, (2)는 속담으로 시작한 글머리입니다.

15 글을 고쳐 쓸 때 ①은 글의 내용과 관련하여 생각할 점, ②, ⑤는 글의 표현과 관련하여 생각할 점입니다.

69쪽　수행 평가

1 예 소중하다는 것이다.　2 (1) 예 '결코'는 '-지 못하다', '-지 않다'라는 서술어와 호응합니다.　(2) 예 '전혀'라는 낱말에는 '-지 않다', '-지 못하다'와 같은 서술어가 호응합니다.　3 예 나는 결코 친구에게 나쁜 말을 하지 않았다. / 내 동생은 전혀 내 기분을 알지 못한다.

1 '느낀 점은'이라는 주어에 맞는 서술어는 '소중하다는 것이다'입니다.

2 '결코'와 '전혀'는 부정적인 서술어와 호응하기 때문이라는 내용을 썼으면 정답으로 합니다.

3 '결코', '전혀'와 호응하는 부정적인 서술어를 넣어 각각 짧은 글을 만들어 썼으면 정답으로 합니다.

채점 기준	잘함	'결코', '전혀'를 넣어 문장의 호응 관계에 알맞은 짧은 글을 각각 잘 썼습니다.
	보통	'결코', '전혀'를 넣어 문장의 호응 관계에 알맞은 짧은 글을 각각 썼지만 내용이 어색합니다.
	노력 요함	'결코', '전혀'를 넣어 짧은 글을 썼지만 문장의 호응 관계가 알맞지 않습니다.

[채점 키워드] '결코', '전혀'와 호응하는 부정적인 서술어: '-지 못하다', '-지 않다'

70쪽　쉬어가기

5. 여러 가지 매체 자료

72쪽　개념 확인 문제

1 ④　2 인터넷　3 (2) ○　4 (1) 분별　(2) 예의

1 인쇄 매체 자료에는 책과 잡지, 신문 등이 있으며 영화는 영상 매체 자료에 속합니다.

2 인터넷 매체 자료는 인쇄 매체 자료와 영상 매체 자료에서 사용하는 방식을 모두 사용합니다.

3 인쇄 매체 자료는 글과 그림, 사진 등으로 정보를 전달하기 때문에 이러한 시각 정보를 잘 살펴보아야 합니다.

4 인터넷 매체를 이용할 때에는 정보를 분별하는 능력이 있어야 하고, 다른 사람에게 예의를 갖춰야 합니다.

73쪽　어휘 · 문법 확인 문제

1 ④　2 (1) 반박　(2) 의심　3 (2) ○　4 모시고

1 매체는 '어떤 작용을 한쪽에서 다른 쪽으로 전달하는 물체, 또는 그런 수단.'을 뜻합니다.

2 (1)에는 '반박', (2)에는 '의심'이 들어가는 것이 알맞습니다.

3 (1)에서 '모함'은 '항공기나 잠수함 등의 이동 기지 역할을 하는 군함.'을 뜻합니다.

4 할아버지와 병원에 가셨다는 것이므로 할아버지를 높이기 위해 '모시고'라고 표현해야 합니다.

74~81쪽　교과서 독해

여러 가지 매체 자료 74쪽 활동 정리 ❶ 인쇄 ❷ 소리
1 신문　2 (2) ○　(3) ○　3 (2) ○　4 ①, ⑤
허준 75쪽 활동 정리 ❶ 화면 ❷ 표현
5 (1) ○　6 ⑤　7 뇌물　8 (1) 유도지　(2) 예 유도지가 사건을 일으키는 인물이라는 것을 나타내기 위해서입니다.　9 ⑤
영상 매체 자료를 보고 주요 내용 정리하기 76쪽
작품 정리 ❶ 글 ❷ 표현
10 예 인물이 한 일　11 ①　12 민기　13 예 이야기의 시작을 알립니다. 묵묵히 노력하는 인물의 모습이 더욱 강조됩니다.

마녀사냥 | 77~81쪽 | **작품 정리** ❶ 반박 ❷ 핑공 ❸ 비난
14 ④ **15** ③ **16** ⑤ **17** (1) 흑설 공주 (2) 자부심 **18** ⑤ **19** ⑤ **20** (1) 민서영 (2) ⓐ 흑설 공주가 근거도 없이 얼토당토않은 글을 올리지는 않았을 것입니다. **21** (2) ○ **22** ③, ④ **23** ④ **24** (1) ○ **25** 동욱 **26** ③ **27** (3) × **28** ④ **29** 주민 **30** ㉰ **31** ④, ⑤ **32** (먹이를 문) 사자
33 ⓐ 뜻이 다른 사람을 따돌리는 현상을 '마녀사냥'이라고 하듯이 이야기에서도 부정확한 내용을 근거로 누군가를 공격하는 현상을 다루었기 때문입니다.

1 민준이가 읽은 매체 자료 ㉮는 신문입니다.

2 ㉯에서 민준이가 본 매체 자료는 텔레비전 영상으로, 장면과 어우러지는 음악이나 연출 기법의 의미를 생각하며 읽어야 합니다.

3 ㉰에서 휴대 전화 문자 메시지를 잘 이해하려면 사진과 동영상을 함께 보며 읽어야 합니다.

4 책과 잡지와 신문은 인쇄 매체 자료, 영화와 연속극은 영상 매체 자료, 누리 소통망[SNS]과 휴대 전화 문자 메시지는 인터넷 매체 자료에 속합니다.

5 허준이 밤새도록 마을 사람들을 치료하는 장면에는 비장한 느낌의 음악이 어울립니다.

6 피곤해도 절대 무너지면 안 된다고 다짐하는 허준의 생각을 표현하려고 허준의 속마음을 혼잣말로 그대로 들려주었습니다.

7 '공적인 책임이 있는 사람에게 자기를 이롭게 해 달라고 주는 돈이나 물건.'을 뜻하는 '뇌물'이 들어가는 것이 알맞습니다.

8 ㉯의 장면 ❶은 유도지가 뇌물을 주는 장면을 담고 있으므로, 사건을 일으키는 인물이라는 것을 나타내기 위해서 카메라가 유도지를 가까이 다가가 보여 줍니다.
채점 tip 카메라가 가까이 보여 준 인물과 그 까닭을 모두 알맞게 썼으면 정답으로 합니다.

9 뇌물을 주고받는 일이 옳지 못하다는 것을 나타내기 위해서 인물이 놀라는 모습에 긴장감이 느껴지는 배경 음악을 사용했습니다.

10 '인물 소개하기'를 할 때는 알리려는 인물의 어떤 점을 소개할 것인지 먼저 정하고 그 점을 중심으로 조사해야 합니다.

11 김득신은 뛰어난 재능이나 두뇌를 갖지는 못했지만 포기하지 않고 꾸준히 노력했습니다.

12 김득신의 삶에서 본받을 점을 생각해 봅니다. 김득신은 꾸준히 노력해서 자신의 한계를 극복했습니다.

13 도입부에 잔잔하고 차분한 느낌의 음악으로 이야기의 시작을 알리고, 아련한 느낌의 음악으로 묵묵히 노력하는 인물의 모습이 더욱 강조됩니다.
채점 tip 음악이 이야기의 시작을 알리고, 묵묵히 노력하는 인물의 모습을 강조한다는 내용을 정리하여 썼으면 정답으로 합니다.

14 인물들은 '핑공 카페'라는 인터넷 카페에서 글을 올리고 댓글을 달며 이야기를 나누는 것입니다.

15 '반박'은 '어떤 의견, 주장 따위에 반대하여 말함.'이라는 뜻이므로 '반론'과 바꾸어 쓸 수 있습니다.

16 흑설 공주가 핑공 카페에 민서영과 관련한 거짓 글을 올리자 민서영이 자기 입장을 밝히는 글을 올렸습니다.

17 민서영은 흑설 공주에 대한 분노, 엄마 아빠에 대한 자부심과 사랑, 그리고 흑설 공주의 글이 모두 사실이 아니라는 것을 당당하게 밝혔습니다.

18 은하수는 본인이 사실이 아니라는데 거짓 글을 실은 흑설 공주가 너무 심하다는 의견을 썼습니다.

19 기쁜 나무는 사실이라고 해도 인터넷에 남의 사생활을 퍼뜨리는 것은 나쁜 짓이라고 했습니다.

20 허수아비는 흑설 공주가 근거도 없이 얼토당토않은 글을 올리지는 않았을 것이라며 민서영이 거짓말을 하고 있는 것 같다고 했습니다.
채점 tip (1)과 (2)의 내용을 모두 알맞게 썼으면 정답으로 합니다.

21 민서영이 올린 글을 읽은 아이들은 흑설 공주와 민서영 중 누구의 말이 진실인지 알지 못하기 때문에 의견이 서로 달랐습니다.

22 민주는 아무것도 아닌 일에 휘말려 마치 그물 속의 물고기처럼 허우적거리고 있는 서영이가 생각할수록 딱하고 가여웠습니다.

23 '숨을 죽인다'는 긴장하여 집중한다는 뜻입니다.

24 서영이는 흑설 공주의 글이 사실이 아니라는 증거 두 가지를 올리며 사진을 참조하라고 했습니다.

25 이 글은 흑설 공주가 한 인터넷 카페에 민서영에 관한 거짓 글을 올리며 일어난 일에 대한 이야기입니다.

26 서영이는 거짓 글로 계속해서 자신을 공격하는 흑설

공주가 밉고, 속상했을 것입니다.

27 서영이가 핑공 카페에 증거 사진을 올리자 서영이를 응원하는 댓글과 흑설 공주를 비난하는 댓글이 수없이 올라와 있었습니다.

28 허수아비는 아무리 얼굴과 이름을 숨기고 자기 생각을 마음대로 실을 수 있는 인터넷 세상이지만, 최소한의 예의는 지켜야 한다고 했습니다.

29 현실에도 사실이 아닌 정보를 사실인 양 잘못된 정보를 퍼뜨려 다른 사람을 곤란하게 하거나, 그 사람을 괴롭히기 위해 일부러 사실이 아닌 내용을 퍼뜨리는 일이 있습니다.

30 ㉠은 민서영이 글을 읽는 사람들에게 증명되지 않은 내용으로 거짓을 말하고 있다는 뜻에서 쓴 말로, '사람을 어리석게 보고 함부로 대하거나 웃음거리로 만듦.'이라는 뜻을 담고 있습니다.

31 흑설 공주는 민서영이 교묘한 잔꾀로 모두를 속이려 하고 있고, 글과 함께 올린 사진이 민서영의 아빠, 엄마라는 것을 증명할 수 없다고 썼습니다.

32 흑설 공주는 마치 먹이를 문 사자처럼 좀처럼 서영이를 잡고 놓아주지 않았다고 하였습니다.

33 '마녀사냥'의 뜻과 글의 내용을 떠올려 글의 제목이 「마녀사냥」인 까닭을 생각해 봅니다.

채점 tip 마녀사냥의 뜻과 이야기의 내용을 연관 지어 제목을 「마녀사냥」이라고 지은 까닭을 알맞게 썼으면 정답으로 합니다.

82~83쪽 **단원 평가 ❶회**

1 ①, ⑤ 2 ② 3 (3) ○ 4 ② 5 ㉰ 6 ④
7 ⑤ 8 ②, ③ 9 말씀하셨다 10 ⑤

1 민준이가 보는 인쇄 매체 자료는 전하려는 내용을 글과 사진으로 표현합니다.

2 민준이가 보는 매체 자료는 신문입니다. 이와 성격이 비슷한 인쇄 매체 자료는 잡지입니다.

3 인터넷 매체 자료는 글과 그림, 사진이 주는 시각 정보를 잘 살펴볼 뿐만 아니라 화면 구성과 소리에 담긴 정보도 탐색해야 합니다.

4 허준은 아픈 사람들을 치료하는 의원입니다.

5 장면 ❶을 영상으로 연출하기 위해서는 비장한 음악

이 어울리고, 치료 장면을 연달아 보여 주는 것이 알맞습니다.

6 서영이가 올린 글을 읽은 친구들은 저마다 다른 의견을 댓글로 달아 놓았습니다.

7 기쁜 나무는 사실이라 해도 인터넷에 남의 사생활을 퍼뜨리는 것은 나쁜 짓이라고 하였습니다.

8 인터넷 매체를 바르게 이용하기 위해서는 정보를 분별하고, 다른 사람에게 예의를 갖추어야 합니다.

9 '선생님'을 높이기 위해 '말하였다'는 '말씀하셨다'로 고쳐야 합니다.

10 ⑤는 '할아버지'를 높이는 높임 표현을 사용해야 하므로 '밥을 먹었는지'가 아닌 '진지를 잡수셨는지'라고 표현해야 합니다.

문법 문제 tip 높임 표현에는 문장의 주어를 높이는 '주체 높임법'과 문장의 목적이나 부사어가 지시하는 대상을 높이는 '객체 높임법', 말하는 이가 듣는 이에 따라 말을 높이거나 낮춰 표현하는 '상대 높임법'이 있습니다.

84~86쪽 **단원 평가 ❷회**

1 ①, ③ 2 ㉰ 3 예 우포늪을 더 구체적으로 설명하기 위해서입니다. 4 (1) 예 잡지 (2) 예 영화 (3) 예 누리 소통망[SNS] 5 지민 6 (3) ○ 7 예 뇌물을 주고받는 일이 옳지 못하다는 것을 나타내기 위해서입니다. 8 ㉰ 9 ② 10 (1) × 11 (3) ○
12 ①, ②, ④ 13 ① 14 ㉰ 15 예 인터넷 매체에서도 대화 예절을 지켜야 한다.

1 ㉮~㉰에서 민준이는 신문과 텔레비전 영상물, 휴대 전화 문자 메시지를 읽거나 보았습니다.

2 민준이가 문자 메시지 내용을 잘 이해하려면 메시지 속 사진과 동영상을 함께 보아야 합니다.

3 사진이 있으면 보는 사람들의 관심을 잘 이끌어 낼 수 있고, 우포늪을 구체적으로 설명할 수 있습니다.

채점 tip 인쇄 매체에 글만 있는 것보다 사진이 함께 있어 좋은 점을 알맞게 썼으면 정답으로 합니다.

4 인쇄 매체 자료와 영상 매체 자료, 인터넷 매체 자료에 무엇이 있는지 떠올려 씁니다. 인쇄 매체 자료에는 책, 잡지 등이 있고, 영상 매체 자료에는 영화, 연속극 등이 있으며, 인터넷 매체 자료에는 누리 소통망 등이 있습니다.

BOOK ❶ 개념북

5
단원

5 인쇄 매체 자료는 글과 그림, 사진이 주는 시각 정보를 잘 살펴보아야 합니다. 누리 소통망은 인쇄 매체 자료가 아닙니다.

6 유도지가 사건을 일으키는 인물이라는 것을 나타내기 위해서 카메라가 유도지 쪽으로 다가갔습니다.

7 뇌물을 주고받는 일이 옳지 못하다는 것을 나타내기 위해서 인물이 놀라는 모습에 긴장감이 느껴지는 배경 음악을 사용했습니다.

채점 tip 뇌물을 주고받는 일이 옳지 못하다는 것을 나타내기 위해서라는 까닭을 알맞게 썼으면 정답으로 합니다.

8 매체 자료에서 주로 활용되는 표현 방법을 알고 매체 자료를 감상하면 내용을 더 깊이 있게 이해할 수 있습니다.

9 김득신은 재주가 남보다 못했지만 꾸준히 노력해서 자신의 한계를 극복했습니다.

10 꾸준히 노력해서 한계를 극복한 김득신의 삶을 돌아보는 느낌을 주기에 알맞은 음악은 고요하거나 평화로운 느낌의 음악입니다.

11 민주는 혹시 서영이가 무슨 반박 글을 올리지 않을까 해서 날마다 핑공 카페를 들여다보았습니다.

12 서영이는 흑설 공주에 대한 분노, 엄마 아빠에 대한 자부심과 사랑과 함께 흑설 공주의 글이 모두 사실이 아니라는 것을 당당하게 밝힌 글을 올렸습니다.

13 글 ❶에서 흑설 공주가 증거를 내놓으라고 하자, 글 ❷에서 민서영이 증거 두 가지를 들어 글을 썼습니다.

14 이 글에서 흑설 공주는 민서영을 괴롭히기 위해 사실이 아닌 내용을 인터넷 카페에 올렸습니다.

15 이 글은 자신의 정체를 감추고 부정확한 내용으로 누군가를 공격하는 현상을 통해 인터넷 예절의 중요성을 보여 주며, 사람을 대하는 예의에 대해 깊이 있게 다루고 있습니다.

채점 tip 인터넷 대화 예절을 지켜야 한다는 주제를 알맞게 썼으면 정답으로 합니다.

87쪽 수행 평가

1 ⓓ 핑공 카페에 서영이를 응원하는 댓글과 흑설 공주를 비난하는 댓글이 많이 올라왔습니다. **2 ⓓ** 흑설 공주와 민서영의 싸움을 구경하기 위해서입니다.

3 ⓓ 친구들은 자기 일이 아닌데 지나친 관심을 가집니다. 관심을 가지는 것이 나쁘지는 않지만 적절하지 않은 근거로 판단하려는 것은 옳지 않다고 생각합니다. 적절한 근거가 무엇인지 판단하는 능력이 필요합니다.

1 서영이가 아빠, 엄마의 사진을 올리자 서영이를 응원하는 댓글과 흑설 공주를 비난하는 댓글이 수없이 올라왔습니다.

2 핑공 카페는 점점 더 흑설 공주와 민서영의 싸움을 구경하려는 구경꾼들로 가득 찼습니다.

3 인터넷 매체를 이용하는 이야기 속 친구들의 태도에 대한 생각이나 느낌을 씁니다. 이와 관련한 인터넷 매체를 이용하는 올바른 방법에 대해 써도 정답으로 합니다.

채점 기준	잘함	핑공 카페 가입자들에 대한 생각이나 느낌, 인터넷 대화 예절에 대한 바람 등을 알맞게 잘 썼습니다.
	보통	핑공 카페 가입자들에 대한 생각이나 바람 등을 썼지만 내용이 구체적이지 않습니다.
	노력 요함	핑공 카페 가입자들에 대한 생각이나 바람이 아닌 다른 내용을 썼습니다.

[채점 키워드] 인터넷 매체를 이용하는 올바른 태도와 방법: 정보를 분별하는 능력이 있어야 함, 다른 사람에게 예의를 갖춰야 함.

88쪽 쉬어가기

6. 타당성을 생각하며 토론해요

90쪽 **개념 확인 문제**

1 (2) ◯　**2** ㉮, ㉯, ㉰　**3** 주장 펼치기　**4** ㉯

1 (1)은 일상생활에서 '토의'를 해야 할 경우입니다.

2 ㉰는 면담 자료를 평가하기 위한 질문으로 알맞습니다.

3 찬성편과 반대편이 주장과 근거를 제시하는 것은 토론의 절차 중 '주장 펼치기'의 단계입니다.

4 자기편 주장을 요약하고, 상대편에서 제기한 반론이 타당하지 않음을 지적하며, 자기편 주장의 장점을 정리하는 것은 토론의 절차 중 '주장 다지기'입니다.

91쪽 **어휘·문법 확인 문제**

1 근거　**2** (1) 반론 (2) 대안　**3** (3) ◯　**4** 안

1 '어떤 주장이나 의견이 옳음을 뒷받침하는 까닭.'은 '근거'의 뜻입니다.

2 (1)은 '반론', (2)는 '대안'이 들어가는 것이 알맞습니다.

3 '거슬러 주거나 받는 돈.'인 '거스름돈' 대신 쓸 수 있는 낱말은 '잔돈'입니다.

4 제시된 문장은 주어의 의지로 신발을 사지 않은 것이므로 어울리는 부정 표현은 '안'입니다.

92~97쪽 **교과서 독해**

일상생활에서 토론이 필요한 경우 | 92쪽

활동 정리 ❶ 문제 **❷** 근거

1 ③, ④　**2** 연석　**3** (1) ㉮ (2) ㉯

유행에 따라 희망 직업을 바꾼다면 | 93쪽

글의 구조 ❶ 유행 **❷** 적성

4 (3) ◯　**5** ③　**6** ②　**7** (1) ❸ (2) 예 해당 분야 전문가의 말이기 때문입니다.

민재네 반에서 한 토론 | 94~96쪽 **활동 정리 ❶** 주장 **❷** 요약

8 (1) ㉯ (2) ㉮　**9** ③　**10** (1) 예 학급 임원은 반드시 필요합니다. (2) 예 선생님과 학급 친구들의 소통을 도울 사람이 필요하기 때문입니다. **11** 근거

12 ㉯　**13** ②, ⑤　**14** (3) ◯　**15** ③　**16** ㉮, ㉯

17 공정한　**18** 예 한두 사람을 선출하는 것이 아니

라 여러 사람이 돌아가며 공평하게 학급 임원을 한다는 점에서 타당성을 높여 줍니다.　**19** ㉰

기계를 더 믿어요 | 97쪽 **작품 정리 ❶** 거스름돈 **❷** 현금

20 부정적　**21** ③　**22** (3) ◯　**23** 예 시의 주제를 잘못 이해하여 토론 주제에 맞지 않는 의견을 말하였기 때문입니다.

1 그림 ㉮에서 친구들은 학교 앞에 불법 주차를 한 차가 많고 차가 너무 빨리 달린다는 문제를 이야기했습니다.

2 수호는 토의가 필요한 경우를 말했습니다.

3 ❶에서 민규는 알맞은 근거를 들어 자신의 의견을 말했고, ❷에서는 자신의 의견을 주장하려고 세연이의 기분을 상하게 했습니다.

4 글쓴이는 직업의 선택은 유행이 아니라 자신의 적성이나 흥미, 특기를 고려해서 이루어져야 한다는 주장을 하고 있습니다.

5 글쓴이는 자신의 주장을 뒷받침하려고 면담 자료를 사용했습니다.

6 '어떤 일을 이루거나 얻고자 하는 마음.'을 뜻하는 낱말은 '희망'입니다.

7 자신의 꿈이 연예인으로 바뀌었다고 하는 학생과의 면담 자료와 직업 평론가를 면담한 자료 중에 더 믿을 만한 근거 자료는 무엇일지 생각합니다.

채점 tip (1)에는 글 ❸의 기호를 쓰고, (2)에는 해당 분야 전문가의 말이기 때문이라는 까닭을 썼으면 정답으로 합니다.

8 반대편에서는 학급 임원을 뽑는 기준이 올바르다고 보기 어렵다는 근거를, 찬성편에서는 학생 대표가 학교생활에 많은 역할을 한다는 근거를 제시했습니다.

9 반대편은 근거를 뒷받침하는 자료로 한 매체에서 실시한 설문 조사 결과를 자료로 제시하였습니다.

10 "학급 임원은 반드시 필요하다."라는 주제에 대해 찬성하는지 반대하는지 자신의 입장을 정하고, 그 주장에 알맞은 근거를 씁니다.

채점 tip 토론 주제에 대한 주장을 정하여 쓰고, 주장을 뒷받침할 만한 근거를 알맞게 썼으면 정답으로 합니다.

11 '주장 펼치기'에서는 근거를 들어 주장을 펼치고, 근거와 관련해 구체적인 자료를 제시해야 합니다.

12 글 ❸은 토론의 절차인 '주장 펼치기 → 반론하기 → 주장 다지기' 중에 '반론하기'에 해당합니다.

13 반대편은 찬성편에게 "누구나 학급을 위해 봉사할 수 있다."와 "요즘은 기술이 발달해서 여러 사람이 동시에 회의에 참여할 수 있다."라는 반론을 펼쳤습니다.

14 반대편은 찬성편이 제시한 근거가 타당하지 않음을 지적하기 위해서 질문을 했습니다.

15 '본받아 배울 만한 것.'을 뜻하는 낱말은 '모범적'입니다.

16 ㉰는 반대편이 자신의 주장을 다지려고 덧붙인 설명입니다.

17 '공정하다'는 '공평하고 올바르다.'라는 뜻이고, '예정하다'는 '앞으로 일어날 일이나 해야 할 일을 미리 정하거나 생각하다.'라는 뜻입니다.

18 반대편이 덧붙인 설명은 여러 사람이 공평하게 학급 임원을 한다는 점에서 타당성을 높여 줍니다.

채점 tip 반대편 주장에 대한 근거가 타당한지 판단하여 알맞게 썼으면 정답으로 합니다.

19 주장 다지기에서는 자기편의 주장을 요약하고, 장점을 정리하며, 상대편에서 제기한 반론이 타당하지 않음을 지적합니다.

20 3연에서 말하는 이가 "고모도 참"이라고 한 것으로 보아 부정적으로 생각하고 있음을 알 수 있습니다.

21 말하는 이가 고모의 행동을 보고 문제라고 생각한 것이 무엇인지 떠올려 봅니다.

22 이 시는 사람보다 기계를 더 믿는 현실을 비판하는 입장이므로 ⑶과 같은 토론 주제가 어울립니다.

23 여자아이는 토론 주제에 맞지 않는 의견을 말하였습니다.

채점 tip 토론 주제에 맞지 않는 의견을 말하였다는 내용을 정리하여 썼으면 정답으로 합니다.

98~99쪽	단원 평가 ❶회

1 ④   **2** ②, ③, ⑤   **3** ⑵ ◯   **4** ④   **5** ⑴ ㉰ ⑵ ㉮ ⑶ ㉰   **6** ⑶ ◯   **7** ④   **8** 영호, 진수   **9** ⑴ 안 ⑵ 못   **10** 예 친구와 다투지 말아라.

1 설문 조사 자료를 평가할 때는 출처가 정확하고 믿을 만한지, 조사 범위가 적절한지, 자료가 주장을 뒷받침하기에 적절한지 등을 확인해야 합니다.

2 글쓴이는 직업의 선택이 유행이 아니라 자신의 적성, 흥미, 특기를 고려해 이루어져야 한다고 주장했습니다.

3 제시된 글은 초등학생의 희망 직업에 대한 내용이므로 학부모가 자녀에게 희망하는 직업에 관한 자료는 근거 자료로 적절하지 않습니다.

4 사회자가 지금까지 "학급 임원은 반드시 필요하다."라는 주제로 토론을 진행했다고 말했습니다.

5 ㉠은 주장, ㉡은 근거, ㉢은 설명이나 뒷받침 자료입니다.

6 자기편의 주장과 근거를 강조하고 상대편의 반론이 타당하지 않음을 밝히는 주장 다지기 단계입니다.

7 이 시에서 고모는 시장에서 아주머니가 돌려주는 거스름돈은 꼭 세어 보지만, 은행에서 현금 지급기가 내미는 돈은 세어 보지도 않고 지갑에 넣는다고 했습니다.

8 이 시에서 고모는 사람보다 기계를 더 믿는 모습을 보여 줍니다. 영호와 진수가 이와 비슷한 경험을 말했습니다.

9 ⑴은 책을 읽을 수 있는 능력은 되지만 자신의 의지로 책을 읽지 않은 경우이고, ⑵는 돈이 없어서 어쩔 수 없이 옷을 사지 못하는 경우입니다.

10 명령문에서는 '-지 말-'의 형태를 사용해 부정 표현을 합니다.

100~102쪽	단원 평가 ❷회

1 ③   **2** 예 학교 운동장을 외부인에게 개방하지 말자.   **3** ③   **4** 착한 사람이 되겠습니다.   **5** ③, ⑤   **6** 연예인   **7** ①   **8** 예 근거 자료로 활용할 수 없습니다. 출처와 조사 시기, 조사 대상을 알 수 없으므로 믿을 수 있는 자료라고 보기 어렵습니다.   **9** ⑴ 직업 평론가 ⑵ 직업   **10** ③, ④   **11** 예 학급 임원이 반드시 필요하지는 않습니다.   **12** ⑵ ✕   **13** ㉰   **14** ③   **15** ⑴ 질문 ⑵ 자료

1 학교 운동장을 외부인에게 개방해서 운동장에 쓰레기가 많아진 문제가 나타나 있습니다.

2 문제 상황과 어울리는 토론 주제를 생각해 봅니다.

채점 tip 학교 운동장 개방 문제에 대한 토론 주제를 알맞게 썼으면 정답으로 합니다.

3 어떤 문제에 대해 찬성편과 반대편으로 나뉘어 상대를 설득하기 위한 말하기를 '토론'이라고 합니다.

4 세연이는 "착한 사람이 되겠습니다."라는 인사말이 어색하다고 했습니다.

5 ①, ②, ④는 민규가 그림 ㉯와 같이 대답했을 때 이어질 대화의 모습으로 알맞습니다.

6 반 친구들이 가장 많이 선택한 희망 직업 항목은 '연예인'으로 반 전체 32명 중 9명이 선택했습니다.

7 글 ㉮에 제시된 설문 조사 자료는 조사 범위가 좁아서 모든 학생의 희망 직업을 대표한다고 보기 어렵습니다.

8 근거 자료를 평가할 때는 자료가 믿을 만한지, 출처가 정확한지, 주장을 뒷받침하기에 적절한지 등을 살펴보아야 합니다.
채점 tip 출처, 조사 시기, 조사 대상이 분명하지 않아 근거 자료로 활용할 수 없다는 내용을 정리하여 썼으면 정답으로 합니다.

9 글 ㉯에서는 '직업 평론가 ○○○ 씨'를 면담하였고, '자신이 원하는 일이 무엇인지 모르며 사회에 어떤 다양한 직업이 있는지 알아보려고 하지 않는 사실이 문제'라는 것이 면담의 주요 내용입니다.

10 면담 자료를 평가할 때는 자료가 주장을 잘 뒷받침하는지, 해당 분야 전문가를 면담한 것인지 등을 따져 보아야 합니다.

11 글 ㉮에서 반대편은 학급 임원 제도는 반드시 필요하다고 할 수 없다고 주장했습니다.
채점 tip 학급 임원이 반드시 필요하지는 않다는 내용을 썼으면 정답으로 합니다.

12 반대편은 근거 자료로 한 매체에서 실시한 설문 조사 자료를 제시하며 주장을 펼쳤습니다.

13 글 ㉯에서 찬성편은 반대편에서 제시한 설문 조사 결과는 다른 학교에서 조사한 결과로, 우리 학교의 상황과 반드시 같다고 볼 수 없다고 했습니다.

14 반대편은 찬성편이 제기한 반론을 반박하려고 우리 학교 선생님을 면담한 결과를 보여 주겠다고 했습니다.

15 글 ㉯는 토론 절차 중 '반론하기'에 해당합니다. 토론에서 반론하는 방법을 생각해 봅니다.

103쪽 수행 평가

1 예 사람보다 기계를 더 믿기 때문입니다. **2** 예 '인공 지능 시대에 사람의 가치는 낮아질 것인가?'라는 주제에 대해 토론을 하고 싶습니다. **3** 예 저는

인공 지능 시대라도 사람의 가치는 낮아지지 않을 것이라고 생각합니다. 기술이 아무리 발전하더라도 기계가 사람을 완전히 대체할 수는 없기 때문입니다. 또한 인공 지능은 사람이 만드는 것이므로 인간의 삶을 유용하게 만드는 도구일 뿐입니다. 따라서 사람의 가치는 낮아지지 않을 것이라고 생각합니다.

1 시를 읽고 인물이 그렇게 행동한 이유를 짐작해 써 봅니다. 이 시에서 고모는 사람보다 기계를 더 믿는 모습을 보이고 있습니다.

2 시의 내용과 관련된 토론 주제를 찾아봅니다.

3 토론 주제에 대한 자신의 주장을 정해 쓰고, 그 의견에 대한 타당한 근거를 정리합니다.

채점 기준		
	잘함	토론 주제에 대한 자신의 의견을 정확히 밝히고, 이를 뒷받침할 수 있는 근거를 제시했습니다.
	보통	토론 주제에 대한 자신의 의견을 정확히 밝혔지만, 이를 뒷받침할 수 있는 근거를 제시하지 못했습니다.
	노력 요함	토론 주제에 대한 자신의 의견을 정확히 밝히지 못하고, 이를 뒷받침할 수 있는 근거도 제시하지 못했습니다.

[채점 키워드] 독서 토론 하기: 독서 토론을 할 주제를 정하고 자신의 주장에 알맞은 근거를 들어야 함.

104쪽 쉬어가기

BOOK ❶ 개념북

6 단원

7. 중요한 내용을 요약해요

106쪽 개념 확인 문제

1 ㉮ **2** (2) ○ (3) ○ **3** (1) 순서 (2) 나열

1 낱말의 뜻을 짐작하며 글을 읽으면 글의 내용을 제대로 이해할 수 있습니다.

2 낱말이 몇 글자인지는 낱말의 뜻과 관련이 없습니다.

3 시간이나 공간의 순서에 따라 설명하는 글의 구조는 '순서 구조'이고, 주제에 대해 몇 가지 특징을 늘어놓는 글의 구조는 '나열 구조'입니다.

107쪽 어휘·문법 확인 문제

1 요약 **2** (2) ○ **3** (1) 걸림돌 (2) 상심 **4** (1) 예
어여쁘다 (2) 예 밉다

1 '말이나 글에서 중요한 내용만을 뽑아 간추림.'은 '요약'의 뜻입니다.

2 '늘어선 모습이 나란하다.'의 뜻을 가진 말은 '평행하다'입니다.

3 (1)은 '걸림돌', (2)는 '상심'이 들어가는 것이 알맞습니다.

4 '어여쁘다'는 '예쁘다'와 뜻이 비슷하므로 유의어이고, '밉다'는 '예쁘다'와 뜻이 반대되므로 반의어입니다.

108~115쪽 교과서 독해

내 귀는 건강한가요 | 108쪽 | 글의 구조 ❶ 음향 ❷ 건조
1 ②, ③, ④ **2** (3) ○ **3** 예 엉뚱한 **4** ⑤
존경합니다, 선생님 | 109~112쪽 | 작품 정리 ❶ 글쓰기 ❷
슐로스
5 ③ **6** 예 손자가 따뜻하게 겨울을 보내기 바라며 털실로 목도리를 짜는 할머니의 행동입니다. **7** ②
8 ② **9** ② **10** ① **11** ④, ⑤ **12** 예 겉으로 보기에는 깐깐해 보이지만 자신이 가르친 학생을 위해 학비까지 손수 마련해 줄 정도로 마음이 따뜻합니다. **13** ② **14** ③ **15** ⑤ **16** (3) ○ **17** ②
18 에이(A) **19** ⑤ **20** 예 깜깜한 바다를 밝혀 주는 등대처럼 퍼트리샤의 삶을 밝혀 주는 스승입니다.

식물의 잎차례 | 113쪽 | 글의 구조 ❶ 어긋나게
21 ④, ⑤ **22** 어긋나기 **23** (1) 마주나기 (2) 돌려나기 **24** 예 글의 중요한 내용을 한눈에 파악할 수 있어 글의 핵심 내용을 잘 이해할 수 있습니다.
한지돌이 | 114~115쪽 | 글의 구조 ❶ 순서 ❷ 나열
25 ⑤ **26** (1) 닥나무 (2) 겉껍질 (3) 속껍질 **27** 붉은색 **28** (1) ○ **29** ③, ⑤ **30** 나래 **31** 예 한지로 만든 꽃을 본 적이 있습니다. **32** (1) 쓰임새 (2) 생활용품 (3) 놀이용품

1 이 글의 마지막 문단에 귀를 건강하게 하는 방법이 나타나 있습니다.

2 말을 제대로 알아듣지 못한다는 글의 내용으로 보아, 귀가 어둡다는 것은 귀가 잘 들리지 않는다는 뜻으로 짐작할 수 있습니다.

3 '뜬금없는'은 '갑작스럽고도 엉뚱한.'이라는 뜻으로 '황당한', '엉뚱한' 등으로 바꾸어 쓸 수 있습니다.

4 민찬이와 같이 뜻을 모르는 낱말이 있을 때 그냥 넘어가면 낱말의 뜻을 제대로 짐작하지 못해서 글의 내용을 잘 이해할 수 없습니다.

5 첫 번째 과제는 수필로, 켈러 선생님께서는 자신이 놀라 까무러칠 정도로 재미있는 글을 써 오라고 하셨습니다.

6 '사랑'이라는 낱말이 전해 주는 감정이 어떠한 것인지 느끼며 사랑의 뜻을 설명하는 문장을 생각해 써 봅니다.

채점 tip '사랑'이라는 낱말을 넣지 않고 사랑의 뜻을 설명하는 문장을 알맞게 썼으면 정답으로 합니다.

7 퍼트리샤는 첫 번째 과제를 잘하고 싶은 마음이 크지만 매우 걱정스럽습니다.

8 퍼트리샤의 첫 번째 글을 들은 켈러 선생님께서는 퍼트리샤의 예상과는 달리 숨소리가 점점 거칠어졌다고 했습니다.

9 슐로스 할아버지의 아들은 미국 최고의 권위를 자랑하는 보도 부문 퓰리처상을 받았다고 했습니다.

10 켈러 선생님이 직접 나서서 도와주었다는 뜻이기 때문에 '직접'과 바꾸어 쓸 수 있습니다. 낱말을 문장에 넣어 보고 뜻이 통하는지 살펴보면 바꾸어 쓸 수 있는 낱말을 찾을 수 있습니다.

11 슐로스 할아버지는 켈러 선생님이 자신의 아들에게 글쓰기를 가르쳤을 뿐만 아니라, 학비까지 손수 마련해서 대학교에 다닐 수 있도록 주선해 주어서 감사하지 않을 수 없다고 했습니다.

12 켈러 선생님이 슐로스 할아버지의 아들이 대학교에 다닐 수 있도록 한 일 등을 바탕으로 하여 성격을 짐작해 써 봅니다.

> **채점 tip** 슐로스 할아버지의 이야기를 바탕으로 켈러 선생님의 따뜻한 마음을 짐작하여 썼으면 정답으로 합니다.

13 퍼트리샤는 슐로스 할아버지가 돌아가셔서 엄마와 함께 슐로스 할아버지의 집을 방문했습니다.

14 퍼트리샤는 슐로스 할아버지가 돌아가셔서 북받쳐 오르는 눈물을 그칠 수가 없을 만큼 슬펐습니다.

15 '꼴 보기 싫다.'라는 표현에서 하늘을 싫어하는 마음이 느껴지기 때문에 '꼴'의 뜻을 어떤 사물의 모양이나 사람의 모양새를 낮잡아 이르는 말로 짐작할 수 있습니다.

16 ㉡에서 '들떠'는 '마음이나 분위기가 가라앉지 아니하고 조금 흥분되다.'의 뜻으로 쓰였습니다.

17 켈러 선생님은 퍼트리샤의 기말 과제를 읽고 채점 기준만 고집할 수 없을 정도로 낱말에 날개가 달려 있다고 적어 주셨습니다.

18 켈러 선생님께서는 퍼트리샤에게 글쓰기반 최초로 에이(A) 점수를 주셨습니다.

19 '유의어'의 뜻은 '소리는 서로 다르지만 뜻이 거의 같거나 비슷한 말.'입니다.

20 글 ⑦에서 켈러 선생님과 슐로스 할아버지에 대한 퍼트리샤의 마음을 느낄 수 있습니다.

> **채점 tip** 생각만으로도 가슴이 벅찰 만큼 존경하고 사랑하는 느낌이 드러나도록 알맞게 썼으면 정답으로 합니다.

21 식물이 특별한 기술을 바탕으로 잎을 피우는 이유는 햇빛과 그림자 문제 때문이라고 했습니다.

22 줄기 마디마다 잎을 한 장씩 피우되 서로 어긋나게 피우는 방법을 '어긋나기'라고 합니다.

23 ㉠『 』부분의 중심 낱말을 찾아봅니다.

24 생각 그물을 활용해 요약하면 글의 핵심 내용을 잘 이해할 수 있습니다.

> **채점 tip** 중요한 내용을 한눈에 파악하여 글의 핵심 내용을 잘 이해할 수 있다는 내용을 썼으면 정답으로 합니다.

25 한지가 만들어지는 과정을 설명하였습니다.

26 글 ❷의 첫 번째 문단에서 한지를 만드는 첫 번째 과정을 알 수 있습니다.

27 한지를 잇꽃으로 물들이면 붉은 한지가 됩니다.

28 글 ❷는 한지가 만들어지는 과정을 시간 순서대로 설명한 부분이므로, '순서 구조'를 이용해 요약합니다.

29 한지는 가볍고 부드러우면서도 질겨서 천년이 가도 변하지 않아, 보기 좋게 글씨를 쓰고 아름다운 그림을 그리는 데 좋다고 했습니다.

30 '반짇고리'는 '바느질 도구 넣는'이라는 표현에서 '바느질 도구를 보관하는 상자'라는 뜻으로 짐작할 수 있습니다.

31 자신의 주변에서 한지가 쓰인 것을 본 경험을 떠올려 봅니다.

> **채점 tip** 한지로 만든 것을 본 경험을 알맞게 썼으면 정답으로 합니다.

32 (1)은 쓰임새, (2)는 생활용품, (3)은 놀이용품이 들어가는 것이 알맞습니다.

116~117쪽 단원 평가 ❶회

1 ①, ②	2 ④	3 선호	4 (1) 감정 (2) 독창적
5 (3) ○	6 한지	7 ①	8 ㉡	9 (1) ㉑ (2) ㉮
(3) ㉰	10 ④

1 글을 읽을 때 모르는 낱말이 나오면 그 낱말이 쓰인 앞뒤 상황을 잘 살펴보고, 그 낱말의 뜻과 비슷하거나 반대인 낱말을 대신 넣거나, 그 낱말을 사용한 예를 떠올리면서 낱말의 뜻을 짐작해 봅니다.

2 퍼트리샤는 켈러 선생님께서 유독 자신만 노려보는 것 같았다고 했습니다.

3 '매서워'가 문장에서 쓰인 뜻은 '남이 겁을 낼 만큼 성질이나 기세 따위가 매몰차고 날카롭다.'는 뜻입니다. 선호가 앞부분의 내용을 바탕으로 낱말의 뜻을 알맞게 짐작했습니다.

4 켈러 선생님은 읽는 사람이 글쓴이의 '진짜' 감정을 느낄 수 있도록 글에 진실한 감정을 드러내야 하고, 표현 방식도 독창적이어야 한다고 했습니다.

5 사람들은 좀 더 쓰기 쉽고 그리기 편한 것, 옮기기 쉽고 간직하기 좋은 것을 찾다가 종이를 발명했습니다.

BOOK ❶ 개념북 7 단원

6 '나'는 종이 가운데 으뜸인 한국 종이, 한지라고 했습니다.

7 한지로 집을 단장하면 따가운 햇볕을 은은하게 걸러 준다고 했습니다.

8 글 ④는 한지의 쓰임새를 나열하고 있으므로 ⓒ과 같은 틀에 요약하는 것이 알맞습니다.

9 반의 관계는 뜻이 서로 반대되는 관계에 있는 것입니다. '오다 – 가다', '작다 – 크다', '낮 – 밤'을 알맞게 연결합니다.

10 '왼쪽 – 오른쪽'은 반의 관계로 짝 지어진 것이고, 나머지 낱말은 유의 관계로 짝 지어진 것입니다.

   문법 문제 tip 유의어란 소리는 다르지만 뜻이 거의 같거나 비슷한 말입니다. 따라서 '가족 – 식구, 교사 – 선생님, 주다 – 드리다, 뛰다 – 달리다'처럼 유의 관계인 낱말들은 문장에서 서로 바꾸어 쓸 수 있습니다.

118~120쪽 **단원 평가 ②회**

1 ②, ④   2 (1) × (2) × (3) ○   3 (1) ⑩ 어떤 것을 대표하는 상징 (2) ⑩ 어떤 분야에서 활동하는 사람 4 글쓰기   5 (1) ⑩ 누가 있는 줄을 알 만한 소리라는 뜻입니다. (2) ⑩ '기척'이라는 낱말을 이미 알고 있는 '소리'라는 낱말과 바꾸어 써도 문장의 뜻이 자연스러웠기 때문입니다.   6 ⑤   7 (1) ○ (3) ○ 8 ⑩ 슐로스 할아버지에게 바치는 글이 정말 놀라웠고, 자신이 겪은 일 쓰기의 모범으로 삼아도 좋겠다고 말씀하셨습니다.   9 ㉯   10 잎차례   11 (1) ㉯ (2) ㉮ (3) ㉰   12 ⑩ 사람들이 바구니를 이용해 물건을 나르는 것처럼 다람쥐는 볼주머니를 이용해 먹이를 나른다. 다람쥐는 도토리 같은 열매 열 개 이상을 볼주머니에 잠시 저장해 먹이를 나른다.   13 과정   14 ②   15 (1) 나무판 (2) 닥풀 (3) 속껍질

1 '걸림돌'은 '길을 걸을 때 걸려 방해가 되는 돌이나 일을 해 나가는 데에 걸리거나 막히는 장애물을 비유적으로 이르는 말.'이라는 뜻으로 '방해물', '장애물' 등으로 바꾸어 쓸 수 있습니다.

2 이어폰은 귀 건강에 가장 큰 걸림돌이라고 했고, 이어폰으로 음악을 들으면 학습 내용이 기억에 잘 남지 않는다고 했습니다.

---

3 모르는 낱말의 앞뒤 내용을 자세히 살펴보거나 이미 아는 친숙한 낱말로 바꾸어 썼을 때 문장의 뜻이 자연스러운지 살펴보면서 낱말의 뜻을 짐작해 봅니다.

4 글쓰기반 수업 첫날 켈러 선생님이 교실로 들어와 학생들 한 사람 한 사람을 훈련시켜서 멋진 작가로 만들어 줄 생각이라고 하셨습니다.

5 '기척'의 앞뒤 내용을 살펴보거나 '기척'과 비슷한 뜻을 가진 낱말을 대신 넣어서 낱말의 뜻을 짐작할 수 있습니다.

   채점 tip '기척'의 뜻을 짐작하여 쓰고, 그렇게 짐작한 까닭을 모두 알맞게 썼으면 정답으로 합니다.

6 켈러 선생님은 낱말은 감정을 전해 주지만 낱말 하나하나가 가진 차이를 이해해야 한다고 하셨습니다.

7 글 ㉮에서 켈러 선생님은 가장 자신 있는 글쓰기 형식 한 가지를 골라 글을 쓰는 것이 기말 과제이고, 이 기말 과제 점수로 합격이 결정된다고 했습니다.

8 켈러 선생님은 퍼트리샤가 쓴 슐로스 할아버지에게 바치는 글이 정말 놀라웠고, 자신이 겪은 일 쓰기의 모범으로 삼아도 좋겠다고 말씀하셨습니다.

   채점 tip 켈러 선생님이 퍼트리샤를 끌어안고 속삭이며 한 말을 정리하여 썼으면 정답으로 합니다.

9 퍼트리샤가 쓴 글을 모범으로 삼는다는 것은 모범으로 대신 생각한다는 뜻으로 짐작할 수 있습니다.

10 식물이 줄기에 차례대로 잎을 붙여 나가는 모양을 '잎차례'라고 합니다.

11 '국수나무, 해바라기'는 '어긋나기'로, '단풍나무, 화살나무'는 '마주나기'로, '갈퀴꼭두서니'는 '돌려나기'로 잎을 붙여 나가는 식물입니다.

12 글의 중요한 정보를 간추려 봅니다.

   채점 tip 다람쥐가 볼주머니를 이용해 어떻게 먹이를 나르는지가 드러나도록 정리하여 썼으면 정답으로 합니다.

13 닥나무를 베어다 찌는 것부터 마지막에 돌로 눌러둔 걸 떼어서 판판하게 말리는 것까지 한지를 만드는 과정을 설명하고 있습니다.

14 이 글은 한지를 만드는 과정을 시간 순서대로 설명하고 있으므로, '순서 구조'라는 것을 알 수 있습니다. '먼저, 그러고는, 그런 다음, 마지막으로' 등이 시간 순서를 나타내는 말입니다.

15 이 글을 시간 순서대로 요약해 봅니다.

121쪽 수행 평가

1 예 우리 주변에서 한지가 어떻게 쓰이고 있는지에 대해 설명했습니다. 2 (1) 예 방 안 온도 및 습도를 조절합니다. (2) 예 연, 제기, 고깔 장식 등 놀이용품 재료로 사용됩니다. 3 예 한지는 방 안의 온도와 습도를 조절하고, 각종 생활용품이나 놀이용품을 만들 때도 사용되는 등 쓰임새가 많습니다.

1 이 글은 한지의 쓰임새에 대해 설명하고 있습니다.

2 글에서 나열 구조로 제시된 '나'의 쓰임새를 찾아 씁니다.

3 문제 2번에서 정리한 글의 구조를 참고하여 글에서 중요한 내용을 찾아 요약합니다.

채점 기준	잘함	나열 구조로 제시된 글의 구조에 따라 중요한 내용을 한 문장으로 간추려 요약했습니다.
	보통	글의 중심 내용을 찾아 요약하였습니다.
	노력 요함	글을 요약하였지만 빠뜨린 내용이 있거나 중요하지 못한 내용이 있습니다.

[채점 키워드] 중심 내용 요약하기: 글의 구조에 따라 중요한 내용을 요약해야 함.

122쪽 쉬어가기

8. 우리말 지킴이

124쪽 개념 확인 문제

1 열공했더니, 삼김 2 ①, ②, ③ 3 (2) ◯ (3) ◯

1 '열공했더니', '삼김'은 말을 줄여서 사용한 부분입니다.

2 조사 주제를 정할 때에는 실제로 조사할 수 있는지, 조사 방법과 기간이 적절한지를 생각해야 합니다.

3 듣는 사람을 바라보며 발표하고, 자료는 필요한 시간만큼 제시합니다.

125쪽 어휘·문법 확인 문제

1 (2) ◯ 2 무분별한 3 (1) ◯ 4 빵, 아이스크림

1 '설문지'는 '조사를 할 목적으로 어떤 사항에 대한 문제나 질문을 인쇄해 놓은 종이.'입니다.

2 빈칸에는 '옳은지 그른지 조금도 헤아리지 않은.'을 뜻하는 '무분별한'이 들어가는 것이 알맞습니다.

3 (1)은 '출처', (2)는 '발표'의 뜻입니다.

4 '빵'과 '아이스크림'은 외래어입니다.

126~129쪽 교과서 독해

조사 주제를 정해서 자료를 조사하고 구성하기 | 126~127쪽

활동 정리 ❶ 영어 ❷ 방송 ❸ 주제 ❹ 자료

1 우리말이 있는데도 영어를 사용하는 예 2 (2) ◯ 3 ③ 4 ①, ③ 5 (4) ◯ 6 (1) 출처 (2) 발표 7 예 우리말을 바르게 사용하는 습관을 기르자. 8 ②, ③, ⑤

여러 사람 앞에서 조사한 내용 발표하기 | 128쪽

활동 정리 ❶ 주제 ❷ 과장

9 예 발표 내용만 보면서 읽듯이 발표하고 있습니다. 10 ③ 11 수아 12 (1) ◯ (3) ◯

우리말 바르게 사용하기를 알리는 만화 | 129쪽

활동 정리 ❶ 편의점 ❷ 눈썹

13 열심히 공부했더니 14 ④ 15 예 이마 부분에 세로선을 여러 개 그렸습니다. / 뒷머리를 만지는 동작을 그렸습니다. 16 (1) ㉮, ㉯ (2) ㉰, ㉱

1 그림 ①에서 여진이네 모둠이 '우리말이 있는데도 영어를 사용하는 예'를 조사하기로 했음을 알 수 있습니다.

2 여진이네 모둠은 주제에 맞는 조사 대상을 생각하고 아이들에게 영향을 많이 주는 것으로 범위를 좁혀 정했습니다.

3 여진이네 모둠은 방송에서 영어를 얼마나 사용하는지 조사하기로 했습니다.

4 조사 주제를 정할 때는 실제로 조사할 수 있는지, 조사 방법과 기간이 적절한지를 주의해야 합니다.

5 방송 프로그램 가운데에서 영어를 지나치게 많이 사용하는 동영상을 보여 주었습니다.

6 ⑴은 '출처', ⑵는 '발표'가 들어가는 것이 알맞습니다.

7 끝맺는 말에서 샛별 모둠의 의견을 알 수 있습니다.
   채점 tip 우리말을 바르게 사용하는 습관을 기르자는 의견을 알맞게 썼으면 정답으로 합니다.

8 원고에는 발표 내용과 관련이 있는 내용을 써야 하고, 영상 자료는 발표 내용에 알맞게 적절히 골라 넣어야 합니다.

9 그림 ①에서 여진이가 발표하면서 무엇을 잘못했는지 살펴봅니다. 발표할 때에는 듣는 사람과 눈을 맞추며 발표해야 합니다.
   채점 tip 발표 내용만 보면서 발표했다는 내용을 썼으면 정답으로 합니다.

10 발표를 들을 때 궁금한 점이 있으면 발표가 끝난 뒤에 질문을 해야 합니다.

11 그림 ②에서 여진이는 한 화면에 너무 많은 내용을 제시하고 있어 발표를 듣는 사람이 자료를 알아보기 힘들 수 있습니다.

12 자료를 보여 줄 때에는 자신 있는 표정을 지으며 손으로 화면을 가리키는 것이 좋습니다. 원고를 빠르게 읽으면 듣는 사람이 자료를 이해하기 어렵습니다.

13 '열공했더니'는 '열심히 공부했더니'의 줄임 말입니다.

14 은비가 손으로 편의점을 가리키는 동작을 그려 편의점을 발견한 모습을 표현했습니다.

15 현우의 마음을 나타내기 위해 표정과 몸짓을 어떻게 표현했는지 살펴봅니다.
   채점 tip 현우의 표정과 몸짓을 문장으로 알맞게 썼으면 정답으로 합니다.

16 상황과 장면에 알맞은 표정과 몸짓을 찾아봅니다.

130~131쪽 단원 평가 ①회

1 ⑴ 땐 ⑵ 캐 ⑶ 땐   2 영호   3 나왔습니다   4 ⑤   5 ⑴ 땐 ⑵ 땐   6 ⑴ 땐 ⑵ 캐 ⑶ 땐   7 ⑤   8 ⑤   9 ⑴ 지우개, 어머니 ⑵ 토마토, 주스   10 ㄴ, ㄷ, ㄹ

1 이 그림에 나온 간판들은 같은 의미를 지닌 우리말이 있는데도 영어를 그대로 사용했습니다.

2 '배고프다'는 우리말을 바르게 사용한 부분이고, '열공했더니'는 말을 줄여서 사용한 부분입니다.

3 '주문하신 사과주스 나오셨습니다.'는 사물을 높이는 표현으로, 우리말 규칙에 맞지 않습니다.

4 '노잼이었어.'와 같은 표현은 영어와 한글 줄임 말을 혼합해 만든 국적 불문의 말입니다.

5 설문지법은 여러 사람을 한꺼번에 조사할 수 있다는 장점이 있지만, 답한 내용 외에는 자세한 내용을 알기 어렵다는 단점이 있습니다.

6 그림 ①~③에서 여진이가 발표하면서 무엇을 잘못했는지 살펴봅니다.

7 딱딱한 표정으로 눈썹 사이를 찡그린 편의점 주인의 모습을 통해 당황했음을 알 수 있습니다.

8 편의점 주인의 당황한 마음을 딱딱한 표정으로 눈썹 사이를 찡그리는 모습으로 나타냈습니다.

9 '지우개', '어머니'는 고유어이고, '토마토', '주스'는 외래어입니다.

10 '보존(保存), 사용(使用), 습관(習慣)'은 한자어입니다.
   문법 문제 tip 우리가 사용하는 말에는 옛날부터 사용해 온 순수한 우리말이나 그것에 기초해 새로 만들어진 말인 '고유어', 한자에 기초하여 만들어진 '한자어', 외국에서 들어온 말로 우리말처럼 쓰이는 '외래어'가 있습니다.

132~134쪽 단원 평가 ②회

1 ⑤   2 예 ㉠ '열공했더니'는 '열심히 공부했더니'로, ㉡ '삼김'은 '삼각김밥'으로 고쳐 쓸 수 있습니다.   3 ⑴ 캐 ⑵ 땐   4 호영   5 ①, ③, ⑤   6 예 우리 지역의 모든 간판을 몇 사람만으로 조사하기는 어렵습니다.   7 ②, ⑤   8 ④, ⑤   9 ⑤   10 ⑴ 땐, 땐, 랜 ⑵ 캐, 뺀 ⑶ 땐, 쌘   11 ⑤   12 땐   13 ③   14 예 이마 부분에 세로선을 여러 개 그립니다.   15 ⑴ ○

1 영어를 사용한 간판이 많아지면 영어를 모르는 사람은 가게를 잘 찾지 못할 수 있습니다.

2 ㉠ '열공했더니'는 '열심히 공부했더니', ㉡ '삼김'은 '삼각김밥'을 줄여서 사용한 말입니다.

3 '머찌나옷'은 '멋진'을 소리 나는 대로 써서 정확한 표기가 아니고, '4U음식점'은 같은 의미를 지닌 우리말이 있는데도 영어를 그대로 간판에 사용하였습니다.

4 줄임 말을 쓰면 간단하게 표현할 수 있기 때문입니다.

5 우리말을 바르게 사용하지 않으면 대화 상대와 뜻이 통하지 않을 수 있고, 아름다운 우리말이 사라질 수도 있으며, 말에 담긴 우리의 정신도 훼손될 수 있습니다.

6 조사 주제를 정할 때는 실제로 조사할 수 있는지, 조사 기간이 적절한지 등을 생각해 보아야 합니다.

채점 tip 지역의 모든 간판을 조사하는 데 따른 어려움을 정리하여 썼으면 정답으로 합니다.

7 그림 ❷에서 영어를 새긴 옷이 너무 많고, 방송에서 영어를 가장 많이 사용하는 것 같다고 했습니다.

8 방송은 아이들에게 영향을 많이 주고, 조사한 결과를 방송사에 알려 주고 영어 사용을 자제해 달라고 요청할 수 있기 때문입니다.

9 관찰법은 조사 대상을 직접 파악할 수 있다는 장점이 있지만, 시간이 많이 걸린다는 단점이 있습니다.

10 시작하는 말에는 '모둠 이름, 조사 주제, 발표 제목'이 들어가고, 전달하려는 내용에는 '자료, 설명하는 말'이 들어가며, 끝맺는 말에는 '발표한 내용, 모둠의 의견이나 전망'이 들어갑니다.

11 그림 ❶에서 여진이는 듣는 사람이 알아듣지 못하게 점점 말끝을 흐리며 작게 말했습니다.

12 발표를 들을 때는 발표 주제는 무엇인지, 과장되거나 거짓인 내용은 없는지, 자료는 정확한지 등을 생각합니다.

13 현우가 '삼각김밥'을 줄여서 '삼김'이라고 했기 때문입니다.

14 줄임 말을 사용했다는 것을 느낀 현우의 표정을 알맞게 표현하는 방법을 생각해 써 봅니다.

채점 tip 쑥스럽고 겸연쩍어 하는 현우의 표정을 표현하기에 알맞은 방법을 썼으면 정답으로 합니다.

15 이 만화는 줄임 말을 사용하여 상대방과 소통이 안되는 상황을 나타냈습니다.

---

1 예 '펫아이템숍'은 '반려동물 용품 판매점'이라는 우리말이 있는데도 영어를 그대로 간판에 사용했습니다. **2** 예 휴대 전화 메시지나 인터넷 대화방에서 줄임 말을 사용하는 경우가 있습니다. **3** 예 메시지를 빠르게 전달하기 위해서나 재미를 위해 줄임 말을 사용하는 경우가 많습니다. 그러나 줄임 말을 사용하면 대화 상대와 뜻이 통하지 않을 수 있고, 예의에 어긋날 수도 있습니다. 따라서 줄임 말보다 올바른 우리말을 사용하는 습관을 길러야 합니다.

1 세 가게의 간판 중 '펫아이템숍'은 같은 의미를 지닌 우리말이 있는데도 영어를 그대로 사용했습니다.

2 우리말을 바르게 사용하지 않은 경우를 씁니다.

3 우리말을 바르게 사용하지 않으면 생길 수 있는 문제와 올바른 우리말 사용에 대한 다짐을 함께 씁니다.

채점 기준	잘함	우리말을 잘못 사용하면 생길 수 있는 문제점을 파악하고 경각심을 느끼는 태도가 드러나게 작성하였습니다.
	보통	우리말을 잘못 사용하면 생길 수 있는 문제점을 파악해 작성하였습니다.
	노력 요함	우리말을 잘못 사용하면 생길 수 있는 문제점을 파악해 작성하지 못했습니다.

[채점 키워드] 우리말 사용 실태 조사하기: 우리말 사용 실태를 조사하고 문제점을 알 수 있어야 합니다.

BOOK ❶ 개념북 8 단원

136쪽 쉬어가기

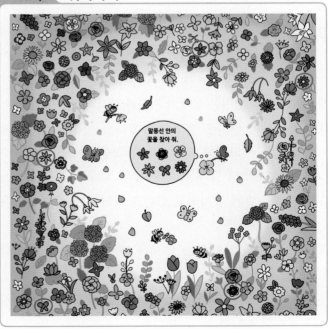

말풍선 안의 꽃을 찾아 줘.

1. 마음을 나누며 대화해요

1~4쪽 **단원 평가**

1 ①, ②, ⑤ **2** ④ **3** ⑴ ○ **4** ㉯ **5** 예 말할 내용이 풍부해집니다. **6** ③ **7** 예 철 수세미로 문질렀다. **8** ①, ④, ⑤ **9** 하율 **10** 예 고개를 끄덕입니다. **11** ⑵ ○ **12** ③ **13** 재현 **14** ⑵ ○ **15** ④ **16** 예 말하고 싶은 내용을 정확하게 전달합니다. **17** ①, ④, ⑤ **18** 지윤, 현우 **19** ⑤ **20** 예 끝까지 포기하지 않고 노력해서 꿈을 이루자.

1 공감하는 대화란 상대의 마음을 이해하고 상대가 느끼는 감정과 같이 느끼며 귀 기울여 듣고, 상대를 배려하며 말하는 대화입니다.

2 글 ㉮~㉰에서 지윤이는 할 말이 있다고 하는 상대에게 꼭 들어야 하냐고 말했고, 자기가 하고 싶은 말만 했으며 상대를 배려하지 않았습니다. 또한 상대의 기분도 생각하지 않고 말했습니다.

3 서로를 이해하며 말하지 않고 서로의 마음이 상해 사이가 나빠지는 대화에서 서로의 이야기를 귀 기울여 듣는 대화로 바뀌었습니다.

4 명준이의 처지를 고려하여 위로하는 말을 해 주는 것이 알맞습니다.

5 공감하는 대화를 하면 기분 좋게 대화할 수 있고, 사이가 좋아지며 말할 내용이 풍부해집니다.

6 이 글은 현욱이가 자신이 겪은 일을 쓴 일기입니다.

8 현욱이 어머니께서는 부모님을 도와드리려고 한 현욱이의 마음이 고맙고, 망가진 프라이팬보다 현욱이의 마음이 더 소중해서 화를 내지 않으셨습니다.

9 현욱이와 엄마는 상대의 처지를 생각하며 말했습니다.

10 공감하며 대화를 할 때, 경청하고 있음을 표현하기 위해서는 고개를 끄덕이거나 눈을 맞추고 웃을 수 있고, 상황에 맞게 손짓을 할 수 있습니다.

11 친구의 말에 경청하고 있음을 나타내는 말로 알맞은 것을 찾습니다.

12 누리 소통망 대화는 언제나 빠르게 연락해 대화할 수 있습니다.

13 누리 소통망 대화는 글자를 일일이 입력해야 하기 때문에 불편할 수 있습니다.

14 대화방에 없는 친구의 험담을 시작하는 친구에게 예절을 지켜야 한다는 것을 알려 주는 말을 해야 합니다.

15 친구가 싫어하는 말을 해서 듣는 친구의 기분을 상하게 했습니다.

16 말하고 싶은 내용을 정확하게 전달해야 하고, 이상한 말이나 지나친 줄임 말을 쓰지 않아야 합니다.

18 당계요는 나라를 되찾으려고 한 '나'의 마음에 공감했고, '나'의 노력이 기특했기 때문에 도와주었습니다.

19 '나'는 비행 학교의 훈련이 힘들었지만 자신의 꿈을 따라서 산다는 게 꿈만 같았기 때문에 행복했습니다.

5쪽 **수행 평가 실전**

1 예 엄마가 자신을 이해해 주고 자신과 공감하며 대화를 나누었기 때문입니다. **2** ⑴ 예 "우리 아들이 집안일을 도와주려는 마음으로 설거지를 열심히 했구나." / "집안일을 도와주려고 한 현욱이 마음이 엄마는 정말 고마워." ⑵ 예 엄마가 현욱이의 처지에서 생각하며 한 말이기 때문입니다. / 엄마가 현욱이의 마음을 공감하며 말했기 때문입니다. **3** · 예 말하는 사람에게 주의를 기울여 집중해서 듣습니다. / · 예 말하는 사람의 처지가 되어 생각합니다.

1 '나'는 엄마가 이해해 주고 공감하는 말을 해 주었기 때문에 고마움을 느꼈습니다.

2 엄마가 '나'의 처지에서 생각하고 '나'의 마음을 공감하며 대화한 부분을 한 가지 이상 찾아 쓰고, 그 까닭을 정리하여 씁니다.

3 공감하며 대화하기 위해서는 말하는 사람에게 주의를 기울여 집중해서 듣습니다. 또한 말하는 사람의 처지가 되어 생각하거나 상대방의 처지를 생각하면서 말합니다.

채점 기준	잘함	공감하며 대화하는 방법을 두 가지 이상 썼습니다.
	보통	공감하며 대화하는 방법을 한 가지만 썼습니다.
	노력 요함	공감하며 대화하는 방법을 쓰지 못했습니다.

[채점 키워드] 공감하며 대화하는 방법: '경청하기', '처지를 바꾸어 생각하기' 등

2. 지식이나 경험을 활용해요

6~9쪽　단원 평가

1 (영산) 줄다리기　**2** ③　**3** ㉬　**4** (2) ○　**5** 몡 풍년을 기원하며 해 온 또 다른 놀이에는 무엇이 있는지 궁금합니다.　**6** ⑤　**7** (1) ㉬ (2) ㉮　**8** ③　**9** 예지　**10** 몡 얼음을 나누어 주는 법이 있었다는 것이 신기합니다.　**11** (1) ○　**12** 몡 진흙이 열을 효과적으로 막아 주기 때문에　**13** ③　**14** 현아　**15** 몡 자신이 아는 내용과 책 내용을 비교하며 읽을 수 있습니다.　**16** ⑤　**17** (2) ○　**18** 국립한글박물관　**19** ㉬　**20** 몡 단점만 말하지 말고 어떻게 고치면 좋을지를 함께 말해야 합니다.

2 장정들이 집집을 돌면서 짚을 모아 마을 사람들과 함께 줄을 만든다고 했습니다.

3 조상들은 물의 신인 용을 기쁘고 즐겁게 하면 풍년이 들 것이라고 믿었기 때문에 용을 닮은 줄을 만들어 줄다리기를 했습니다.

4 서연이는 자신이 이미 아는 내용과 비교하며 글을 읽었습니다.

7 (1)은 '냉장고', (2)는 '빙고'에 대한 설명입니다.

8 조선 시대에 서빙고는 얼음을 왕실과 고급 관리들에게 공급했습니다.

9 예지는 이 글을 읽으며 알고 싶은 것을 생각해 말했습니다.

11 경주 석빙고는 바깥의 공기가 들어오지 않도록 출입구의 동쪽은 담으로 막고 지붕에는 구멍을 뚫었습니다.

12 경주 석빙고의 지붕 바깥쪽은 열을 효과적으로 막아 주는 진흙으로 만들었다고 했습니다.

13 석빙고의 얼음을 오랫동안 보관하기 위해 얼음을 왕겨나 짚으로 싸 보관했습니다.

14 기체와 관련한 내용을 활용해 글을 이해한 친구를 찾아봅니다.

15 지식이나 경험을 활용해 글을 읽는 방법을 한 가지 생각해 씁니다.

16 특별 전시실에서는 세종 대왕의 업적과 일대기 등을 주제로 한 전시를 볼 수 있다고 했습니다.

19 이 글에서 글쓴이는 체험을 가족과 함께 갔다고 했습니다.

10쪽　수행 평가 실전

1 (1) 몡 부여 문화재 관람 (2) 몡 우리나라의 역사가 담긴 많은 것들을 생생하게 보고 느낄 수 있었기 때문이다.　**2** (1) 몡 낙화암 관람 (2) 몡 우뚝 서 있는 웅장한 바위의 모습에 눈을 뗄 수 없었다. (3) 몡 백화정 관람 (4) 몡 주변의 경치와 어우러져 하나의 그림 같았다. (5) 몡 정림사지 오층 석탑 관람 (6) 몡 독특한 구조로 쌓아 올린 모습이 아름다웠다.　**3** 몡 제목: 백제의 옛 수도 부여에서 / 지난 여름 방학에 나는 가족과 함께 부여로 여행을 다녀왔다. / 우리가 처음으로 간 곳은 낙화암이었다. 낙화암을 보기 위해 오르막길을 오를 때에는 숨이 찼지만, 소나무 향을 맡으며 걸을 수 있어 기분이 좋았다. 낙화암에 도착하니 백화정이라는 정자가 보였다. 주변의 경치와 어우러져 하나의 그림 같았다. / 다음으로 우리가 간 곳은 정림사지였다. 정림사지는 삼국 시대 백제의 사찰 터라고 한다. 입구에 들어서자마자 내 키를 훌쩍 넘는 소나무들이 우리를 반겨 주었다. 우리는 그곳에서 정림사지 오층 석탑을 보았다. 수업 시간에 배웠던 석탑을 눈앞에서 보게 되어 신기했다. 탑을 쌓아 올린 모양은 독특하면서도 아름다웠다. / 이번 부여 여행에서 가족과 함께 우리나라의 역사가 담긴 유적들을 구경할 수 있어서 즐거웠다. 우리나라의 역사가 담긴 많은 것들을 생생하게 보고 느낄 수 있는 소중한 시간이었다.

1 체험한 일 가운데에서 기억에 남는 일을 떠올려 보고, 그 체험을 고른 까닭을 씁니다.

2 체험한 내용과 그에 대한 감상의 내용을 간단히 정리해 씁니다.

3 글의 전체 짜임을 생각하며 자신이 체험한 내용과 그에 대한 감상이 잘 드러나게 글을 씁니다.

채점 기준	잘함	글의 제목을 쓰고, 체험한 일과 생각이나 느낌이 잘 드러나도록 썼습니다.
	보통	글의 제목과 체험한 일과 생각이나 느낌을 알맞게 썼습니다.
	노력 요함	글의 제목과 생각이나 느낌 중 한 가지만 썼습니다.

[채점 키워드] 체험과 감상이 드러나는 글을 쓰는 방법: '인상 깊은 체험을 중심으로 내용이 잘 드러나게 쓰기', '체험한 일에 대한 생각이나 느낌이 생생하게 전달되도록 쓰기' 등

3. 의견을 조정하며 토의해요

1 ③ **2** (1) ○ (2) ○ **3** ③ **4** ㉯, ㉰ **5** 예 말하는 사람들끼리 갈등이 생깁니다. **6** 문제 **7** ㉮
8 (2) ○ (3) ○ **9** ①, ③ **10** ①, ② **11** ②, ③, ④ **12** 예 뉴스에서는 초등학생의 건강 문제를 해결할 방법이 필요하다고 말했습니다. **13** 건강한
14 ①, ③ **15** ①, ④ **16** (2) ○ **17** (1) ㉯ (2) ㉮ **18** ㉮ **19** ④, ⑤ **20** 예 글을 읽는 것보다 더 쉽고 빠르게 이해할 수 있기 때문입니다.

1 친구들은 '미세 먼지 문제에 대처하는 방안'을 주제로 토의하고 있습니다.

2 이 토의에서 친구들은 '미세 먼지 문제에 대처하는 방안'으로 마스크를 쓰고 생활하자는 의견과 학교 곳곳에 공기 청정기를 설치하자는 의견을 냈습니다.

3 장면 ❹와 ❺에서 친구들은 상대의 의견을 비판하기만 했습니다.

4 장면 ⓬에서 친구는 토의에 적극적으로 참여하지 않고 있으므로 문제를 해결하는 데 무관심한 태도를 지니는 것은 바람직하지 않으며 토의 과정에 적극적으로 참여해야 한다는 것을 알아야 합니다.

5 의견을 조정하지 않으면 토의를 원활하게 진행할 수 없고, 말하는 사람들끼리 갈등이 생깁니다.

6 토의로 해결할 문제를 정확하게 파악하기 위해서 ㉠과 같이 다시 물어보았습니다.

7 장면 ❶~❸은 의견을 조정하는 과정 중 '문제 파악하기'로 해결하려는 문제를 정확히 파악하는 단계입니다.

9 토의에서는 다른 사람의 의견과 발언에 집중해야 하며 다른 사람의 의견도 끝까지 들어야 합니다.

10 그림 ❹와 같이 자료를 제시하면 정보를 눈으로 직접 확인할 수 있어 의견과 근거를 이해하기 쉽습니다.

11 그림 ❹와 같이 눈으로 확인하기 쉬운 자료에는 사진, 그림, 도표 등이 있습니다.

12 첫 번째 장면에 제시된 뉴스에서는 초등학생의 건강 문제를 해결할 방법이 필요하다고 말했습니다.

13 토의 주제는 '건강한 학교생활을 하려면 틈새 시간을 어떻게 사용하는 것이 좋을까?'입니다.

14 친구들은 토의에서 각각 '건강 달리기를 하자.', '식물을 기르자.'와 같은 의견을 제시하려고 합니다.

15 건강 달리기를 하자는 의견을 내려고 하는 친구는 컴퓨터를 활용해서 신문 기사를 검색했고, 식물을 기르자는 의견을 내려고 하는 친구는 도서관에서 책을 찾아보았습니다.

16 그림에서 친구는 자료를 찾기 위해 책을 읽고 있으므로 차례를 살펴서 건너뛰며 읽을 수 있습니다.

17 ㉮는 신문 기사, ㉯는 뉴스 보도에서 찾은 자료입니다.

18 ㉰에서 하준이는 ㉮와 ㉯를 읽기 쉽게 요약했습니다.

19 채원이는 건강 달리기의 효과를 내용을 간단히 줄여서 쓰고, 도형과 선 그리고 화살표를 이용해 서로 연결해 표현했습니다.

20 표나 도표를 이용해 자료를 나타내면 글로 나타내는 것보다 더 쉽고 빠르게 내용을 이해할 수 있습니다.

1 예 학교 급식실에서 버려지는 음식물 쓰레기가 많습니다. **2** (1) 예 교실 곳곳에 쓰레기가 많아 교실이 지저분합니다. (2) 예 교실을 깨끗하게 만드는 방법 **3** 예 교실을 깨끗하게 만들기 위해 청소 당번을 정하는 방법을 제안합니다. 청소 당번을 정하면 자신이 맡은 구역을 책임지고 청소를 해서 교실 전체가 깨끗해질 수 있기 때문입니다.

1 그림에서는 학교 급식실에서 음식물 쓰레기가 많이 나오는 문제를 보여 주고 있습니다.

2 해결해야 할 문제를 떠올려 보고, 그 문제에 대해 토의할 수 있는 주제를 정해 씁니다.

3 토의 주제에 대해 실천할 수 있는 내용으로 자신의 의견과 그 의견을 뒷받침할 근거를 씁니다.

채점 기준	잘함	토의 주제에 맞게 자신의 의견과 근거를 실천할 수 있는 내용으로 썼습니다.
	보통	토의 주제에 맞게 자신의 의견을 썼지만 실천하기 어려운 내용으로 썼습니다.
	노력 요함	토의 주제에 대한 자신의 의견을 쓰지 못했습니다.

[채점 키워드] 의견 마련하기: '토의 주제와 관련 있는 내용인가', '알맞은 근거를 들었는가' 등

4. 겪은 일을 써요

1 ⑤　2 ㉮　3 ④　4 예 그만 나는 피식 웃어 버렸다.　5 (1) ○　6 ㉯ → ㉲ → ㉱ → ㉰ → ㉮　7 ㉲　8 호응　9 예 우리가 환경을 보호해야 하는 까닭은 환경 파괴의 피해가 결국 우리에게 돌아오기 때문이다.　10 ①　11 (2) ○　12 ㉠　13 ①　14 소중하다는 것을 느꼈다 → 예 소중하다는 것이다　15 ④　16 ⑤　17 재현　18 ①　19 ⑤　20 · 예 의견을 쉽게 주고받을 수 있습니다. / · 예 한 사람이 쓴 글을 여러 사람이 동시에 읽고 의견을 쓸 수 있습니다.

1 윤서는 동생이 잘못한 일인데 아버지께서 자신만 혼내셔서 화가 났습니다.

2 어제저녁은 과거이므로 서술어를 '졸음이 밀려왔다'로 고쳐야 합니다.

3 ㉢의 '불렀다'는 높임의 대상에 따른 서술어가 잘못된 것이므로 '부르셨다'라고 고쳐 써야 합니다.

4 ㉣은 '웃어 버렸다'에 대한 주어가 잘못되었으므로 '그만 나는 피식 웃어 버렸다.'라고 고쳐 써야 합니다.

9 문장 ㉮는 주어와 서술어의 호응 관계가 맞지 않으므로 '돌아오는 것이라고 생각한다'를 '돌아오기 때문이다'라고 고쳐 써야 합니다.

10 문장 ㉯는 높임의 대상을 나타내는 말과 서술어가 어울리지 않습니다.

12 문장 ㉮는 '결코'에 어울리는 서술어를 써야 하므로 '행동이라고 생각한다'를 '행동이 아니라고 생각한다'로 고쳐 써야 합니다.

13 ①에서 '전혀'는 '-지 않다, -지 못하다'와 같은 부정적인 서술어 또는 '안', '못'이 꾸며 주는 서술어와 호응해야 합니다.

14 '소중하다는 것을 느꼈다'로 문장이 끝나면 '느낀 점은 ~ 느꼈다'가 되는데 '느꼈다'는 '느낀 점'이라는 주어에 맞는 서술어가 아닙니다. 따라서 '소중하다는 것이다'로 고쳐 써야 합니다.

15 '결코'는 '-지 못하다', '-지 않다'라는 서술어와 호응하므로 '생각하지 않았다'로 고쳐 써야 알맞습니다.

16 '전혀'라는 낱말에는 '-지 않다', '-지 못하다'와 같은 서술어가 호응하기 때문에 '전혀 쉽지 않아서'라고 고쳐 썼습니다.

17 문장 ㉯의 '별로'는 '-지 않다'와 같은 서술어와 호응이 되어야 하기 때문에 '별로 읽지 않는 편이다'로 고쳐 써야 합니다.

20 매체를 활용해 글을 쓰고 의견을 나누면 의견을 쉽게 주고받을 수 있고, 한 사람이 쓴 글을 여러 사람이 동시에 읽고 의견을 쓸 수 있습니다.

1 예
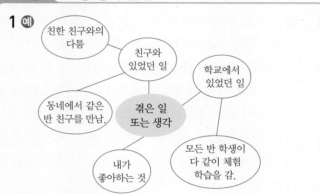

2 예 친한 친구와 다투었던 일　3 (1) 예 친구와 약속을 정함.　(2) 예 친구와 다투었던 까닭, 친구에게 속상했던 마음, 친구와 화해하게 된 과정　(3) 예 친구와 더 사이가 좋아짐.

1 글로 쓰고 싶은 일이나 생각을 떠올려 생각그물로 정리합니다.

2 글로 표현하기 좋은 내용은 자세히 풀어 쓸 수 있는 이야기나 글을 읽는 사람이 흥미를 느낄 수 있는 이야기, 주제가 잘 드러나는 이야기인 것이 좋습니다.

3 글로 쓸 내용을 처음 – 가운데 – 끝으로 나누어 일어난 일을 정리하거나 생각 또는 느낌의 변화를 씁니다.

채점 기준	잘함	일어난 일이나 생각을 처음 – 가운데 – 끝으로 나누어 잘 정리하여 썼습니다.
	보통	일어난 일이나 생각을 처음 – 가운데 – 끝으로 나누어 일부만 썼습니다.
	노력 요함	일어난 일이나 생각을 쓰지 못했습니다.

[채점 키워드] 글을 조직하는 방법: 처음 – 가운데 – 끝으로 나누어 일어난 일을 정리하거나 생각 또는 느낌의 변화를 써야 함.

5. 여러 가지 매체 자료

1 ③, ④ **2** ㉰ **3** ③, ④ **4** ⑤ **5** 예 문자로만 내용을 전달하는 것보다 훨씬 실감 나고 정확하게 생각을 전달할 수 있기 때문입니다. **6** ⑤ **7** ㉰ **8** (3) ○ **9** 유도지 **10** ⑤ **11** 예 내용을 더 깊이 있게 이해할 수 있습니다. / 극의 흐름을 더 잘 이해할 수 있습니다. **12** (3) × **13** 라임 **14** ⑤ **15** (1) ㉮ (2) ㉰ **16** 미라 **17** ⑤ **18** (1) 의료 봉사 (2) 패션쇼 **19** ③ **20** ㉰

1 ㉮는 인쇄 매체 자료인 신문입니다. ㉮의 내용을 잘 이해하려면 사진과 글을 모두 살펴보아야 합니다.

2 사진이 있으면 보는 사람들의 관심을 더 잘 이끌어 낼 수 있고, 설명하려는 내용을 더 구체적으로 설명하고 보여 줄 수 있습니다.

3 ㉯는 텔레비전 영상물로, 이것을 만든 사람은 장면에 어울리는 음악을 넣거나 화면에 특별한 연출을 하여 재미나 감동을 느끼도록 합니다.

5 사진과 동영상을 사용하면 생각을 훨씬 실감 나고 정확하게 전달할 수 있습니다.

6 주인공이 밤새도록 환자를 치료하는 상황을 표현하려고 뜸이나 침을 이용해 마을 사람들을 치료하는 장면을 연달아 보여 줄 수 있습니다.

7 여기서 무너지면 안 된다고 다짐한 상황에 알맞은 말을 찾아봅니다.

8 자신을 희생하고 다른 사람을 위하는 허준의 태도를 강조하기 위해 허준이 마을 사람들을 치료하는 장면에서 비장한 느낌의 음악을 사용했습니다.

10 뇌물을 주고받는 일이 옳지 못하다는 것을 나타내기 위해 긴장감이 느껴지는 배경 음악을 사용하는 것이 어울립니다.

11 영상 매체 자료의 표현 방법을 알면 내용을 더 깊이 있게 이해할 수 있습니다.

14 읽은 내용을 자꾸 잊어버리는 우스꽝스러우면서도 안타까운 김득신의 모습이 강조됩니다.

16 민서영이 부러운 미라는 핑공 카페에 '흑설 공주'라는 계정으로 서영이와 관련한 거짓 글을 올렸습니다.

18 글 ㉰에 민서영이 올린 사진의 내용이 나타나 있습니다.

19 민서영이 흑설 공주의 글에 대해 증거를 들어 반박 글을 올리자 카페 가입자들이 흑설 공주를 비난했습니다.

20 뜻이 다른 사람을 따돌리는 현상을 '마녀사냥'이라고 하듯이 이 이야기에서도 부정확한 내용을 근거로 누군가를 공격하는 현상을 다루었습니다.

1 (1) 예 신문 (2) 예 텔레비전 영상물 (3) 예 휴대 전화 문자 메시지 **2** (1) 예 사진과 글을 모두 살펴보아야 합니다. (2) 예 장면과 어우러지는 음악이나 연출 기법의 의미를 생각하며 읽어야 합니다. (3) 예 사진과 동영상을 함께 보며 읽어야 합니다. **3** 예 지난 주말에 텔레비전에 나오는 연속극을 보았습니다. 연속극을 볼 때 인물이 등장하는 장면을 살펴볼 뿐만 아니라 장면과 함께 나오는 음악도 집중해서 들었습니다. 주인공이 마을 사람들을 치료하는 장면에서는 비장한 느낌의 음악이 나왔습니다. 자신을 희생하는 주인공의 태도가 더욱 드러나 보였습니다. 이렇게 연속극에 나오는 장면과 음악을 함께 집중해서 보니 내용을 잘 이해할 수 있었습니다.

1 그림 ㉮는 인쇄 매체 자료인 신문, 그림 ㉯는 영상 매체 자료인 텔레비전 영상물, 그림 ㉰는 인터넷 매체 자료인 휴대 전화 문자 메시지입니다.

2 매체 자료의 특성에 따라 달라지는 정보 전달 방법을 생각해 봅니다.

3 자신이 접한 매체 자료를 쓰고, 그 매체 자료의 특성을 생각하며 어떤 부분을 집중해서 읽었는지 씁니다.

채점 기준	잘함	자신이 읽거나 본 매체 자료를 쓰고, 자신이 집중해서 읽은 부분을 알맞게 썼습니다.
	보통	자신이 읽거나 본 매체 자료를 썼으나, 자신이 집중해서 읽은 부분을 알맞게 쓰지 못했습니다.
	노력 요함	자신이 읽거나 본 매체 자료를 쓰지 못했습니다.

[채점 키워드] 매체 자료의 정보 전달 방법: 글, 그림, 사진, 소리, 자막 등

6. 타당성을 생각하며 토론해요

26~29쪽 단원 평가

1 ㉰ 2 ③ 3 착한 사람이 되겠습니다 4 ③ 5 예 문제를 해결하기보다 서로 다투게 될 것 같습니다. 6 (1) 32 (2) 연예인 7 ⑤ 8 (3) ○ 9 ⑤ 10 ⑤ 11 ② 12 ㉰ 13 (1) ○ (4) ○ 14 예 상대편이 주장에 대한 근거가 믿을 만하다고 생각하도록 하기 위해서입니다. 15 (1) 근거 (2) 자료 16 반론하기 17 ④, ⑤ 18 ①, ②, ④ 19 인영 20 예 토론 주제에 맞는 의견과 까닭을 말합니다.

1 학교 운동장을 외부인에게 개방해서 쓰레기가 많아진 문제가 나타나 있습니다.

4 그림 ㉮의 민규와 같이 자신의 의견에 대한 알맞은 근거를 들어 대화를 나누면, 상대의 주장과 그에 대한 근거가 옳은지 따져 가며 문제 해결 방법을 찾아볼 수 있습니다.

5 그림 ㉯의 민규와 같이 자신의 의견을 주장하려고 상대의 기분을 상하게 하면 서로 감정적으로 대하며 자신이 옳다고 우기기만 할 수 있습니다.

7 자신의 꿈이 '연예인'으로 바뀌었다고 하는 학생을 면담했습니다.

9 글쓴이는 직업의 선택은 유행이 아니라 자신의 적성이나 흥미, 특기를 고려해서 이루어져야 한다고 주장하고 있습니다.

10 ⑤는 설문 조사 자료를 평가하는 기준으로 알맞지 않습니다.

11 친구들은 "학급 임원은 반드시 필요하다."라는 주제로 토론을 하고 있습니다.

12 ㉰는 반대편이 주장을 뒷받침하려고 제시한 근거입니다.

13 반대편은 자신의 근거에 대한 구체적인 자료로 설문 조사 결과와 학급 임원을 한 경험이 있는 학생과의 면담 자료를 제시했습니다.

14 상대편이 주장에 대한 근거가 믿을 만하며 적절하다고 생각하도록 하기 위해서 근거에 대해 구체적인 예를 들어 자료를 제시하는 것입니다.

15 '주장 펼치기'에서는 근거를 들어 주장을 펼치고, 근거와 관련해 구체적인 자료를 제시합니다.

16 상대편의 주장을 요약하고 상대편 주장에 대한 근거나 그에 대한 자료가 타당하지 않음을 밝히고 있으므로 '반론하기' 단계임을 알 수 있습니다.

19 이 시의 주제는 '사람보다 기계를 더 믿는 세상'입니다. 이 주제에 어울리는 토론 주제를 생각해 봅니다.

20 독서 토론에서 자신의 의견을 말할 때에는 토론 주제에 맞는 의견과 까닭을 말하고, 의견에 대한 까닭을 구체적으로 말합니다.

30쪽 수행 평가 실전

1 예 학급 임원은 반드시 필요하다. 2 (1) 예 학급 임원은 반드시 필요하다. (2) • 예 실제로 학생 대표가 학교생활에 많은 역할을 한다. / • 예 학교 안에서 선거를 경험할 수 있다. 3 예 찬성편에서는 학급을 위해 봉사하고, 학생 대표가 되어 우리의 뜻을 학교에 전하는 역할을 할 학급 임원이 필요하다고 했습니다. 하지만 학급을 위해 봉사하는 것은 몇 명의 학생이 아니라 전체 학생이 다 할 수 있는 일입니다. 또 요즘은 기술이 발달해서 여러 사람이 동시에 회의에 참여할 수 있습니다. 굳이 학생 대표 한두 명만 회의에 참여하도록 할 필요가 없습니다. 따라서 찬성편의 근거는 학급 임원이 반드시 필요하다는 주장을 뒷받침하는 근거라고 보기 어렵습니다. 오히려 모든 학생이 학급 임원을 경험할 수 있도록 돌아가며 하는 게 좋지 않을까요?

1 이 글에서는 '학급 임원은 반드시 필요하다.'라는 주제로 토론하고 있습니다.

2 학급 임원이 반드시 필요하다는 찬성편의 주장과 그 주장을 뒷받침하는 근거를 씁니다.

3 찬성편의 주장에 반론을 제시합니다.

채점 기준	잘함	찬성편의 주장을 요약하고, 그에 대한 반론을 썼으며, 찬성편의 주장이 타당하지 않다는 것을 밝히기 위한 질문을 했습니다.
	보통	타당한 근거를 들어 반론을 썼지만, 찬성편의 주장이 타당하지 않다는 것을 밝히기 위한 질문을 하지 못했습니다.
	노력 요함	찬성편의 주장을 요약하지 않고, 그에 대한 반론을 쓰지 못했습니다.

[채점 키워드] 반론하기: 상대편의 주장을 요약하고 주장에 대한 근거나 그에 대한 자료가 타당하지 않다는 것을 드러내야 함.

7. 중요한 내용을 요약해요

31~34쪽   단원 평가

1 ③   2 (3) ×   3 예 글의 내용을 잘 이해할 수 없습니다.   4 ③, ⑤   5 (1) 예 어떤 사람의 영향력이나 권한이 미치는 범위 (2) 예 이모부는 사업에 실패해서 살던 집까지 남의 손에 넘어갔습니다.   6 수필 쓰기   7 ②   8 미나   9 (1) 감정 (2) 차이   10 ④, ⑤   11 햇빛, 그림자   12 ③   13 돌려나기   14 예 글이 너무 짧아서 중요한 내용이 드러나 있지 않습니다.   15 (1) ×   16 ④   17 ①   18 예 엉겨 붙은 속껍질을 물에서 떠내 한 장씩 차곡차곡 쌓고 돌로 눌러둡니다.   19 ①   20 ㉣

1 귀가 건강하지 못하다는 것을 가장 쉽게 알 수 있는 방법은 소리 듣기이며 소리가 잘 들리지 않는다면 그만큼 귀가 건강하지 못하다는 의미라고 했습니다.

2 이어폰 같은 음향 기기를 사용할 때에는 소리 크기를 60퍼센트로 유지해야 한다고 했습니다.

3 민찬이와 같이 글을 읽다가 잘 모르는 낱말의 뜻을 제대로 짐작하지 못하면 글의 내용을 잘 이해할 수 없습니다.

4 '뜬금없는'은 '갑작스럽고도 엉뚱한.'이라는 뜻으로, '황당한', '엉뚱한' 등으로 바꾸어 쓸 수 있습니다.

5 '손'의 여러 가지 뜻 중 '어떤 사람의 영향력이나 권한이 미치는 범위.'를 이르는 말로 쓰였습니다.

7 '끼적이기'는 허둥지둥 종이를 꺼내 썼다는 상황에서 글씨를 대충 쓰는 것으로 짐작할 수 있습니다.

8 낱말의 앞뒤 문맥이나 상황을 살펴보며 글을 읽으면 낱말의 뜻을 이해할 수 있습니다.

10 퍼트리샤의 기말 과제는 자신이 겪은 일 쓰기의 모범으로 삼아도 좋겠다고 하시며, 맞춤법은 아직 손볼 곳이 많지만 낱말에 날개가 달려서 글쓰기반 최초로 에이(A) 점수를 준다고 하셨습니다.

12 식물이 줄기에 차례대로 잎을 붙여 나가는 모양을 '잎차례'라고 합니다.

13 줄기 한 마디에 잎이 석 장 이상 돌려나는 잎차례는 '돌려나기'입니다. 갈퀴꼭두서니는 마디마다 잎이 여섯 장에서 여덟 장씩 돌려나기로 핀다고 했습니다.

14 이 요약 글은 중요한 내용을 너무 많이 줄였습니다.

15 주어진 글의 내용을 잘 이해하고 중심 내용을 잘 파악하기 위해서 글을 요약합니다.

16 한지는 닥나무의 껍질을 이용해 만듭니다.

17 한지를 만드는 과정을 살펴보고, 가장 나중에 하는 일이 무엇인지 찾아봅니다.

18 한지를 만드는 다섯 번째 과정에서 중요한 내용을 요약해 씁니다.

20 글의 구조에 따라 요약할 때는 글의 구조를 파악하며 글을 읽고, 문단의 중심 내용을 간추린 뒤에 글의 구조에 알맞은 틀을 그려 내용을 정리합니다. 마지막으로 중요한 내용이 잘 드러나도록 정리한 내용을 간결한 문장으로 다듬습니다.

35쪽   수행 평가 실전

1 예 볼주머니   2 (1) 예 볼주머니 (2) 예 먹이를 볼주머니에 잠시 저장해 안전한 장소로 이동한 뒤 조금씩 꺼내어 먹는다.   3 예 사람들이 바구니를 이용해 물건을 나르는 것처럼 볼주머니를 이용해 먹이를 나르는 동물들이 있다. 다람쥐는 도토리 같은 열매 열 개 이상을 볼주머니에 잠시 저장해 먹이를 나른다. 원숭이도 먹이를 볼주머니에 잠시 저장해 안전한 장소로 이동한 뒤 조금씩 꺼내어 먹는다.

1 이 글에서 여러 번 반복해서 나타나는 낱말은 '볼주머니'입니다.

2 글의 구조 틀을 중심으로 중심 낱말을 활용해 빈칸에 들어갈 내용을 정리해 씁니다.

3 문제 2번에서 글의 구조 틀에 정리한 내용을 바탕으로 중요한 내용이 잘 드러나도록 글의 내용을 요약해 써 봅니다.

채점 기준	잘함	글에서 중요한 내용이 잘 드러나도록 쓰고, 하나의 문단으로 요약해 썼습니다.
	보통	글에서 중요한 내용이 드러나게 썼지만, 하나의 문단으로 요약해 쓰지 못했습니다.
	노력 요함	글에서 중요한 내용이 드러나도록 간추려 쓰지 못했습니다.

[채점 키워드] 글의 구조에 따라 요약하기: 글을 읽고 구조를 파악한 뒤에 중심 내용을 간추리기

8. 우리말 지킴이

BOOK ❷ 평가북

7~8
단원

36~39쪽   단원 평가

1 ② **2** ② **3** 예 줄임 말은 줄임 말의 뜻을 알지 못하는 사람에게 뜻이 통하지 않을 수 있습니다. **4** 지현 **5** 예 재미가 없었어. **6** 영어 **7** ③, ⑤ **8** 예 여러 사람을 한꺼번에 조사할 수 있습니다. **9** ㉯ **10** ④, ⑤ **11** ⑤ **12** ⑤ **13** (3) ○ **14** ③ **15** ㉮, ㉯, ㉣ **16** ② **17** (1) ○ **18** 예 줄임 말을 사용한 것이 후회스럽습니다. **19** ㉯, ㉤ **20** ①

1 '편의점'은 우리말을 바르게 사용한 부분입니다.

2 '열공했더니'는 '열심히 공부했더니'를 줄여서 사용한 것입니다.

3 줄임 말을 많이 사용하면 생길 수 있는 문제를 생각해 봅니다.

4 '머찌나옷'은 '멋진'을 소리 나는 대로 써서 정확한 표기가 아닙니다.

5 '노잼이었어.'와 같은 표현은 영어와 한글 줄임 말을 혼합해 만든 국적 불문의 말로 '재미가 없었어.'와 같은 말로 고쳐 써야 합니다.

6 그림 ❶에서 여진이네 모둠의 조사 주제를 확인할 수 있습니다.

8 설문지법의 장점은 여러 사람을 한꺼번에 조사할 수 있다는 것이고, 단점은 답한 내용 외에는 자세한 내용을 알기 어렵다는 점입니다.

9 '시작하는 말'에서 영어를 지나치게 많이 사용하는 실태를 조사했다고 했고, '전달하려는 내용'에서도 영어를 지나치게 많이 사용한 프로그램을 자료로 제시했습니다.

10 원고를 구성할 때 '끝맺는 말'에는 발표한 내용과 모둠의 의견이나 전망이 들어갑니다.

11 발표 주제와 관련이 있는 원고를 써야 합니다.

12 여진이는 발표 내용만 보면서 읽듯이 발표하고 있습니다.

14 발표를 들을 때 주의할 점을 생각해 봅니다.

15 자료를 보여 줄 때 처음부터 한 번에 모두 보여 주지 않고 발표 내용에 맞게 자료를 나눠서 크게 잘 보여 줍니다.

16 '열공했더니'는 '열심히 공부했더니'를 줄여서 사용했습니다.

18 남자아이의 이마 부분에 세로선이 여러 개 있고, 뒷머리를 만지는 동작을 통해 자신이 줄임 말을 사용했다는 것을 느끼고 후회스러운 마음임을 알 수 있습니다.

19 친구들과 재미있게 노는 장면을 그릴 때에는 즐거운 마음을 나타내기 위해 입 주변에 음표를 그리거나 웃는 모양으로 그리는 것이 어울립니다.

20 우리말 바르게 사용하기를 설명하는 만화를 그리기 위한 주제를 생각해 봅니다.

40쪽   수행 평가 실전

1 예 줄임 말을 듣고 알아듣지 못해 당황했기 때문입니다. **2** 예 외국어를 지나치게 많이 사용하지 말아야 한다. **3** (1) 예 여자아이가 지나가는 강아지를 보고 "엄마, 강아지가 완전 큐트해요. 제 스타일에요."라고 말한다. (2) 예 엄마가 조금 난처한 표정을 짓는다. (3) 예 엄마가 유빈이를 깨닫게 하려고 "유빈아, 아 유 어메리칸?"이라고 묻는다. (4) 예 유빈이가 쑥스러운 듯한 표정을 짓는다.

1 편의점 주인은 줄임 말을 듣고 알아듣지 못해 당황해서 찡그린 표정을 지었습니다.

2 주변에서 사용하는 우리말 가운데에서 바르지 못한 표현을 찾아 만화로 표현하고 싶은 주제를 떠올려 봅니다.

3 주제에 맞게 만화 내용을 떠올려 내용이 자연스럽게 이어지도록 네 장면을 각각 정해 써 봅니다.

채점 기준		
	잘함	주제에 맞게 만화의 내용이 자연스럽게 이어지도록 네 장면을 정해 쓰고, 인물의 감정이나 생각이 드러나는 대사를 썼습니다.
	보통	주제에 맞게 만화의 내용이 자연스럽게 이어지도록 네 장면을 정해 썼지만, 인물의 감정이나 생각이 드러나는 대사를 쓰지 못했습니다.
	노력 요함	주제에 맞게 만화의 내용이 자연스럽게 이어지도록 네 장면을 정해 쓰지 못했습니다.

[채점 키워드] 만화 장면 구상하기: '만화의 내용을 장면으로 구별하여 구상하기', '만화의 간단한 흐름과 말풍선 속 대사를 써 보기', '자신이 정한 주제에 맞게 흐름이 이어졌는지 점검해 보기' 등

41~44쪽   **2학기 총정리 ❶회**

1 (1) ㉮ (2) ㉯   **2** 상윤   **3** (3) ✕   **4** 예 내부 바닥 한가운데에 배수로를 경사지게 파서 얼음에서 녹은 물이 밖으로 흘러 나갈 수 있게 했습니다.   **5** ㉯   **6** (1) 문제 (2) 예측하기 (3) 반응   **7** ①, ②, ③   **8** ③, ④   **9** ④   **10** (1) 예 가족과 함께 놀이공원에 놀러 갈 것입니다. (2) 예 친구에게 나쁜 말을 하지 않았습니다. (3) 예 책을 많이 읽는 것이 좋은 것, 예 책을 읽으면 지식이 생기고 재미도 있기 때문입니다.   **11** ③   **12** (2) ○   **13** 상윤   **14** (1) ㉯ (2) ㉮   **15** (1) 예 교실에서 휴대폰 사용을 금지해야 한다. (2) 예 교실에서 휴대폰을 사용하는 것이 문제가 되고 있기 때문입니다.   **16** 승연   **17** ⑤   **18** ㉯   **19** ①   **20** 예 이마 부분에 세로선을 여러 개 그리고, 뒷머리를 만지는 동작을 그렸습니다.

45~48쪽   **2학기 총정리 ❷회**

1 ㉰   **2** 나현   **3** ③   **4** ㉠   **5** (2) ✕   **6** ㉯   **7** ⑤   **8** ①   **9** ㉮   **10** ①, ③   **11** (2) ○   **12** 지원   **13** (1) 예 허난설헌 (2) 예 허난설헌을 소개한 책을 읽고 인터넷에서 자료를 검색할 것입니다.   **14** ㉯   **15** ①   **16** (3) ✕   **17** (3) ○   **18** ④   **19** ㉯   **20** 예 줄임 말을 지나치게 사용하는 예에 대해 조사하여 발표하고 싶습니다.

1 (1)은 현욱이의 엄마가 현욱이의 말을 경청한 방법에 해당하고, (2)는 현욱이의 기분을 고려해 공감하며 말한 방법에 해당합니다.

2 상윤이는 속상해하는 친구의 처지가 되어 생각하며 위로하는 말을 해주었습니다.

3 (3)은 새롭게 안 내용이 아니라 알고 싶은 것입니다.

4 석빙고는 내부 바닥 한가운데에 배수로를 경사지게 파서 얼음에서 녹은 물이 밖으로 흘러 나갈 수 있는 구조를 갖추어 과학적이라고 했습니다.

8 ①은 글 쓸 준비를 하는 단계, ②, ⑤는 직접 글을 쓰는 단계에서 생각해야 할 점입니다.

11 영화는 영상 매체 자료이고, 책, 신문, 잡지, 안내 책자는 인쇄 매체 자료입니다.

13 이 글에서는 사실이 아닌 정보를 퍼뜨리거나 특정한 사람을 괴롭히기 위해 비난하려는 의도로 인터넷에 글을 올리는 일을 다루고 있습니다.

14 (1)은 전문가 면담, (2)는 설문 조사 자료입니다.

16 글 ㉮에서 옛날 중국에서 최고로 친 고려지와 일본에서 최고로 친 조선종이가 바로 한지라고 했습니다.

18 사물을 높이는 표현은 우리말 규칙에 맞지 않습니다.

19 줄임 말을 풀어서 사용하면 사람들이 잘 이해할 수 있게 되기 때문에 문제가 되지 않습니다.

20 줄임 말을 쓰고 후회하는 우진이의 모습을 이마의 세로선과 뒷머리를 만지는 동작으로 표현했습니다.

1 지윤이는 상대의 말을 중간에 끊고 상대가 하는 말에 관심을 가지지 않았습니다.

2 ㉠을 명준이의 말에 귀 기울이며 관심을 가지는 말로 바꾸어 씁니다.

4 조상들은 용을 닮은 줄을 만들어 용을 기쁘게 하는 줄다리기를 했습니다.

6 말하는 사람들끼리 갈등이 생기지 않고 모두가 받아들일 수 있는 결론을 정할 수 있기 때문입니다.

8 차례를 살피며 읽는 것은 책을 읽는 방법입니다.

9 이 글과 ㉮는 대화 글로 시작했고, ㉯는 날씨 표현으로 시작했습니다.

10 ①, ③과 ㉠은 '결코, 전혀, 별로'와 같은 낱말과 서술어가 어울리지 않아서 잘못된 문장입니다.

11 '아버지'가 높임의 대상이므로 '가'는 '께서'로, '불렀다'는 '부르셨다'로 바꾸어 씁니다.

12 김득신은 자신만의 시어로 시를 썼고, 김득신의 아버지는 공부란 꼭 과거를 보기 위한 것만은 아니라고 하셨습니다.

13 자신이 관심 있는 인물 중에서 여러 사람에게 알리고 싶은 인물을 떠올려 봅니다. 인물에 대한 자료를 어떤 매체에서 찾을 것인지 계획해 봅니다.

14 주장 다지기를 하기 위해서는 자기편의 주장을 요약하고, 상대편에서 제기한 반론이 타당하지 않음을 지적해야 합니다.

17 측두엽은 기억력과 청각을 담당한다고 하고, 음악 듣기는 고난도 학습이나 업무를 하는 데 도움을 주지 않는다고 했습니다.

18 ④에서 '힘'은 '도움'이라는 의미로 쓰였으므로 ㉠과 같은 뜻입니다.

20 우리말을 바르게 사용하지 않은 사례를 떠올려 씁니다.

독해의 핵심은 비문학

지문 분석으로 독해를 깊이 있게!

비문학 독해 | 1~6단계

올바른 문학 독서법

문학 갈래별 작품 이해를 풍성하게!

문학 독해 | 1~6단계

2023 NEW

결국은 어휘력

비문학 독해로 어휘 이해부터 어휘 확장까지!

어휘 X 독해 | 1~6단계

초등 문해력의 빠른시작

동아출판

친절한 해설북

초등학교　　　　학년　　　　반　　　　번　　　　이름